図説

逆転
裁決例
精選50
Part III

[監修・編著]

名城大学教授
伊川 正樹

[編著]

浅野 洋

長谷川 敏也

妹尾 明宏

課税処分取消しのアプローチ

ぎょうせい

はしがき

　本書は、三木義一教授編著による『逆転裁決例精選50』（1998年）及び『逆転裁決例精選50 PartⅡ』（2007年）に続く第三弾である。

　これらの著書は、三木教授を囲む税理士・公認会計士等の実務家の先生方による裁決例研究会の成果をまとめたものである。この研究会（「名三会」）には、私も一研究員として参加させていただいていたが、平成25（2013）年の年末に、三木教授から突如、研究会のバトンタッチを言い渡され、翌年2月の研究会から私が主宰することとなった。まさに青天の霹靂ではあったものの、研究員の先生方に支えられ、現在もこの研究会を続けることができている。

　本書も、前二書の方向性と基本精神を引き継ぐものである。すなわち、国税不服審判所のウェブサイトに掲載された平成20（2008）年から同24（2012）年までの公開裁決事例のうち、納税者の主張が全部又は一部認められた、いわゆる「逆転裁決例」を取り上げ、その概要と逆転のポイント、また、実務へのヒントとなる内容を簡潔にまとめている。さらに、本書では新たに、事実関係や判断のポイントの図説を加えるとともに、当該裁決について法理論の観点からコメントを付している。実務と理論の両観点から裁決事例を視覚的及び複眼的に分析することにより、その判断内容を客観的に理解し、実務上の参考とすべきポイントがより明らかになるのではないかと思われる。

　本書の編集に当たり、紹介する裁決例として、①論点が基本的かつ明確であるもの、②逆転のポイントが実務上役立つもの、という観点を中心に選択した。もっとも、なかには、主張の大半又は主要な部分は原処分が維持され、ごく一部又は細かい論点について原処分が取り消されたにすぎない事例も含まれている。逆転部分がわずかであるため、「逆転裁決」とは必ずしも呼べないような事案も取り上げているが、これには、他で負けても、どこか勝てる論点を探して、依頼人の利益につながる主張の組み立てを行うための

ヒントにしてもらいたいというメッセージが込められている。依頼人の利益になるように理論武装をするのは実務家としての務めであるため、細かな論点に関する逆転判断も参考になるだろう。

　逆転裁決が示される事例における逆転のポイントは、やはり証拠の有無、証明が尽くせているかという点である。自己の主張をどれだけ証拠の裏付けをもって立証できるかによって、有利な判断を得られるかどうかが決まるといっても過言ではない。そのためには、日々の業務の中で帳簿書類等の記載・管理等を納税者が行うことが前提となる。したがって、争いになった際にはもちろんのこと、争いを未然に防ぐためにも、実務家として記帳業務等をアドバイスしておくことが必要である。

　前書の刊行から10年を要してしまったが、その間にさまざまな変遷があった。最も大きな出来事は、国税通則法が数度にわたって改正され、納税者の手続面に関する権利強化が図られたこと、及び不服申立制度の改正であろう。本書で取り上げた裁決例では、これらの改正内容が適用された事例はないものの、その影響は今後、納税者及びそれに関わる実務家にとっても大きなものとなるだろう。本書では、同改正について、税務手続にとって重要、かつ、今後の審査請求手続に影響を及ぼすであろう内容を取り上げ、序章で紹介している。

　前書のはしがきで三木教授が触れられているように、依頼人にとって最も良い問題の解決は、不服申立手続に移行する前に対応すること、すなわち問題の事前防止である。本書で取り上げた内容が、納税者にとって、あるいは納税者に寄り添う税理士等の実務家の方々にとっての問題解決の一助として役立てば幸いである。

　なお、本書の刊行に当たり、株式会社ぎょうせい編集局の方々にお世話になった。ここに謝意を表したい。

　　2017年7月

　　　　　　監修・編著者　伊川　正樹（名城大学法学部教授）

推薦の言葉

　税理士さんが、税務調査の前に読むべき逆転裁決集の第三弾です！　この本は、名古屋地域の税理士の方々と勉強会で検討した結果を、理論的に誤りがないように留意しつつ、税理士の目線でまとめたものです。第二弾までは私が一緒に勉強させていただきましたが、今回からは名城大学の伊川先生にお願いしました。

　税務調査の現場は、事実認定が中心ですが、その事実等の法的評価が争われる場合もあります。その際、本当に法的な議論がなされているのか、また、調査官は法的な思考で税理士の主張を再考しているだろうか。私の疑問は常にこの点にあります。調査官が通達だけを手がかりに納税者の主張を認めない場合、行政内部での再検討の場としての審判所の役割は重要です。しかし、審判官及び審判所がその役割を本当に自覚しているかも疑問です。私の経験からしても、審判所内での対審的なやりとりをした場合、税務署側が説明に窮して、議論では明確に負けているのに、裁決を見たら、審判所が税務署の主張を補充して勝たせてしまうことが少なくありませんでした。また、通達を杓子定規に適用し、法的に検討したとは思えないものも散見されます。もちろん、こうした状況は審判官だけの責任ではなく、争う納税者側の代理人としての税理士にも責任の一端はあるかもしれません。

　こうした状況の中で、処分の全部あるいは一部を取り消す裁決を書くというのは、審判官にとっても大変勇気のいることではないでしょうか。こうした審判官の英断を、税理士の皆さんが学び、調査で実践していく必要があります。それが紛争を未然に防止することにもつながります。

　第二弾を刊行してから10年もたってしまいました。この間に税理士さんも審判官に採用されるようになってきました。そのことが逆転裁決にも少しは影響を与えているかもしれません。その点を推測しながら検討していただけると面白いかもしれません。なお、審判所は裁判所とは違いますので、「違

法」な処分とはいえなくても、「不当」な処分だと判断できれば、取り消すことは可能です。東京国税不服審判所の平成22年12月１日裁決（東裁(所)平22−115）がそのことを証明してくれました。このことは法的には当然だったのですが、従来の裁決例では明言するものがなく、理由があやふやなまま違法として救済していたように思われます。このような審判官の努力を税理士側も適切に受け継ぐ必要がありそうです。

　税務調査に際して、紛争を未然に予防できるように理論武装したい税理士の方々、是非本書を手にとってください。きっと、お役に立つと思います。

　2017年８月

　　　　　　　　　　三木　義一（青山学院大学 学長）

─ 目　　　次 ─

v

第3章 法人税

第4章 相続税

国税通則法の改正について
（平成23年以降の主な動き）

国税通則法の改正について
（平成23年以降の主な動き）

　近年、国税通則法が大きく改正されている。とりわけ平成23年12月に行われた法改正に端を発し、納税者の権利保障を目的とした改正が行われ、税務行政及び争訟制度にとってさまざまな変化が生じ始めている。

　本書で取り上げている裁決例は、平成20年から24年までのものであるため、ここで紹介する法改正の内容は直接、裁決例には反映されていないが、これらの改正内容が適用されると、さまざまな影響が生じることが予想される。

　以下、平成23年度税制改正以降の国税通則法改正について、ポイントを絞って紹介する。

１．税務調査（平成23年度税制改正）

　平成23年12月に国税通則法の改正が行われ、平成25年１月１日以後に行われる税務調査手続に大きな改正が加えられた（この改正の背景と経緯については、月刊「税理」編集局編集、峰崎直樹＝三木義一『納税者権利憲章で税制が変わる！』（ぎょうせい、2011年）参照）。

⑴　事前通知

　税務調査を行う場合には、調査対象の納税義務者に対して、あらかじめ、以下の事項を通知することとされた（国通法74の９①）。

　①　調査の開始日

　②　調査を行う場所

　③　調査の目的

　④　調査の対象となる税目

　⑤　調査の対象となる期間

　⑥　調査の対象となる帳簿書類その他の物件

　⑦　その他調査の適正かつ円滑な実施に必要なものとして政令で定める事項

この事前通知は、税務代理を委任された税理士に対しても同様に通知される。また、事前通知を受けた納税義務者は、合理的な理由を付して、調査開始日や場所の変更を求めることができる（国通法74の9②）。

　上記⑦の「政令で定める事項」とは、調査を受ける納税義務者の氏名、住所又は居所、調査担当職員の氏名及び所属官署などである（国通令30の4①）。

　事前通知は原則として行われなければならないが、以下の事情が認められる場合には、通知を要しないとされている（国通法74の10）。

　　㋐　納税義務者の申告、過去の調査結果の内容、国税庁等が保有する情報に鑑み、違法又は不当な行為を容易にし、正確な課税標準等又は税額等の把握を困難にするおそれがある場合

　　㋑　その他国税に関する調査の適正な遂行に支障を及ぼす恐れがあると認められる場合

　従来の判例によれば、税務調査は、「もっぱら、所得税の公平確実な賦課徴収のために必要な資料を収集することを目的とする手続であって、その性質上、刑事責任の追及を目的とする手続でない。」として、憲法31条の適正手続条項、35条の令状主義、38条の自己負罪拒否特権等の保障は税務調査には及ばないと解されていた（最判昭和47年11月22日・刑集26巻9号554頁）。

　また、「質問検査の必要があり、かつ、これと相手方の私的利益との衡量において社会通念上相当な限度にとどまるかぎり、権限ある税務職員の合理的な選択に委ねられている」として、「〔税務調査〕実施の日時場所の事前通知、調査の理由および必要性の個別的、具体的な告知のごときも、質問検査を行ううえの法律上一律の要件とされているものではない。」との解釈が、判例として確立していた（最決昭和48年7月10日・刑集27巻7号1205頁）。

　しかし、実際には「社会通念上相当な限度」を超える違法な調査が行われている実態が問題視され、行政手続である税務調査においても、手続の適正さが必要であるとの認識が広がっていた。それを受けて、平成23年の国税通則法の改正により、税務調査手続が大幅に追加されたのである。すなわち、判例を立法により修正したのである。

　こうした改正の経緯に照らせば、事前通知は必須であり、事前通知を必要としない場合の要件、とりわけ上記(イ)の内容は極めて限定的に解釈されるべきであり、みだりにその範囲を広げ、調査担当職員の裁量の余地を広げるべきではない。

(2)　税務調査の終了通知と修正申告の勧奨

　事前通知と並んで重要なのが、税務調査の終了通知である。税務調査は、納税者及び代理人たる税理士にとっては、時間的にも精神的にも相当な負担を要するものであるから、これで終了なのか、その後どのような手続に移行するのかなどの通知は、当然に必要なことと考えられる。

　平成23年の法改正により、74条の11において、調査の対象となった納税義務者に対して、調査の結果、更正決定等をすべきと認められない場合には、その旨を書面で通知し（1項）、更正決定等をすべきと認められる場合には、調査結果の内容を説明するものとすると定められた（2項）。

　また、調査の結果、更正決定をすべきと認められる場合には、納税義務者に対して、修正申告又は期限後申告を勧奨することができるとの規定が設けられた（3項）。

　法改正前の実務でも、このような修正申告等の勧奨ないし慫慂が頻繁に行われていたが、それに応じたがために不服申立ての道が断たれたというケースが問題となっていた。すなわち、申告所得税の場合、暦年終了時に納税義務が確定し（国通法15②一）、税額は納税者自身の申告により法的に確定されることとされている（国通法16①一、②一）。そして、法的に確定した税額について、納税者自身が修正することを認める手続として修正申告が定められている（国通法19）。つまり、修正申告とは、納税者が自ら確定させた税額を当該納税者自身の手によって修正する手続であり、それは納税者自身の意思によって行うものであるという構成になっている。仮に、その修正申告を税務署からの勧奨によって行ったとしても、納税者自身の任意の判断によるものであり、それに不服があるからといって、自ら修正した税額を争う

というのは矛盾である。したがって、修正申告の勧奨があくまでも行政指導であり、それに従うかどうかは納税者の任意であること、それに応じた場合には不服申立てができなくなることを納税者が認識した上で判断するかどうかが重要となる。

そこで改正法では、「当該納税義務者が納税申告書を提出した場合には不服申立てをすることはできないが更正の請求をすることはできる旨を説明するとともに、その旨を記載した書面を交付しなければならない。」（国通法74の11③）と定め、これを義務付けた。この点は、従来の実務の問題点を立法的に解決したものであり、手続的正義に適うものとして評価することができる。

(3) 質問検査権規定の整備と帳簿書類の留置

改正前は、個別法において質問検査権が定められていたが（たとえば、所法234等）、改正法ではこれらがすべて国税通則法に集約された（国通法74の2～6）。この改正は、旧法下において各個別法に規定されていた質問検査権を国税通則法に集約し、従来の税務調査の実務を基本的に踏襲するものであって、調査担当職員に特段新たな権限を付与するものではない。同時に、納税者は、税務調査に応じ、正確に回答するという点は従来と変わるものではない。この点を担保するものとして、調査担当職員の質問に対して答弁せず、偽りの答弁をし、又は調査を忌避等した者は、1年以下の懲役又は50万円以下の罰金に処するとされている（国通法127二）。

なお、税務調査において必要がある場合には、相手方の承諾を得た上で、提出された帳簿書類等の物件を留め置くことができるとされている（国通法74の7）。この権限の行使いかんによっては、調査対象の納税義務者が不当な扱いを受ける可能性もあるが、そもそも税務調査は任意調査であるため、物件の提出及び留置きを強制することができないことは当然である。

そして、「調査手続の実施に当たっての基本的な考え方等について（事務運営指針）」（平成24年9月12日付、課総5－11、課個7－4、課資5－61、課法4－48、課酒1－62、課消4－26、課審1－43、官総9－7、官税127、

査調2－69）において、留置きについては、下記の例示のような「やむを得ず留め置く必要がある場合や、質問検査等の相手方となる者の負担軽減の観点から留置きが合理的と認められる場合に、留め置く必要性を説明し、帳簿書類等を提出した者の理解と協力の下、その承諾を得て実施する。」と明記されている。

① 質問検査等の相手方となる事務所等で調査を行うスペースがなく調査を効率的に行うことができない場合

② 帳簿書類等の写しの作成が必要であるが調査先にコピー機がない場合

③ 相当分量の帳簿書類等を検査する必要があるが、必ずしも質問検査等の相手方となる者の事業所等において当該相手方となる者に応分の負担をかけて説明等を行わなくとも、税務署や国税局内において当該帳簿書類等に基づく一定の検査が可能であり、質問検査等の相手方となる者の負担や迅速な調査の実施の観点から合理的であると認められる場合

このような事務運営指針に従って、適切な運用が行われるべきである。

2．更正の請求（平成23年度税制改正）

(1) 更正の請求の期間の延長

　納税者による当初申告の額が過大である場合には、当該納税者は税務署長に対し、更正の請求をすることができる（国通法23①）。この場合、過大申告の原因が、法令の規定に従っていなかったこと、又は計算に誤りがあったことに限定されているものの、更正の請求を受けた税務署長は、調査を行った上で、減額更正処分をするか、更正をすべき理由がない旨を通知しなければならない（国通法23④）。

　平成23年改正によって改められた点の第一は、更正の請求をすることができる期間の制限である。改正前は、法定申告期限から1年以内とされていたが、これが5年以内に延長された。改正前の規定では、税務署長による更

正・決定処分と修正申告及び更正の請求の期間制限は、次のようにまちまち
であった。

更正の請求	1 年
修正申告	5 年
増額更正処分・決定処分	3 年
減額更正処分	5 年

　従来、更正の請求の期間のみが1年と短く、その期間を過ぎた後で過大申
告に気づいた場合には、税務署長に対する「嘆願書」を提出するという実務
上の対応がとられていた。しかし、これは正式な手続ではなく、いわば税務
署長の慈悲にすがるようなものであって、さまざまな弊害が指摘されてい
た。そこで、この改正によってこれを解消し、納税者・課税庁双方の是正の
機会を公平にするという趣旨から、すべてこれらが5年に統一された。

(2)　更正の請求の範囲の拡大
　期間の延長と併せて、次のような2点について、更正の請求の範囲が拡大
された。
　①　当初申告要件の廃止
　　　当初申告時に選択した場合に限って適用が可能とされていた措置の
　　うち、一定のものについては、当初申告要件が廃止され、更正の請求
　　により事後的に適用を受けることができることとされた。
〈具体例〉給与所得者の特定支出控除（所法57の2）、保証債務を履行
　するための資産の譲渡の特例（所法64の2）、外国税額控除（所法95、
　法法69）など
　②　控除額の制限の見直し
　　　控除等の金額が当初申告の際に記載された金額に限定される「限度
　　額の制限」がある措置について、更正の請求により、適正に計算され
　　た正当額まで当初申告時の控除額を増額させることができることとさ
　　れた。

　　〈具体例〉外国税額控除（所法95、法法69）、所得税額控除（法法68）、
　　受取配当等の益金不算入（法法23）など

　特に上記②の点に関して、所得税額控除の当初申告要件を定める法人税法
68条３項の解釈をめぐり、最高裁は、「同条３項は、納税者である法人が、
確定申告において、当該事業年度中に支払を受けた配当等に係る所得税額の
全部又は一部につき、所得税額控除制度の適用を受けることを選択しなかっ
た以上、後になってこれを覆し、同制度の適用を受ける範囲を追加的に拡張
する趣旨で更正の請求をすることを許さないこととしたものと解される。」
と判示している（最判平成21年７月10日・民集63巻６号1092頁）。

　すなわち、同規定及び更正の請求の要件を定める国税通則法23条１項１号
の文言を厳格に解釈すれば、当初申告において記載した金額に誤りがあると
しても、それを更正の請求によって是正することは許されないことになる
（記載ミスは、法令解釈の誤りでも計算誤りでもない）。しかし、最高裁判決
は、当初申告要件の趣旨を上記のように解釈し、申告書の記載内容から、所
有株式の全銘柄に係る所得税額の全部を対象として所得税額控除の適用を受
けることを選択する意思であったことが見て取れるとして、更正の請求を認
める判断を示した（なお、福岡高判平成19年５月９日・税資257号順号10708
も参照）。したがって、この法改正はこうした裁判例の内容を契機にしたも
のということができる。

　なお、内容虚偽の更正の請求に対して、１年以下の懲役又は50万円以下の
罰金という罰則が設けられた（国通法127一）点に注意が必要である。

３．理由附記（平成23年度税制改正）

　従来から、青色申告者に対して更正処分を行う際には、更正通知書に理由
を附記しなければならないと定められている（所法155②、法法130②）。理
由附記の程度をめぐっては議論があるが（最判昭和60年４月23日・民集39巻
３号850頁参照）、少なくとも、更正を相当とする具体的根拠が明示されてい
ない場合には、理由附記の不備と判断され、更正処分等が取り消される（最

判昭和38年５月31日・民集17巻４号617頁）。

　しかしながら、行政手続法では不利益処分をする際には理由附記が義務付けられており（行手法14①、③）、理由附記は青色申告者の特典にとどめられるべきものではないと主張されてきた。こうした議論を背景として、平成23年の法改正により、個人の白色申告者についても、記帳及び帳簿保存義務を条件として、理由附記が義務付けられた（国通法74の14①かっこ書き）。

４．不服申立て（平成26年度税制改正）

　平成28年３月までは、異議申立てと審査請求という二段階の不服申立手続が置かれており、原則として、異議申立てを行ってから審査請求をしなければならないとして異議申立前置主義がとられていた（旧国通法75③、④）。しかし、平成28年４月以降は、異議申立てが再調査の請求に変わり、審査請求との間で選択制となった（国通法75①一）。これにより、課税処分等に不服のある納税者は、再調査の請求を行うか、審査請求を行うかを選択することができる（以下、再調査の請求と審査請求とを併せて「不服申立て」という。）。

　また、不服申立てをすることができる期間は、改正前は、処分があったことを知った日の翌日から２か月以内とされていたが、これが３か月以内に延長された（国通法77①）。

　併せて、不服申立てについての決定又は裁決をするまでの標準的処理期間を定めることが努力義務化され、これを定めたときは、その事務所における備付けその他の適当な方法により公にすることが義務化された（国通法77の２）。なお、国税庁、国税局及び税務署は、再調査の請求については３か月、審査請求については１年を標準的処理期間として定めている。

　再調査の請求及び審査請求については、新たに次のような手続的整備が図られている。

(1)　口頭意見陳述における質問権の創設

　　再調査の請求人又は参加人が申し立てた場合には、当該申立人が口頭で再調査の請求に係る事件に関する意見を述べる機会が与えられた（国通法

84）。改正前の異議申立てにはなかった手続が創設された。

　また、審査請求に関して、従来は、担当審判官に対しての意見陳述しか認められなかったが、本改正により、原処分庁に対して口頭意見陳述の機会が与えられた（国通法101）。

　再調査の請求及び審査請求の場で、請求人側と処分庁側とでより具体的な主張のやり取りが行われることとなり、問題の適正な解決ならびに納税者の権利救済に資するものと期待される。

(2)　証拠書類の閲覧・写しの交付

　従前は、審査請求人は、原処分庁が任意に提出した証拠書類以外は、閲覧請求を行うことができず、また閲覧した書類等の写しの交付請求ができなかった（旧国通法96②）。

　本改正により、審理関係人（審査請求人、参加人及び原処分庁）は、審理関係人が任意で提出した書類のほか、担当審判官が提出を求めて提出された証拠書類等（国通法96③）についても、閲覧請求をすることができ、また、閲覧した書類等の写しの交付を請求することができることとされた（国通法97の３①）。この場合、担当審判官は、第三者の利益を害するおそれがあると認めるとき、その他正当な理由があるときでなければ、その閲覧又は交付を拒むことができないとされている（同項）。

(3)　審理手続の計画的遂行

　担当審判官は、迅速かつ公正な審査請求の審理を行うため、口頭意見陳述や証拠書類等の提出要求などの審理手続を計画的に遂行する必要があると認められる場合には、期日及び場所を指定して、審理関係人を招集し、あらかじめ、これらの審理手続の申立てに関する意見の聴取を行うことができることとされた（国通法97の２）。

５．加算税制度（平成28年度税制改正）

　申告納税制度の下で、適正な申告と納税を推進し、それを担保する手段として、各種の加算税制度が置かれている（国通法65以下）。平成28年度の税

制改正により、次の2点が改正され、平成29年1月1日以後に法定申告期限ないし法定納期限が到来する国税から適用されることとされている。

(1) 調査通知を受けて修正申告等を行う場合の加算税の加算

修正申告書が、調査通知以後に提出され、かつ、その提出が調査による更正を予知してされたものではない場合には、その申告に基づいて納付すべき税額に5%（期限内申告税額と50万円のいずれか多い額を超える部分は10%）を加算して、過少申告加算税が課される（国通法65①）。

また、期限後申告書が、調査通知以後に提出され、かつ、その提出が調査による更正又は決定を予知してされたものではない場合には、その申告に基づいて納付すべき税額に10%（50万円を超える部分は15%）を加算して、無申告加算税が課される（国通法66①）。

なお、調査通知前、かつ、更正等を予知してなされたものではない修正申告等については、過少申告加算税は課されないが（国通法65⑤）、5%の無申告加算税が課される（国通法66⑤）という取扱いは、従来と同様である。したがって、本改正の適用は、修正申告等の提出が、税務調査の通知の前後のいずれかによってその有無が問われることになる。また、従前と同様に、「更正を予知してなされたもの」であるかどうかの判断も問われることになる。

(2) 短期間に繰り返して無申告又は隠ぺい・仮装が行われた場合の加算税の加算

期限後申告等が行われた場合、過去5年以内に、無申告加算税又は重加算税を課されたことがあるときは、その期限後申告等に基づき課される無申告加算税又は重加算税の額は、納付すべき税額に10%を加算した金額とされる（国通法66④、68④）。

この規定が適用されると、無申告加算税は25%ないし35%、重加算税は45%（過少申告加算税に代えて課されるもの又は不納付加算税に代えて徴収されるもの）ないし50%（無申告加算税に代えて課されるもの）となる。

〔伊川　正樹〕

第 1 章

国税通則法

報酬の二重計上と更正の請求

《具体例：平成24年5月29日裁決・裁決事例集87集》

こんな場合どうする!!

　顧問先からの報酬を事業所得として計上したが、さらに給与所得の収入金額にも含めて計算したため、誤った確定申告をしてしまった。過大に納付した税額を取り戻すために更正の請求を行いたいが、二重計上であることをどのように立証すればよいのだろうか。

　請求人は、社会保険労務士として社会保険労務士A事務所を経営している。また請求人は、平成21年5月26日までC会（以下「本件組合」という。）の代表理事を務め、同日から同組合の専務理事を務めている。

　請求人は、請求人の給与所得に係る収入金額は、本件組合の役員報酬○○○○円と、D社（以下「本件法人」という。）の給料24万円の合計○○○○円であり、確定申告に当たり、事業所得の総収入金額に計上した本件組合からの社会保険労務士報酬336万円（以下「本件金員」という。）を誤って給与収入に加算した結果、給与所得の金額及び総所得金額が過大になったとして、平成22年11月24日に、平成21年分の所得税の更正の請求（以下「本件更正の請求」という。）をした。

 ## 争　点

　本件金員（社会保険労務士報酬）が、事業所得と給与所得の収入金額とに二重に計上されているか否か。

図説　本件事実関係

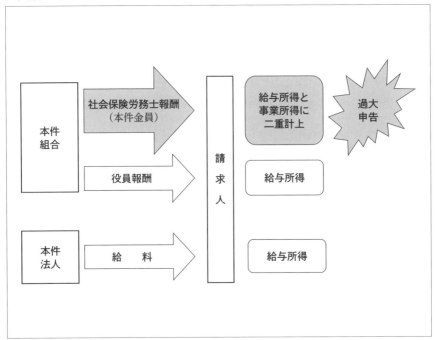

◆**請求人の主張**

　本件金員は事業所得の収入金額であるが、請求人は、本件金員を事業所得の総収入金額と給与所得の収入金額とに二重に計上した誤りがあり、請求人が確定申告書に記載した総所得金額が過大である。

◇**原処分庁の主張**

　請求人が提示した書類等だけでは、本件金員が事業所得に該当すること及び事業所得の総収入金額と給与所得の収入金額とに二重計上されていること並びに請求人の事業所得の金額がいくらであるかを認定することができなかった。

　したがって、請求人が確定申告書に記載した総所得金額が過大であるとは認められない。

審判所の判断

1　認定事実

本件において、次の事実が認められる。

- 本件組合は、平成16年 1 月27日に開催した平成15年 4 月 1 日から平成16年 3 月31日までの事業年度（以下、本件組合の事業年度を「平成15年度」などと略称する。）の第 6 回理事会において、平成16年度から請求人に社会保険労務士業務を全て委託する旨の議決をした。

- 本件組合は、上記議決を受け、平成16年 4 月16日開催の理事会において、請求人に対し、役員報酬として○○○○円、社会保険労務士業務に係る業務委託費として336万円をそれぞれ支給する旨の予算案を決定し、同年 5 月27日開催の平成16年度通常総会において当該予算案が議決、承認された。

- 本件組合は、平成20年度及び平成21年度の各年度の総会において、請求人に対し、役員報酬として○○○○円、社会保険労務士業務に係る業務委託報酬として336万円をそれぞれ支給した旨の決算を議決、承認した。

- 本件組合は、平成21年中に請求人に支払った役員報酬○○○○円について、給与所得として所得税法183条 1 項に規定する源泉徴収を行い、同法226条 1 項に規定する給与所得の源泉徴収票を作成し、原処分庁に提出した。

- 本件組合は、本件金員について、報酬、料金等として所得税法204条 1 項に規定する源泉徴収を行い、本件金員が同項 2 号に規定する社会保険労務士の業務に関する報酬であるとして、同法225条 1 項 3 号に規定する報酬の支払調書を作成し、原処分庁に提出した。

- 請求人の作成した総勘定元帳の売上高勘定、雑収入勘定及び兼業売上高勘定に記載された収入の内訳及び合計額は、請求人が確定申告書に添付した青色決算書の売上金額欄に記載した金額と同額である。

- 請求人は事業所得に係る総勘定元帳に本件組合からの収入として333万2,000円を計上しているが、この金額と本件金員との差額 2 万8,000円は、源泉所得税の経理処理の誤りによるものである。

- 請求人が確定申告書に記載した給与所得に係る収入金額○○○○円の内訳は、本件組合からの役員報酬○○○○円、本件金員336万円及び本件法人からの給料24万円である。

2　社会保険労務士報酬（本件金員）の二重計上について

上記1の本件認定事実によれば、請求人の確定申告において本件金員が給与所得の収入金額に含まれており、本件金員のうち333万2,000円が事業所得の総収入金額に含まれていることが認められるから、本件金員のうち333万2,000円は、事業所得の総収入金額と給与所得の収入金額とに二重に計上されていると認めるのが相当である。

この点、原処分庁は、本件金員について、いずれの取引か特定できないなどとして、本件金員が事業所得の総収入金額と給与所得の収入金額とに二重計上されていることが認定できない旨主張している。しかしながら、本件認定事実に照らせば、本件金員が本件組合からの社会保険労務士業務に係る業務委託費であることは明白であり、原処分庁の主張を採用することはできない。

3　社会保険労務士報酬（本件金員）の所得区分について

請求人は本件組合との関係において、本件組合の役員業務と、社会保険労務士業務を行っていることが認められる。

本件組合は、平成16年度から請求人に社会保険労務士業務を全て委託し、請求人に対し、役員報酬として○○○○円、社会保険労務士業務に係る業務委託費として336万円を支給することとし、平成20年度及び平成21年度においても同様に、請求人に対し、役員報酬として○○○○円、社会保険労務士業務に係る業務委託費として336万円を支給した旨の決算を承認しており、本件金員が社会保険労務士の業務に関する報酬であるとして、報酬の支払調書を作成していることが認められる。

これらの事実によれば、本件組合は、平成21年中において請求人に社会保険労務士業務を委託し、請求人に当該委託に係る報酬として本件金員を支払ったと認めるのが相当であり、請求人は、請求人個人の資格に基づいて社会保険労務士業務を行っているから、当該業務の報酬である本件金員は、請

求人の事業所得に係る収入金額であると認めるのが相当である。

逆転のポイント

　①本件組合の理事会において、平成16年度から請求人に社会保険労務士業務をすべて委託する旨の議決をしていたこと、②平成21年度の総会において役員報酬と業務委託報酬としてそれぞれ支給した旨の決算を承認した事実が認められること、③本件組合側が、本件金員が社会保険労務士の業務に関する報酬であるとして、所得税法225条1項に基づき原処分庁に支払調書を提出していた事実が認められたことが、逆転のポイントである。

　また、④請求人の事業所得に係る総勘定元帳に本件組合からの収入として計上された金額と報酬の支払調書に記載された金額がほぼ同額であったことも、本件金員が事業所得の総収入金額と給与収入との二重計上が認められた要因である。

実務へのヒント☞

　日常の業務においては、事業収入と給与収入を区分して経理処理し、最終的に、確定申告書を作成する際には、相手先ごとに収入金額を集計し、交付された源泉徴収票や支払調書と突合させながら、二重に計上していないかの確認作業を行うことが必要である。

［鈴木　春美］

本件で問題となった本件金員（社会保険労務士報酬）は、本来は請求人の事業所得に係る総収入金額に算入すべきものである。本件での争点は、本件金員が事業所得の総収入金額と給与所得の収入金額とに二重計上されているという請求人の主張をどのように立証するかという点である。

　もしこの立証ができなければ、本件金員が事業所得と給与所得のいずれに当たるかが不明であるだけでなく、本件組合から請求人に対して支払われた金額がいくらなのか、つまり、社会保険労務士報酬として支払われた336万円（本件金員）以外に、別途、同額の金員が支払われたものとして、請求人の確定申告の内容が正当ということになり、更正の請求が認められないと解されることになり得るのである。

　国税通則法23条1項1号は、当初申告の内容が⑴法律の規定に従っていなかったこと、及び⑵計算の誤りによって過大となっている場合に限って、更正の請求を認める旨を定めている。更正の請求の可否が争われた事例で問題となっているのは、過大申告の原因が同号所定の要件に該当するか否かである（たとえば、最判平成21年7月10日・民集63巻6号1092頁など）。本件に照らしてみれば、請求人が本件金員を二重に計上したという事実が認められれば、上記⑴ないし⑵のいずれかの要件を満たすこととなるため、その事実の立証が問われているのである。

　本件では、①本件組合の理事会で請求人に対して社会保険労務士業務をすべて委託することを議決し、②その総会で報酬を支払ったことについての決算の承認を受けており、③その金員について本件組合が報酬、料金等に係る源泉徴収を行っていたという各事実が、本件金員の支払者である本件組合側の記録によって立証されている。さらに、④請求人の総勘定元帳に記載された金額と本件組合から交付された報酬の支払調書に記載された金額とがほぼ一致したという認定事実も、本件の立証に寄与している。

　収入の二重計上は、それが意図的なものでない限り明らかな単純ミスであるため、通常であれば更正の請求が認められる事由であると考えられるが、その前提として二重計上という事実自体の立証は重要な問題である。本件裁決の判断は、支払者側の記録と受領者側の記録という両面から立証を認めたという点で、実務上、参考となるだろう。

2 **通則法**

融通手形の振出しを理由とする
納税の猶予

《具体例：平成21年7月6日裁決・裁決事例集78集》

こんな場合どうする‼

　国税通則法46条2項は納税の猶予が認められる要件として、災害により相当な損失を受けた場合（1号）や事業の休廃止（3号）、事業につき著しい損失を受けたこと（4号）などに加えて、これらに類する事実があったこと（5号）を掲げている。

　では、納税者が手形を振り出した相手の会社の倒産により納税者自身が倒産してしまう、いわゆるあおり倒産のような場合は、同項の要件のいずれかに該当し、納税の猶予は認められるのだろうか。

　土木工事業を営む請求人は、取引先であるC社の依頼を受け、同社に対して額面額○○○○円の約束手形5通（以下「本件各手形」という。）を振り出した。本件各手形は、C社からD社に対して裏書譲渡されており、手形所持人となったD社が、取引銀行を通じて本件各手形について各満期日に支払呈示をしたが、支払を拒絶された。

　平成13年1月22日、E社（D社の100％出資の子会社で、平成18年4月にD社に吸収合併された。）は、C社との間の平成8年12月2日付の信用保証委託契約に基づき、C社の負う本件各手形債務○○○○円をD社に対して代位弁済し、本件各手形を譲り受けた。

　平成15年12月18日、E社は、本件各手形の所持人として振出人である請求人に対して、本件各手形の額面金額合計○○○○円及び年6％の割合による金員の支払を求め、F簡易裁判所に対して手形債務金履行請求の調停を申し立てた。そして平成16年1月○日、請求人とE社との間で調停が成立した。

　請求人は、上記の調停に基づき平成16年9月から平成19年1月まで、及び、平成19年2月以降現在まで、E社に対して、毎月1万円の返済を行っている。

　請求人は、平成18年11月2日に原処分庁に対し、国税通則法（以下「通則法」という。）46条2項に基づき、消費税の納税の猶予の申請をした（以下、この申請を「本件猶予申請」という。）。また、請求人は、平成19年4月3日付で猶予申請書における「納税の猶予を受けようとする理由」欄の記載について次のように記載して、補正書を提出した。

　「平成12年の○月、C社の倒産によるあおり倒産を生じました。仕事を継続させ、従業員の生活を守る為にも、手形の事故により、発生した保証や関係会社への負債分の支払を、現在も続行中です。銀行の取引きが停止され、仕事を続ける為の資金繰りも、困難を来す状況です。身内からの借入れも、これ以上は望めません。消費税を支払う為の、まとまったお金を用意する手段が有りませんので、納税の猶予を申請致します。」

　原処分庁は、本件猶予申請に対して、平成19年4月24日付で納税の猶予を不許可とする原処分をした。これに対して、請求人が原処分に不服があるとして争った。

図説　本件事実関係

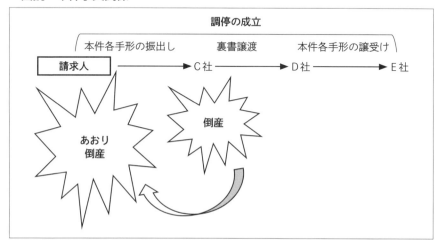

争　　点

　請求人は、通則法46条2項に規定する納税の猶予の要件を充足しているか。

◆請求人の主張

　請求人は、平成12年に、取引先であるC社に対し、本件各手形を振り出したが、C社が倒産し、そのあおりを受けて、本件各手形が決済できず、請求人は、手形交換所による取引停止処分を受けた。それ以降、請求人は、取引先が 現金取引のみに限定された上、その手形債務の支払を現在も続行していること、また、その後、請求人の主要な取引先の倒産、廃業又は経営不振により仕事が減少したことから、請求人の年間の売上金額が激減し、平成18年においても回復していないことから納税資金を用意できず、国税を一時に納付できない状況にある。そして、このような納付困難な状況は、平成12年の手形不渡事故や請求人の主要な取引先の倒産等に直接基因している。

　したがって、請求人には、通則法46条2項の猶予該当事実があり、これに基づき国税を一時に納付できないのであるから、納税の猶予の要件を充足している。

　なお、請求人がC社に対して本件各手形を振り出したのは、請求人がC社に対して売掛金約○○○○円を有していたところ、C社が経営困難に陥り、このまま放置してC社が倒産すれば売掛金が回収できなくなるため、売掛債権を保全するために必要があったことなどの理由によるものであって、本件各手形の振出しについて、請求人に帰責性はない。

◇原処分庁の主張

　請求人の主張するC社の倒産という事実をもって、請求人について納付が困難となっていると認定することができない。

　また、請求人が主張する損失発生の原因はC社の依頼を受けて、C社に対し融通手形として本件各手形を振り出したことが原因である。そうすると、不渡事故を起こし手形債務を負うこととなったこと及び取引先が限定される

こととなった原因は請求人自身にある。

　したがって、請求人の責に帰すことができないやむを得ない事由によって売上げの減少が生じたものではないから、請求人は納税の猶予の要件を充足していない。

Ⅲ 審判所の判断

　「通則法第46条第2項に規定する納税の猶予は、①納税者に猶予該当事実があること、②猶予該当事実に基づき、納税者がその国税を一時に納付することができないと認められること、③納税者から国税通則法施行令第15条《納税の猶予の申請手続等》第2項に規定する納税の猶予の申請書が提出されていること、④通則法第46条第1項の規定による納税の猶予の適用を受ける場合でないこと、⑤原則として、通則法第46条第5項に規定する担保の提供があることのすべての要件を充足する場合に限り、税務署長等がその申請を許可することができるものである。」

　上記の納税の猶予の要件①については、本件事実からすれば、本件猶予申請に係る申請理由は、通則法46条2項4号又は同項5号（4号類似）の猶予該当事実に基づくものではなく、同項5号（1号類似）の猶予該当事実に基づくものと認められる。

　通則法46条2項の趣旨は、「同項に掲げる事実が生じた場合には、不測の出費、あるいは、予定していた入金の不能又は遅延により国税を一時に納付することが困難となる場合が多いと考えられることから、納付することができない金額を限度として、納税を猶予することができることとして、そのような事実が生じた納税者の救済を図ろうとしたものと解される。もっとも、同項の掲げる事実をみれば、いずれも納税者の責に帰すことのできない事実ということができ、また、納付困難となっている納税者の救済という観点だけでなく、滞納となっている国税の早期かつ確実な徴収及び他の納税者との公平という観点からすれば、納付困難の基因となった事実が第三者に対する金銭の贈与等納税者の責に帰すべき事由によるものである場合には、猶予該

当事実に当たらないと解するのが相当である。

　したがって、通則法第46条第2項の猶予該当事実とは、納税者の責に帰すことのできない金銭納付を困難ならしめる事実をいうものと解するのが相当である。」

　これを本件についてみると、請求人がC社に対して振り出した本件各手形は、経営困難に陥ったC社の資金調達のため、請求人とC社との間で手形の原因行為なくして振り出された、いわゆる融通手形であると認められる。

　そして、本件各手形の振出しの経緯をみると、請求人は、主要な取引先の一つであるC社が経営困難に陥り、このままC社が倒産すれば売掛債権が全額回収できなくなることなどから、やむを得ず本件各手形を振り出したものと認められ、本件各手形の振出しがC社に対する金銭の贈与等と同視できるような特段の事情は窺われない。

　そうすると、本件各手形の振出し及びC社の倒産による手形債務の負担について、請求人に帰責性があるということはできない。

　また、「納税の猶予等の取扱要領の制定について」（昭和51年6月3日付徴徴3－2ほか1課共同。以下「猶予通達」という。）第2章第1節1(3)ホは、通則法46条2項1号に類する事実を具体的に例示しているが、本件のように取引先に対して融通手形を振り出した場合は、そのいずれにも当たらない。しかし、上記のような納税の猶予の制度趣旨に鑑みれば、振出人である請求人と受取人であるC社との人的関係や取引上の要請から、やむを得ず融通手形を振り出し、融通手形の受取人であるC社の倒産による手形債務を負うという、不測の事態により資金繰りが困難になったという点で、売掛金等の回収が不能になった場合と同視できるので、本件の場合は、通則法46条2項1号に類する事実として、猶予該当事実に当たると解するのが相当である。

　「以上によれば、請求人には猶予該当事実があり、猶予該当事実に基づき本件税額を一時に納付することができなかったと認められる。また、請求人は、……通則法第46条第2項に規定する納税の猶予の他の要件もすべて充足していたと認められるのであるから、納税の猶予の要件を充足しているとは

認められないとした原処分は違法というべきである」。

⚖ 逆転のポイント

　本件審判所が、通則法46条2項における猶予該当事実について、「納税者の責に帰すことのできない金銭納付を困難ならしめる事実」と広く解釈し、請求人には猶予該当事実があると認めた点が、逆転のポイントである。

実務へのヒント☞

　納税の猶予が認められると、利子税（国通法64）は課されるものの、延滞税（国通法60）の全部又は2分の1が免除され、強制徴収手続が開始されないなどの期限の利益が納税者に与えられる。当座の資金難を乗り切るための手段として、この制度の利用には意義がある。

　そのためには、納付困難につき納税者の帰責性が認められない事実を主張する必要があるが、本件のように、経営不振に陥った取引先を救済しようとしたことにより、納税者自身が資金難に陥った場合でも、猶予該当事実として認められうるという判断は、実務上、参考となるだろう。

コメント

　通則法46条2項1号における猶予該当事実は、「納税者がその財産につき、震災、風水害、落雷、火災その他の災害を受け、又は盗難にかかつたこと」である。本件裁決は、この要件を目的論的に解釈し、納税者の帰責性を判断基準とした上で、いわゆるあおり倒産による場合が「類する事実」（同項5号）に当たると認めた。

　こうした解釈はこれらの文言から乖離しているように思われ、租税法律主義の観点から懸念されるが、自己の責に帰さない不測の事態により納付困難となった納税者の救済を図るという、納税の猶予の制度趣旨に照らせば、許容されるものと考えられる。

［伊川　正樹］

滞納後に発生した猶予該当事実による納税の猶予

《具体例：平成24年10月29日裁決・裁決事例集89集》

こんな場合どうする‼

　国税通則法46条2項は納税の猶予の要件を定めているが、納税者が滞納後に発生した事実を理由に申請した場合、納税の猶予は認められるのであろうか。

　請求人の父は飲食業（以下「本件事業」という。）を経営していたところ、平成17年5月○日に死亡し、請求人は、相続により本件事業を承継した。

　請求人は、平成21年11月4日、K税務署長に対し、平成20年12月30日に本件事業を営業不振のため廃止した旨の個人事業の開廃業等届書を提出した。

　また、請求人の母は、平成21年3月17日から同月26日まで、N病院に入院し、治療を受けた。また、その後もN病院及びP内科に入通院し、治療を受けた。請求人は、これらの入通院等により生じた医療費（治療費及び薬剤代）を支出した。なお、請求人の母は、請求人と生計を一にしていなかった。

　請求人は、平成23年2月1日、原処分庁に対し、本件事業を廃止したことを理由に国税通則法（以下「通則法」という。）46条2項3号を根拠とし、また請求人の母が病気にかかったことを理由に同項5号（2号類似）に基づいて、本件滞納国税について納税の猶予の申請（以下「本件猶予申請」という。）をした。

　なお、請求人は、本件猶予申請に係る申請書（以下「本件猶予申請書」という。）の「猶予期間」の欄には記載をしていないが、「納付計画」欄には、平成23年1月31日及び同年2月28日にそれぞれ100円、同年3月31日から同

年11月30日まで月々500円、並びに同年12月29日に1,000円を納付する旨記載
している。

⚖ 争　　点

1　請求人が本件事業を廃止した事実は、請求人のやむを得ない理由に基づ
くものとして、通則法46条2項3号に規定する猶予該当事実に該当するか
否か（争点1。以下、省略）。

2　請求人が滞納国税を一時に納付することができなかったのは、請求人と
生計を一にしない請求人の母が病気にかかったという通則法46条2項5号
（2号類似）に規定する猶予該当事実に基づくか否か（争点2）。

◆請求人の主張

請求人の母が病気にかかったという通則法46条2項5号（2号類似）の猶
予該当事実は、滞納国税を一時に納付することができないことの原因の1つ
となっている。

◇原処分庁の主張

請求人は、請求人の母の入院加療に伴う支出を行う以前から滞納国税の納
付をしていないのであるから、請求人の母が病気にかかったという通則法46
条2項5号（2号類似）の猶予該当事実が存在したことによる資金の支出
が、滞納国税を一時に納付することができないことの原因となっているとは
認められない。

🏛 審判所の判断

「通則法第46条第2項に規定する納税の猶予は、①納税者に猶予該当事実
があること、②猶予該当事実に基づき、納税者がその国税を一時に納付する
ことができないと認められること、③納税者から国税通則法施行令第15条
《納税の猶予の申請手続等》第2項に規定する納税の猶予の申請書が提出さ
れていること、④通則法第46条第1項の規定による納税の猶予の適用を受け

る場合でないこと、⑤同条第5項の規定により納税の猶予に係る税額が500,000円を超える場合は担保の提供があること、という全ての要件を充足する場合に限り、税務署長等がその申請を許可することができるものである。」

① 要件①について

請求人と生計を一にしない請求人の母が病気にかかった事実があること及びその事実が通則法46条2項5号（2号類似）の猶予該当事実に当たることは、請求人と原処分庁の間で争いがなく、当審判所の調査の結果によっても、請求人に同号の猶予該当事実があることが認められる。そのため、上記要件①を満たす。

② 要件②について

1　猶予通達の取扱い

「納税の猶予等の取扱要領」（昭和51年6月3日付徴徴3-2ほか1課共同「納税の猶予等の取扱要領の制定について」（国税庁長官通達）の別冊。以下「猶予通達」という。）第2章第1節1の(4)ロは、納付困難か否かの判定は、猶予通達第7章第2節に定める現在納付能力調査に基づいて行う旨定めている。そして、現在納付能力調査は、納税の猶予の申請に係る猶予期間の始期の前日である調査日において、納税の猶予の申請等に係る国税をいくら納付できるか、納付困難な金額がいくらあるかを判定するための調査である。

「通則法第46条第2項は、……一定の事由により納付困難になった納税者に対する国税の徴収手続を緩和し、納税を猶予することによって当該納税者の救済を図る制度であるが、それは、他の一般の納税者との租税負担の公平の実現の上で認められるべきものである。」このような納税の猶予の制度趣旨に照らすと、当審判所においても猶予通達の取扱いは相当と考える。

2　調　査　日

請求人は、本件猶予申請書において、平成23年1月31日から納付を開始し、同年12月29日までの期間に本件滞納国税のうち合計5,700円を納付する旨の納付計画を明らかにしていることからすれば、請求人は、本件猶予申請書において、同年1月31日から同年12月29日までの期間を猶予期間として納

税の猶予を受けたい旨の申請をしたものと認められる。

　したがって、平成23年1月31日を本件猶予申請に係る猶予期間の始期とし、その前日である同月30日を調査日（以下「本件調査日」という。）として判定をすることになる。

3　納付困難性

　本件事実に照らせば、本件は、上記要件②のうち、納付困難の点を充足している。

4　基因関係

　猶予通達第2章第1節2(2)イ(ホ)は、猶予該当事実に基づき納付することができない（以下「基因関係」という。）かどうかの判定は、猶予該当事実に基づく支出又は損失（以下「猶予該当資金」という。）がある場合には、その資金の額が納付困難の原因となっているものとして取り扱う旨定めている。この点、猶予該当資金がなければ、その資金の額と同額の国税を納付することができたと考えられるから、当審判所においても、上記のとおりの猶予通達の取扱いは、相当と考える。

　納税者と生計を一にしない親族が病気にかかり又は負傷した事実があった場合の猶予該当資金については、猶予通達第2章第1節2(2)イ(イ)及び(ニ)並びに同ロ(イ)Ｄ、(ロ)及び(ホ)によれば、猶予該当資金は、病気等により要する医療費及び病気等があったことにより支出を余儀なくされる費用で、猶予該当事実が発生した日から調査日までに支出した金額及び調査日後支出する見込みの金額のうち申請に係る納税の猶予の期間中に支出される見込みの金額とする旨定めている。

　この点、病気等により要する医療費及び納税者が猶予該当事実により支出を余儀なくされる費用を負担しなければ、それと同額の国税の納付に充てることができたと考えられ、結果として、猶予該当資金があることが納付困難の原因になっているといえることから、当審判所においても、上記のとおりの猶予通達の取扱いは相当と考える。

　本件についてみるに、請求人の母が病気にかかったことにより請求人が医

療費を支出したことが認められるため、上記要件②のうち、基因関係の点も充足している。

③　その他の要件（要件③〜⑤）について

本件は、上記要件③ないし⑤をいずれも充足している。

④　結　　論

「以上のとおり、①請求人には猶予該当事実があり……、②猶予該当事実に基づき、○○○○円の限度において本件滞納国税を一時に納付することができなかったと認められる……ものであり、上記……の納税の猶予の要件①及び②を充足していたと認められる。また、請求人は、上記……の納税の猶予のその他の要件（要件③ないし⑤）も全て充足していたと認められる……。

したがって、納税の猶予の要件を充足しているとは認められないとした原処分は違法である。」

図説　通則法46条２項が定める猶予該当事実の判断

要件① 猶予該当事実の存在	要件② 猶予該当事実と納付困難性及び基因関係の存在	要件③ 納税猶予申請書の提出	要件④ 46条1項の適用を受けないこと	要件⑤ 担保の提供

◎現在納付能力調査…「調査日」における納付困難額の調査
◎「調査日」＝納税の猶予の申請に係る「猶予期間」の始期の前日
◎「猶予期間」の判定…猶予申請書の猶予期間欄又は納付計画欄の記載内容による

逆転のポイント

本件では、請求人は猶予申請書には猶予期間を記載していなかったが、納付計画欄に記載した内容によって猶予期間の始期が判定され、それに基づいて本件調査日が特定された。それを前提として、猶予該当事実と納付困難との基因関係が認められた点が、逆転のポイントである。

実務へのヒント

　猶予申請書に猶予期間を記載すること、あるいは納付計画を明記することによって、滞納後に発生した事実による場合でも納税の猶予が認められうることが、実務へのヒントとなる。また、生計を一にしていなくとも、親族の療養等に係る支出を納税者が支払った場合、その明細について支払った日付とともに記録し、猶予該当資金の額と納付困難の税額の基因関係を明らかにすることができるようにしておくことも、納税の猶予が認められるための要因である。

〔神谷　紀子〕

コメント

　本件では、本件事業の廃止（争点1）及び生計を一にしない母の病気（争点2）を理由とする納税の猶予の申請につき、後者の理由についてのみ認められた。特に後者の事実は請求人の国税の滞納後に生じたものであり、当該事実と納付困難との関連性（基因関係）がカギとなっている。

　まず、生計を一にしていなくとも、親族の病気等に係る医療費を支出したことは通則法46条2項5号（2号類似）所定の猶予該当事実に当たることが前提とされている。なお同項には、猶予該当事実の発生が滞納の前でなければならないとの限定は付されていない。

　そこで猶予通達は、納付困難であるかどうかを現在納付能力調査により判定するとしており、その判定の基準日である「調査日」を"納税の猶予の申請に係る猶予期間の始期の前日"としている。そして、滞納後に発生した事実を理由として納税の猶予が認められるかどうかの判断は、猶予該当事実が発生した日から調査日までに猶予該当事実に基づく支出があり、それが納付困難の基因となっているかどうかによると解している。

　本件審判所が猶予通達の取扱いを相当と認め、請求人が納税猶予申請書の納付計画欄に記載した内容から、猶予期間を特定している点が注目される。猶予該当事実に基づく支出がなければ、その資金の額と同額の国税を納付することができたとする猶予通達の取扱いは現実的であり、それを相当と認めた本件審判所の判断は、納税の猶予の制度趣旨にも沿うものと考えられる。

申告義務の有無に関する不知と重加算税

《具体例：平成20年12月18日裁決・裁決事例集76集》

こんな場合どうする‼

　多種多様な金融商品が登場し、それに伴い取扱いも複雑となっている証券税制は、平成13年以降、毎年改正が行われ、総合課税や源泉分離課税などが混在するなど専門家でも難解で理解しにくいものである。確定申告とは縁遠いサラリーマンや主婦が、仕事や家事の合間に始めた金融取引が成功し、多額の利益が出たが、税法に関する知識がなかったため申告をしなかった場合、重加算税の対象となるのだろうか。

　給与所得者である請求人は、平成16年10月以降、Ｄ社、Ｅ社及びＦ社（以下、併せて「本件各FX取引先」という。）を通じて、FX取引（以下「本件FX取引」という。）を行っていた。

　請求人は、本件各FX取引先のホームページ上においてFX取引事情が記録された各種の実績報告書等を、請求人のパソコンから閲覧することができ、出力もしていた。また、本件各FX取引先は、取引申込者に対して、「ご利用マニュアル」、「約款・規程集」、「外国為替保証金取引説明書」といった書面を交付し、本件各FX取引先のホームページでも同様の内容が掲載されていた。

　請求人が平成17年分及び平成18年分の所得税の確定申告において、本件FX取引に係る所得金額を含めないで申告したことについて、原処分庁が隠ぺい・仮装の行為があったとして重加算税の各賦課決定処分を行った。

争　点

　請求人の本件FX取引に係る所得税の確定申告において、隠ぺい・仮装の行為が認められ、重加算税の対象となるか。

◆請求人の主張

1　各年分の所得税の申告において、本件FX取引に係る所得を申告しなかったのは、株式の売買等の申告については、分離課税の場合は取引業者が行うことを知っていたことから、当然に本件FX取引についても、本件各FX取引先がやるものだと思い込んでいたことによるものである。なお、申告についての認識がなかったことから、ホームページや書面の案内等は見ていない。

2　変動するリスク、倒産リスク等を考え、取引に対する懸念と心労の状況にあったことから、申告が必要であるという思いには至らなかった。

3　住宅借入金等特別控除、株式に係る譲渡所得及び先物取引に係る繰越損失については、それらに係る書類が手元に届いていたことから、深く考えることもなく、勤務先及び税務署に提出したものであり、また、住宅借入金等特別控除申告書の「年間所得の見積額」欄を空欄のまま提出したのは、FX取引に係る所得を申告するという認識がなかったためである。

　以上の理由により、平成12年7月3日付の国税庁事務運営指針「申告所得税の重加算税の取扱いについて」に掲げるような、国税の課税標準又は税額等の計算の基礎となるべき事実の隠ぺい又は仮装の事実は一切ない。

◇原処分庁の主張

1　本件FX取引に係る所得の申告義務については、本件各FX取引先のホームページ上又は書面にて周知されており、請求人は、所得に係る申告義務等について、認識し得る状況にあった。請求人の所得についての申告は分離課税の株式取引と同様、本件各FX取引先が行うものと思い込んでいたとする請求人の主張には信憑性が認められない。

2　本件FX取引に係る雑所得の金額は、請求人の各年分の給与所得の金額

と比べ、約14倍から16倍となり、請求人にとって多額の金額となることから、申告の必要性は、請求人において容易に認識できた。

3　平成18年分の給与所得者に係る年末調整に際し、請求人が住宅借入金等特別控除申告書の「年間所得の見積額」欄を空欄のまま勤務先に提出した行為は、当初から本件FX取引に係る所得を隠ぺいすることを意図し、その意図を外部からもうかがい得る特段の行動に該当すると認められる。

以上の事実からすれば、本件FX取引に係る所得の申告義務を認識しており、原処分庁による税務調査を待たずとも、請求人自ら本件FX取引に係る所得を雑所得として修正申告書を提出することは可能であり、これらのことは、当初から本件FX取引に係る真実の所得金額を隠ぺいする意図を外部からもうかがい得る特段の行動に該当する。

審判所の判断

「重加算税の制度は、納税者が過少申告をしたことについて隠ぺい、仮装という不正手段を用いていた場合に、過少申告加算税よりも重い行政上の制裁を科することによって、悪質な納税義務違反の発生を防止し、もって申告納税制度による適正な徴税の実現を確保しようとするものである。

したがって、重加算税を課するためには、納税者のした過少申告行為そのものが隠ぺい、仮装に当たるというだけでは足りず、過少申告行為そのものとは別に、隠ぺい、仮装と評価すべき行為が存在し、これに合わせた過少申告がされたことを要するものである。しかし、上記の重加算税制度の趣旨にかんがみれば、架空名義の預金口座等の利用や資料の隠匿等の積極的な行為が存在したことまで必要であると解するのは相当でなく、納税者が当初から所得を過少に申告することを意図し、その意図を外部からもうかがい得る特段の行為をした上で、その意図に基づいて過少申告をしたような場合には、重加算税の上記課税要件が満たされたものと解するのが相当である。」

上記のとおり、「重加算税の課税要件として、①当初から所得を過少に申告する意図の存在、②その意図を外部からもうかがい得る特段の行為、及び

③その意図に基づいた過少申告があることが必要と解されるところ、請求人は、本件FX取引に係る所得の申告義務について、Ｄ社の『ご利用マニュアル』及びＥ社のホームページ上において知ることが可能であったこと、また、……請求人のパソコンでFX取引事績を確認すれば売買損益も知ることができたことから、本件FX取引に係る所得の申告義務及び多額の所得があったことについては認識していたのではないかという疑いも存する。

　しかしながら、……本件FX取引に係る税務上の取扱いについて、請求人が税理士等の専門家に相談したといった事実は認められず、また、当初申告当時、請求人は、本件FX取引に係る所得について、株式の売買等の場合と同様に、源泉分離課税であると誤解していた可能性も否定できず、請求人が当初から過少に申告する意図を明らかに有していたことまでは認められない。

　また、請求人が、平成18年分の給与所得者に係る年末調整に際し、住宅借入金等特別控除申告書の『年間所得の見積額』欄を空欄のまま勤務先に提出した行為についても、仮に請求人が本件FX取引に係る所得が源泉分離課税であると誤解していたとすれば、同欄を空欄にして提出する可能性もあり得るのであり、そのような事実をもって、当初から所得を過少に申告するとの意図を外部からうかがい得るような特段の行為をしたとまでいうことはできない。

　そのほか、……原始資料等をあえて散逸したり、虚偽の答弁、虚偽資料を提出するなど本件調査に非協力であったという事実もないことからすれば、原処分庁が主張する事実をもって、直ちに、請求人が当初から所得を過少に申告するとの意図を外部からうかがい得る特段の行為をした上で、その意図に基づいて過少申告をしたものということはできない。」

　したがって、請求人が、国税通則法68条1項に規定する「国税の課税標準等又は税額等の計算の基礎となるべき事実の全部又は一部を隠ぺいし、又は仮装し、その隠ぺいし、又は仮装したところに基づき納税申告書を提出した」場合には該当せず、賦課決定処分は、過少申告加算税に相当する額を超える部分を取り消すのが相当である。

逆転のポイント

　①請求人が、本件FX取引について、申告義務の有無について税理士等の専門家に相談していなかったこと、②請求人が、調査担当者から電話で質問されてから修正申告書を提出するまで、調査に対し誠心誠意協力し、FX取引に関する書類等の資料を提出していたこと、③本件調査の際に、請求人が原始資料等を散逸したり、虚偽の答弁、虚偽資料を提出しなかったなどの認定事実から、隠ぺい又は仮装の事実がなかったと認められたのが逆転のポイントである。

実務へのヒント

　給与所得者や年金受給者などは、事業者とは異なり、税理士等の専門家も身近にいなければ、金融取引を始めとする複雑な税制についての知識も少なく、申告義務の有無すら分からない人が多い。

　FX取引については、平成21年よりFX業者に支払調書の提出が義務付けられている。FX業者は取引内容が税務署に把握されていることを納税者に周知し、投資家は金融商品の勉強だけではなく、税金の面も併せて知識を習得する必要がある。

　また、うっかり申告の義務を怠った際は、調査等に協力し、虚偽・隠ぺいすることなく原始資料を提出し、修正申告に応ずることが大切である。

図説　重加算税の課税要件の解釈

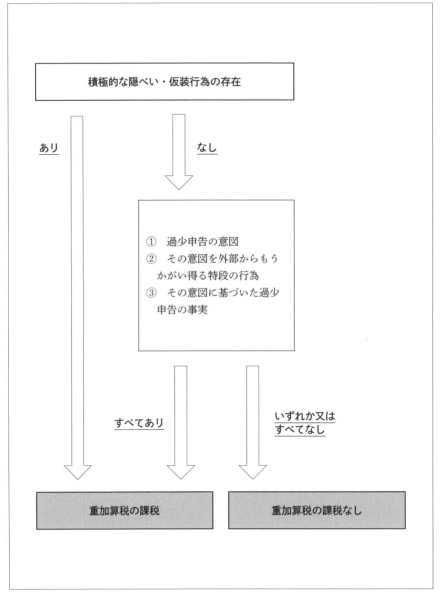

⊂コメント⊃

　本件裁決は、重加算税の課税要件の解釈として、納税者の積極的な行為の存在は必ずしも必要ではなく、①過少申告の意図の存在、②その意図を外部からもうかがい得る特段の行為、③その意図に基づいた過少申告の事実が必要であると述べている。

　こうした解釈は、最高裁平成7年4月28日判決（民集49巻4号1193頁）の判示と同様である。同事案では、納税者が株式等の売買による利益につき雑所得として申告すべきことを熟知しながら、あえて申告書に記載せず、また顧問税理士に対しても所得の存在を秘匿し、何らの資料も提供せず過少な申告書を作成・提出させたという行為が、重加算税の対象となるかどうかが争われている。同判決は、当該納税者の行為は、当初から所得を過少に申告することを意図した上、その意図を外部からもうかがい得る特段の行動をしたものであるから、その意図に基づいてした本件過少申告行為は、重加算税の課税要件を満たすと解している。また、「つまみ申告」ないし「殊更の過少申告」が問題となった最高裁平成6年11月22日判決（民集48巻7号1379頁）でも、納税者の真実の所得金額を隠ぺいする意図及びそれに基づく隠ぺい行為の存在が認められ、重加算税の賦課が認められている。

　このような判例の立場に立つとしても、過少申告の意図が外部からもうかがい得る特段の行為として現れ、それが過少申告という結果につながっているという立証が事実に基づいて行われなければならない。

　本件裁決において、納税者による過少申告の意図の存在を安易に認めなかった態度は、重加算税制度の趣旨に合致するものであり、評価されるべきである。「過少申告の意図」という内面的な要素を客観的に認定することは困難であり、それが行為として客観的に認識可能である場合に初めて認められるものであるからである。平成28年度税制改正により、重加算税制度の過重措置が導入されたことにも鑑みれば、こうした慎重な態度がより必要になるといえよう。

競業行為と隠ぺい・仮装行為の有無

《具体例：平成23年1月25日裁決・裁決事例集82集》

こんな場合どうする‼

　会社員が勤務の傍ら競業行為にあたる個人取引を行い、その事業所得の申告を怠った場合に、隠ぺい又は仮装行為があったか否かについてどのように判断すべきであろうか。

　請求人は、コンピュータ及びコンピュータ関連商品等の販売を業とするC社のD営業所長である。請求人は、C社のD営業所における週ごとの売上げに関する明細書を作成し、週に1回、本社あてに電子メールで送信していた（以下、この明細書を「本件請求書明細」という。）。

　請求人は、D営業所の業績が良好であるにもかかわらず、C社から支払われる給与が減額されたことなどに不満を感じ、平成18年8月から平成21年9月までの間、本社が定めた同営業所の売上年間計画を達成するように業績を管理する一方で、請求人個人としてもコンピュータ関連商品を仕入れ、これをC社の取引先等に販売し、事業所得を得ていた（以下、この取引を「本件個人取引」という。）。

　請求人は、本件個人取引の大部分を、C社の取引先であり、コンピュータ及びコンピュータ関連商品の販売を業とするE社との間で行っていた。そして、本件個人取引を行うに当たって、請求人は、C社が使用する請求書とは別の、請求人個人名義の請求書を使用し、代金の振込先として、F銀行に開設した請求人名義の口座（以下「本件個人取引等管理口座」という。）を指定するなど、本件個人取引を、請求人個人の実名で行っていた。なお、請求

人は、本件個人取引に係る仕入代金を、本件個人取引等管理口座から支払っていた。

　E社との本件個人取引を行う都度、請求人は、本件個人取引の窓口となっていたG（E社の従業員）に対し、取引金額のおおむね１％に相当する金額をリベートとして、同人名義の銀行口座に振り込んで支払っていた（以下「本件リベート」という。）。

　平成21年９月、C社に対する法人税調査において本件個人取引が発覚し、同年12月７日、原処分庁は、請求人が平成18年分、平成19年分及び平成20年分の所得税について、確定申告書を提出していなかったため、所得税調査（以下「本件調査」という。）を実施した。

　請求人は、本件個人取引の事実を認め、平成22年１月18日、本件調査の結果に基づき、本件各年分の期限後申告書を原処分庁に提出したところ、原処分庁は、国税通則法（以下「通則法」という。）68条２項に規定する隠ぺい又は仮装と同視し得る行為があったとして、重加算税の賦課決定処分を行った。

争　点

　請求人が、本件各年分の所得税の確定申告書を法定申告期限後に提出したことについて、通則法68条２項に規定する隠ぺい又は仮装行為があったか否か。

図説　本件個人取引の概要

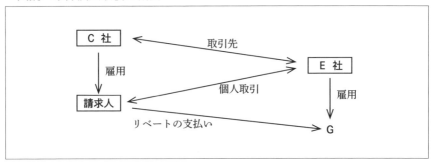

◆請求人の主張

1　請求人は、本件個人取引に係る事業所得を申告しなければならないという認識は持っていたが、長年サラリーマンであったことから、事業所得の申告の方法が分からず、申告しないままになっていたものであり、その動機は、税のほ脱を意図したものではない。

2　本件リベートは、本件個人取引を継続してもらいたいとの趣旨の下、Gに対して支払った謝礼、小遣いであり、本件個人取引を秘匿してもらうために支払ったものではない。

3　C社に対するD営業所の売上げの報告は、本件個人取引の売上げとは別であるから、本件個人取引をC社に報告をしなかったのは当然である。

4　請求人は、本件個人取引に係る事業所得を申告しないことを当初から確定的に意図していたわけではなく、上記の行為は、本件個人取引及びこれに係る事業所得を秘匿するためにした行為ではないから、所得を申告しないことの意図を外部からうかがい得る特段の行動には当たらない。

◇原処分庁の主張

1　納税者が、当初から所得を申告しないことを意図し、その意図を外部からもうかがい得る特段の行動をした上、その意図に基づいて法定申告期限までに申告をしなかった場合には、重加算税の賦課要件である隠ぺい又は仮装行為に該当すると解すべきである。

2　請求人は、本件個人取引に係る事業所得を申告しなければならないことを十分認識していたにもかかわらず、申告しないことを当初から確定的に意図していた。

3　請求人は、本件個人取引が露見しないようにするために、口止め料としてGに対して本件リベートを支払ったこと、本件請求書明細に本件個人取引を記載せず、本社に報告していたことによって、C社等に本件個人取引及びこれに係る事業所得を秘匿しているから、これらの行為は、上記特段の行動に当たる。

審判所の判断

「通則法第68条第2項に規定する『事実を隠ぺいする』とは、課税標準等又は税額等の計算の基礎となるべき事実について、これを隠匿又は故意に脱漏することをいい、『事実を仮装する』とは、所得、財産又は取引上の名義等に関し、あたかもそれが事実であるかのように装う等、事実をわい曲することをいうものと解されるところ、請求人は、……本件個人取引を実名で行い、請求人名義の本件個人取引等管理口座により売上代金及び仕入代金を決済し、また、本件個人取引に係る売上げ及び仕入れ等の明細を記録、保存しており、架空名義の利用や資料の隠匿等の積極的な隠ぺい又は仮装行為があったとは認められない。」

１　本件リベートについて

C社には個人取引を禁止する就業規則はなく、請求人が積極的にGに対して本件個人取引をC社に伝えないように口止めした事実はないことから、「本件リベートは、E社の複数の取引先の中から請求人を選んでもらう趣旨で支払われた謝礼であったと認められ、本件個人取引を秘匿することを意図して支払われた口止め料であったとはいえない。」

２　本件請求書明細について

本件請求書明細は、C社のD営業所の売上げを本社に報告するためのものであるところ、本件個人取引は、仕入れも販売も、請求人が、C社とは無関係に個人で行った取引であって、その売上げは、C社のD営業所の売上げではないから、本件個人取引の売上げを本件請求書明細に記載しないことは当然である。

以上により、本件は、重加算税を賦課することは相当でなく、本件における重加算税の各賦課決定処分は取り消すのが相当である。

逆転のポイント

①請求人は、本件個人取引を実名で行い、また、売上および仕入等の明細を保存していたこと、②架空名義や資料の秘匿などの隠ぺいまたは仮装行為の事実や、特段の行為が認められないと判断されたことが、逆転のポイントである。

実務へのヒント☞

　従業員が、会社に無断で競業行為を行い、個人的に利益を得ていたことを、会社の税務調査などをきっかけに発覚することは、残念ながらよくある話である。本件のように就業規則に個人取引を禁止していなかったとしても、コンプライアンス上、問われるべき行為であろう。それゆえに、競業行為は、不正な取引につながるのではないかという疑いの目で見られがちであり、本件調査もまさにその視点からスタートしている。

　本件は、請求人が、ただ単に競業で得た事業所得の申告を懈怠していたのみであり、そこに隠ぺい又は仮装行為が認められなかったために、審判所は重加算税の処分について取り消す判断をした。判断としてはきわめて適正であるが、請求人が今後も同様にC社に帰属しながら同事業を継続していくことが社会通念上容認されるかどうかは、別の問題である。

　税務の問題もさることながら、本件を通して、従業員の処遇や管理・監督責任のありかた、企業のコンプライアンス・マネージメントにより、無用の争いは防げるのではないかと痛切に感じる裁決例である。

［神谷　紀子］

コメント

　本件では、請求人が行った本件個人取引はC社の取引ではないことを前提として、原処分庁は請求人個人による隠ぺい行為があったものとして重加算税賦課決定処分をしている。その処分の基礎とされたのは、①請求人がGに対して本件リベートを支払ったこと、及び②請求人がC社に対して本件請求書明細に本件個人取引を記載しなかったことであった。これに対して本件審判所は、本件認定事実から、重加算税の賦課要件である「隠ぺい又は仮装の事実」の存在が認められないと判断している。

　原処分庁が基礎とした事実のうち、上記①については、請求人が本件個人取引を行っていることをC社に秘匿するためにGに口止め料として支払ったと主張している。しかし、請求人が本件個人取引をC社に対して秘匿するという動機がうかがわれず、Gに対して口止めをしたという事実も認められないとして退けられている。また、②については、そもそも本件請求書明細は請求人の本件個人取引とは無関係であることから、記載は不要とする判断は至極当然である。

　このようにみてみると、本件審判所の判断は当然の帰結であり、むしろ原処分庁の処分は推測に基づくもの、又はかなり無理筋のものであったといわざるをえないだろう。

　もし、上記①について、請求人が本件個人取引を秘匿する理由があり、Gに対して口止めをしたという事実が認められたとすれば、判断は異なるだろうか。

　原処分庁は重加算税の賦課要件について、納税者が当初から所得を申告しないことを意図していたこと、及びその意図を外部からもうかがい得る特段の行動をした上、その意図に基づいて法定申告期限までに申告をしなかったことと解している（参照、最判平成7年4月28日・民集29巻4号1193頁）。つまり、本件リベートの支払いが「特段の行動」に当たり、申告をしないという意図の表れと主張しているのである。したがって、請求人がGに対して口止め料として本件リベートを支払うことで、本件個人取引の事実を隠ぺいしたと認めることができるのであれば、原処分が維持される可能性はある。なお、上記②についても、取引内容について記載の必要があるのにそれを行わなかったとすれば、これも隠ぺい行為と判断される余地はあろう。

　本件裁決は、事実の有無が判断の決め手となったものであり、事実の存在ないし不存在の証明が重要であることを改めて気づかせる事案といえるだろう。

相続財産の記載漏れと 隠ぺい・仮装の有無

《具体例：平成23年5月11日裁決・裁決事例集83集》

こんな場合どうする‼

　相続税の申告を依頼した税理士が相続財産を当然すべて把握しているものと相続人は思い込み、申告書の内容を十分に確認しないことがある。その結果、作成された申告書に記載漏れがあったことに相続人が気付かなかった場合でも、相続財産の存在を秘匿し、過少に申告することを意図したものとして、重加算税が課されてしまうのだろうか。

　請求人は、平成19年11月○日に死亡した本件被相続人の子であり、唯一の法定相続人であって、相続により本件被相続人の財産をすべて取得した（以下、この相続を「本件相続」という。）。

　請求人は、本件相続に係る相続税について、D税理士に税理士法2条1項1号に規定する税務代理を委任した。そして請求人は、本件相続に係る相続税について、法定申告期限までに申告書を提出した（以下、提出された申告書を「本件申告書」という。）。D税理士が作成した本件申告書の第11表「相続税がかかる財産の明細書」（以下「財産明細書」という。）に記載された上場株式は、次表のとおりである。

銘柄	数量	単価	価額
E社	86株	2,805円	241,230円
F社	10,105株	2,890円	29,203,450円

　上記の株式に係る株券の現物は、本件相続の開始日において、本件被相続人の自宅で保管されており、その名義は、本件被相続人の別名であるGで

あった。

　その後、請求人は、原処分庁所属の調査担当職員の調査を受け、本件申告書に上場株式が申告漏れであったとして、修正申告書（以下「本件修正申告書」という。）を平成21年11月27日に提出した。本件申告書において申告が漏れていたとして、本件修正申告書の財産明細書に記載された上場株式（以下「本件株式」という。）は、次表のとおりである。

銘柄	数量	単価	価額
E社	10,400株	2,805円	29,172,000円
F社	300株	2,890円	867,000円

　本件株式は、本件相続の開始日において、H証券J支店の本件被相続人名義の口座に保管されており、その名義は、本件被相続人であった。

　上記本件修正申告書の提出に対し、原処分庁は、平成22年1月18日付で重加算税の賦課決定処分をしたため、請求人がその取消しを求めて争った。

争　点

　本件株式の申告漏れについて、請求人に隠ぺい又は仮装の行為があったか否か。

◆請求人の主張

　本件株式の申告漏れは、請求人の勘違い等が原因であり、隠ぺい又は仮装の行為に基づくものではない。

◇原処分庁の主張

　次の事実を総合的に判断すると、請求人は、D税理士に対し本件株式の存在を秘匿し、同税理士に過少な申告額を記載した本件申告書を作成させ、これを原処分庁に提出したものと認められ、当初から相続財産を過少に申告することを意図した上、その意図を外部からうかがい得る特段の行動をしたといえるから、本件株式の申告漏れについて、請求人に隠ぺい又は仮装の行為があった。

⑴　請求人は、平成20年4月25日に、D税理士から「相続税申告に必要な資料一覧表」と題する書面を交付され、証券会社の残高証明書を入手するように指示されたにもかかわらず、当該資料の入手手続をしなかった。

⑵　請求人は、平成20年7月7日に、H証券J支店○○課長K（以下「K課長」という。）から本件株式を含む本件相続株式の名義変更手続について説明を受けたことが認められることからすると、同日において、本件株式が本件相続に係る相続財産であると認識したことは明らかである。

⑶　D税理士は、平成20年7月25日に、本件申告書の原案（以下「本件申告書案」という。）の財産明細書を請求人に示しながら、相続財産について一つ一つ説明を行ったが、請求人は、その際、本件申告書案に本件株式の記載がないことをD税理士に指摘しなかった。

⑷　請求人は、本件調査において調査担当職員に対し、本件被相続人は株式を現物で保有していたので証券会社には預けていない、また、配当金の通知書で確認したのでE社株は86株以外にはないはずであるなどと明らかに事実と異なる虚偽の答弁を行った。

審判所の判断

　国税通則法68条1項に規定する重加算税制度の趣旨にかんがみれば、「架空名義の利用や資料の隠匿等の積極的な行為が存在したことまで必要であると解するのは相当でなく、納税者が、当初から財産を過少に申告することを意図し、その意図を外部からもうかがい得る特段の行動をした上、その意図に基づく過少申告をしたような場合には、重加算税の賦課要件が満たされるものと解される。」

　請求人は、K課長から本件相続株式の名義変更手続の説明を受け、それに従って手続等を行っていること、本件相続の開始後、本件被相続人あての本件相続株式に係る配当金明細書等を受け取っていること及び名義変更手続後もH証券J支店から請求人名義口座の取引残高報告書を受け取っていることなどからすると、遅くとも平成20年7月7日には、本件株式を含む本件相続

株式について本件相続に係る相続財産であると認識しており、それらの株数についても認識していたと推認するのが相当である。

　しかしながら、以下の各点から、原処分庁が主張する事実をもって、請求人がD税理士に対し本件株式の存在を秘匿し、同税理士に過少な申告額を記載した本件申告書を作成させ、これを原処分庁に提出したとまでは認められず、当初から相続財産を過少に申告することを意図した上、その意図を外部からうかがい得る特段の行動をしたとまでは認められない。また、当審判所の調査によっても、他に請求人に真実の相続財産を隠ぺい又は仮装したものと評価すべき行為や事実の存在があったと認めるに足りる証拠もない。

(1)　請求人は、毎年、本件被相続人から袋に入れて渡された所得税の確定申告資料を、袋の中身を具体的に確認しないままD税理士に送付しており、かつ、本件相続の開始後の平成20年2月頃、本件被相続人の所得税の確定申告に当たり必要な書類を、同税理士にすべて送付したものと認識していた。

(2)　請求人がD税理士から説明を受けたとされる本件申告書案の財産明細書には、説明に相当の時間を要する程度の内容が記載されているにもかかわらず、その説明にD税理士が要した時間は1時間に満たないものであって、D税理士が請求人に対して十分な説明を行わなかったことが推認できる。さらに、D税理士の各供述が矛盾しているが、それは税理士としての職責を果たしたと自己に有利な内容を申述したことによるものであって、D税理士の発言は信用性が低い。

(3)　調査担当職員から「申告したE社の株式86株以外にはありませんでしたか。」との質問に対して、請求人が他の株はないと回答した点については、E社以外の銘柄の株式はないとの趣旨であった可能性も否定しえない。

⚖ 逆転のポイント

　①申告漏れとなった株式が証券会社に保管されており、財産明細書に記載されていた自宅保管の株式と同じ銘柄であったため、請求人が申告書にすで

図説　本件認定事実に対する本件審判所の評価

(1)　請求人が証券会社の残高証明書をD税理士に提出しなかったこと

(2)　請求人がD税理士から本件申告書案の説明を受けた際に、本件株式の記載漏れを指摘しなかったこと

(3)　本件調査の際、請求人が事実とは異なる答弁を行ったこと

　いずれも、請求人に<u>過少申告の意図</u>があったとはいえず、その意図を<u>外部からうかがい得る特段の行動</u>をしたとまでは認められない。

に記載されているものと誤認した可能性が高いと認められたこと、②本件被相続人に多数の財産があり、相続人が財産明細を個々に確認できる程度の説明をD税理士が行わなかったこと、③税務調査の際、調査担当職員への応答で、証券会社に株式を預けていること自体を相続人が隠そうとした事実は認められなかったこと、が逆転のポイントである。

実務へのヒント☞

　本件裁決では、税理士が相続人に対して十分な説明や確認を行わなかったとされ、本件申告書案を相続人に事前に送付したり、事後に預けたりするなど、十分に時間をとって内容を確認できるような配慮が必要であったと指摘されている。

　従前から被相続人に関与している税理士が存在する場合には、相続財産についてもすべて把握しているだろうと相続人から期待されることが多い。相続人との間で誤解がないように、申告に必要な資料、財産内容の確認については、より丁寧な説明が要求されるので留意する必要がある。

［鈴木　春美］

本件審判所が述べる重加算税制度の趣旨とは、「納税者が過少申告をするについて隠ぺい、仮装という不正手段を用いていた場合に、過少申告加算税よりも重い行政上の制裁を課することによって、悪質な納税義務違反の発生を防止し、もって申告納税制度による適正な徴税の実現を確保しようとするもの」というものである。これは、最高裁平成 7 年 4 月28日判決（民集49巻 4 号1193頁）をはじめとする先例が述べるところと同様である。

　本件の争点は重加算税の賦課要件としての隠ぺい・仮装の有無であり、①納税者自身が隠ぺい・仮装行為を行った場合に加えて、納税者以外の第三者の行為が納税者の行為と同視することができる場合でも、この要件を満たすと解されている（最判平成18年 4 月25日・民集60巻 4 号1728頁）。また、不正行為を行った関与税理士が納税者との間に「意思の連絡」があると認められる場合には、隠ぺい・仮装が認められると判示するものもある（国税通則法70条 5 項の適用に関する最判平成17年 1 月17日・民集59巻 1 号28頁）。

　これらの事案と比較すれば、本件は、そもそも納税者自身にも関与税理士自身にも隠ぺい・仮装の事実が認められなかったと判断されている点で区別される。

　確かに、証券会社の残高証明書をD税理士に提出しなかったであるとか、申告書の作成過程において確認を怠るなど、請求人にも落ち度は認められ、隠ぺい行為が疑われてもやむをえない事実が存在する。その一方で、D税理士の説明等にも問題があり、また供述の内容が矛盾するなど、税理士の関与のしかたにも問題があったことが指摘されている。

　しかしながら、重加算税の賦課要件は、あくまでも納税者本人による隠ぺい・仮装行為又は本人と同視しうる行為の存在であり、その疑いがあるというだけで重加算税の賦課が認められないことは言うまでもない。こうした判断は、上記の重加算税制度の趣旨に適うものであり、実務上も参考とすべきである。

決算賞与の通知と事実の仮装の有無

《具体例：平成24年4月20日裁決・裁決事例集87集》

こんな場合どうする‼

　決算において未払計上した決算賞与を損金に算入する時期については、現法人税法施行令72条の3第2号が要件を定めている。従業員に対して賞与の支払いを案内する文書の日付がバックデートしているような場合には、損金算入の時期が異なることになる。だが、そうした事実が「事実の仮装」に当たるとして重加算税賦課決定処分がされた場合、どのような点に注意して主張すればよいのだろうか。

　請求人は、H社が100％出資する法人であり、使用人に対して夏季（7月）と冬季（12月）に賞与を支給していたが、平成15年1月1日から平成15年12月31日までの事業年度以後、冬季（12月）に支給していた賞与を、その年の12月に支給する賞与と、事業年度の業績に基づいて翌年1月に支給する決算賞与とに分けて支給していた。

　請求人は、平成21年12月31日に、平成21年1月1日から平成21年12月31日までの事業年度（以下「本件事業年度」という。）の業績に基づき、平成22年1月に使用人に支給する決算賞与（以下「本件決算賞与」という。）について、その支給対象者となる請求人の各使用人に係る本件決算賞与の合計額5,832万1,546円を賞与として損金の額に算入した。

　請求人は、平成22年1月22日に取締役会を開催し、議事録には「代表者J が決算賞与0.65か月を提案し、可決承認した」ことと、「決算賞与の支給日は1月29日とし、従業員に対する案内は12月29日行っている」と記載した

（以下、この記載内容を「本件記載」という。）。

　請求人の人事総務部長Ｌは、平成22年1月26日に、電子メールにより、平成21年12月29日付けの文書（以下「本件案内文」という。）を部下に送信し、社内ホームページ上に公開する手続をとった。そして請求人は、支給日である1月29日の2～3前に、本件支給対象者に対し、賞与支給額等を記載した各人別の賞与支給明細書を交付した。

　原処分庁は、請求人から本件各支給対象者に対する本件決算賞与の支給額の各人別の通知が、支給日である平成22年1月29日までに各人に交付した本件決算賞与支給明細書をもって行われており、本件事業年度の終了の日までに通知されていないから、法人税法施行令（平成22年政令第51号による改正前のもの）72条の5第2号イ（現72条の3第2号イ）の要件を満たしていないとして、本件更正処分をするとともに、本件決算賞与額は、本件事業年度終了の日までに、その支給額を各人別に通知したかのごとく仮装して損金の額に算入したものであるとして、本件賦課決定処分をした。

　請求人は、本件賦課決定処分を不服として審査請求をした。

争　点

　請求人が法人税法施行令72条の5第2号に規定する支給額の通知を本件事業年度終了の日までにしたと仮装の上、本件決算賞与額等を損金の額に算入した事実があるか。

◆請求人の主張

1　本件案内文は、社内HPに掲載するために毎期作成されており、本件案内文に記載されている平成21年12月29日の日付は、例年、決算賞与の支給の有無について、請求人の代表者が年内最後の営業日に開催される納会において使用人に対し言及することが慣例となっていたため、この年の納会の開催日が記載されていたにすぎない。

2　本件記載についても、実際に代表者Ｊが納会の席上で本件決算賞与に言

図説　本件の争点と事実関係

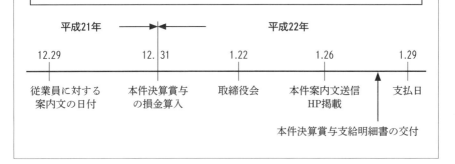

（使用人賞与の損金算入時期）

法人税法施行令72条の5第2号　次に掲げる要件の全てを満たす賞与　使用人に<u>その支給額の通知をした日の属する事業年度</u>

　イ　その支給額を、各人別に、かつ、同時期に支給を受ける全ての使用人に対して通知をしていること。（以下、省略）

及していることを記載したにすぎず、請求人は、法人税法施行令72条の5第2号の規定により本件決算賞与額を本件事業年度の損金の額に算入するために、本件決算賞与について、各人別に、かつ、同時期に支給を受けるすべての使用人に対して通知をしたかのように事実を仮装したものではない。

3　本件決算賞与の支給額の本件各支給者に対する通知は、その支給日の直前の本件各支給者に対する本件決算賞与明細書の交付によって行われる。請求人は一連の手続によって、法人税法施行令72条の5第2号の要件を満たすと判断して本件事業年度の損金の額に算入したものであり、事実の仮装はない。

◇原処分庁の主張

次の理由により、請求人は、本件決算賞与額が本件事業年度の損金の額に算入されないことを認識していたにも関わらず、法人税法施行令72条の5第

２号の規定により本件決算賞与額を本件事業年度の損金の額に算入するために、本件決算賞与について、本件事業年度終了の日までに、各人別に、かつ、同時期に支給を受けるすべての使用人に対して通知をしたかのように事実の仮装をしたと認められる。

① 本件各支給対象者に対する本件決算賞与の支給額の通知は、本件事業年度の翌事業年度にされていること。

② 本件案内文は、平成22年１月26日に作成されたにも関わらず、平成21年12月29日の日付が記載されていること。

③ 本件議事録に本件記載があること。

④ L部長は、本件記載がされている理由について、会社からの指導によるものであり、決算賞与を１月に支給するにあたって過去からの申し送り事項であり、日付が平成21年12月29日でないと本件事業年度の損金にならないため、当該日付を残す必要がある旨を申述していること。

🏛 審判所の判断

１　法人税法施行令72条の５の規定の適用上、本件決算賞与に係る各人別通知日は、本件事業年度の翌事業年度中であるから、本件決算賞与額は、本件事業年度において、同条第２号に規定する要件を満たさず、また、同条第１号に規定する賞与とも認められないから、同条３号の規定により、本件決算賞与が支払われた当該翌事業年度（平成22年度）の損金の額に算入することになる。

２　本件議事録における本件記載内容及び本件案内文には、平成21年12月29日の日付が記載されているが、当該日付については、L部長は、本件議事録及び本件案内文の作成にあたって、M前部長の決算賞与に関する事務処理手順を踏襲しつつ、日付を請求人の最後の営業日としていたことがうかがえる。

　　また、本件議事録における本件記載の内容は、各人別通知日を記載したものではなく、従業員に本件決算賞与を支給する旨を記載したにとどまっ

ていることが認められる。

　本件決算賞与支給明細書には、各人別通知日について、本件事業年度中の日付が記載されていたなどの事実は認められず、本件決算賞与明細書に関し、本件決算賞与を本件事業年度の損金の額に算入するために、各人別通知日を仮装した事実がないことは明らかである。

　各人別通知日の仮装についての原処分庁の主張の根拠は、L部長が、平成21年12月29日でないと本件事業年度の損金にならないため、当該日付を残す必要がある旨を申述したというものであるが、その証拠は、原処分庁所属の調査担当職員がL部長の申述内容として作成した文書が存在するのみであり、請求人は当該申述内容について否定している。また、当審判所の調査によっても、当該文書のほかにL部長が原処分庁に対し、平成21年12月29日でないと本件事業年度の損金にならないため、当該日付を残す必要がある旨の申述を行ったことを認めるに足る証拠はなく、さらに請求人においても、本件決算賞与額を本件事業年度の額に算入するにあたって、何らかの事実を仮装したと認めるに足りる客観的な証拠もない。

⚖ 逆転のポイント

　本件では、決算賞与を損金算入するために必要な各人別通知書を、その事業年度中に発行したかのように見せるために案内文をバックデートしたととられたが、審判所ではその案内文の性格は決算賞与の支給を案内するものであり、各人別の通知書には日付の記載などがなかったため、仮装の意図があったとは認められなかった。また、実務を行ったL部長にも損金に算入するために日付をバックデートした意図はなかったと認められた。

　また、L部長の申述も質問顛末書ではなく、証拠価値の低い伝聞的な申述書しか記録として残されていなかった。

　したがって、仮装の意図やその事実の証明が不十分と判断された点が、逆転のポイントである。

実務へのヒント

　使用人賞与の損金算入時期については、現法人税法施行令72条の3が要件を定めている。特に期中に支給されない決算賞与の場合は、同条第2号の要件をすべて満たす必要がある。期末の処理に忙殺されている時期に各人別に通知を行う必要があるが、税理士がそれを確認するのは困難である。本件では、案内文に記載された日付に仮装の意図はなかったと判断されたが、その日付を記載しておけば安心という運用がなされないよう、支給決定の議事録を確認し、通知書の発送を促す必要がある。

〔長尾　幸展〕

コメント

　本件では、請求人が本件決算賞与を本件事業年度である平成21年度の損金に算入したことについては、本件決算賞与の支給日（平成22年1月29日）の2～3日前に本件決算賞与支給明細書が本件各支給対象者に交付されていることから、当該交付日をもって各人別通知日であることが認められ、それにより、当時の法人税法施行令72条の5第2号の要件を満たさないものとして、否認されている。

　しかし、同条2号所定の支給額の通知の事実を仮装したという原処分庁の主張は否定されている。本件審判所が示すように、「事実を仮装する」とは、一般に、「所得、財産あるいは取引上の名義等に関し、あたかも、それが真実であるかのように装う等、故意に事実をわい曲することをいうもの」と解される。したがって、事実と記載等が食い違っているだけでは仮装とはいえず、意図をもって事実とは異なる外観を作り出すことが必要である。本件認定事実からはそのような意図や事実が認められない以上、このような判断は当然といえる。このように、本税の更正処分は容認せざるを得ないような場合でも、重加算税の賦課処分については争う余地はあるだろう。

第 2 章

所得税

居住者の判定にかかる住所の意義

《具体例：平成21年 9 月10日裁決・裁決事例集78集》

こんな場合どうする‼

　日本人の妻子を持つ外国人が外国在留中に報酬を得た場合、日本国内に住所があるとして居住者にあたり、わが国の所得税の納税義務を負うだろうか。

　請求人は日本国籍を有しない b 国籍の外国人であるが、平成16年及び平成17年分の所得税について、国外在留の所得であるとして確定申告書を提出しなかった。これに対し、原処分庁は各年分の所得税決定及び無申告加算税の各賦課処分を行った。また、平成18年分の所得税については、国外在留中の所得について更正処分及び無申告加算税の賦課決定処分を行った。

　本件では所得税法 2 条 1 項 3 号の「住所」の意義が争われたが、本件における認定事実は次のとおりである。

① 　請求人の妻子は、妻の勤務先（ d 社）の社宅（ S 町所在）に居住し、請求人も平成15年ころから居住し始めた。

② 　請求人は、平成16年 9 月13日から平成17年 7 月29日まで e 社 a 国支店、平成17年10月 3 日から平成18年 6 月 7 日まで g 社 a 国支店の事業につき、独立した常勤業務としてコンサルティング業務を請け負っていた。以下、e 社への業務提供を開始するために平成16年 9 月13日に日本を出国して a 国に入国し、 g 社への業務提供を終了して平成18年 6 月 8 日に日本へ入国するまでの期間を「本件期間」という。

③ 　各取引先の請求人に対する通知、要求その他の連絡事項は全て書面に

て、宅配便、ファクシミリ又は郵便により行うが、いずれの場合も妻の住
所となっていた。

④　請求人にはコンサルティング業務以外の収入はなく、請求人が取引先か
ら受ける報酬などは日本国内の銀行に送金されていた。

⑤　請求人は本件期間中、平成16年は国内11日、国外99日、平成17年は国内
70日、国外295日、平成18年は国内34日、国外125日滞在した。

⑥　請求人は大部分をa国に滞在し、滞在場所はホテルが多く、アパートを
借りることもあったが、家具付きで、期間も1ヶ月更新であった。

⑦　請求人のa国のビザは観光ビザであり、就労ビザを取得したことはな
かった。

⑧　請求人の在留許可の住所、勤務先住所などは全て妻の住所となっていた。

図説　本件の認定事実

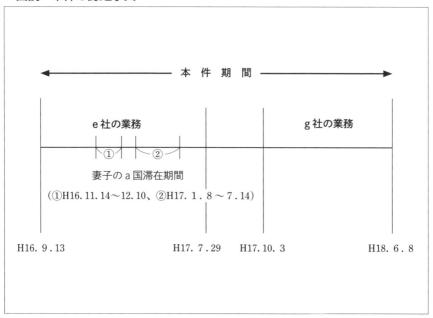

争　　点

本件期間において、請求人は国内に住所又は居所を有していたか。

◆請求人の主張

以下の各点から、請求人は、本件期間において、日本国内に住所を有する個人に該当しない。

1　住　　　居

請求人のa国滞在の日数は、日本滞在日数と比較して多い。また、請求人がa国において起居した場所は、請求人が日常生活を送るのに十分な設備及び環境を有していた。

2　職　　　業

請求人は、常勤労働者としてa国のみに職業上の生活の本拠を有していた。

3　生計を一にする配偶者その他の親族の所在

請求人の妻子は、平成16年11月14日から平成17年7月14日までの期間において生活の本拠をa国に有し、請求人とともに生活した。

4　資産の所在

請求人の財産の状態からすれば、資産管理のために日本に居住する理由はなかった。

◇原処分庁の主張

以下の事情を総合すれば、本件期間における請求人の住所は日本国内にある。

1　住　　　居

請求人は本件期間中、勤務所又は事務所の所在地を本件S町住所とする外国人登録を行い、帰国中、本件S町家屋に起居していた。本件各契約は月単位であり、ほぼ毎月日本に帰国していた。a国への入国は観光ビザで行い、滞在先はホテルやサービス・アパートメントといった短期的に滞在するための施設であった。

2　職　　業

　請求人は独立した請負業者であり、実際の事業上の連絡先、在留許可の勤務所、事務所所在地はいずれもＳ町住所としていた。ｂ国の確定申告において１年を通じ本件Ｓ町家屋の62％を事業に使用していた旨申告していた。

3　生計を一にする配偶者その他の親族の所在

　妻子の住所はＳ町住所とされ、本件期間を通じて妻は本邦における雇用が継続されていた。

4　資産の所在

　請求人への送金先は国内の銀行支店の請求人の口座であり、日本国内外に所有している資産は現金及び国内銀行の預金のみであり、その資産はすべて日本国内に所在していた。

5　そ　の　他

　請求人はａ国滞在中、ａ国の住民票を取得せず、本邦に外国人登録を継続し、ａ国において所得税申告等していなかった。

審判所の判断

　「所得税法第２条第１項第３号の『居住者』の定義規定として、『住所』が使用されているが、『住所』の意義については定義規定がおかれていないところ、一般に、租税法規が一般私法において使用されているのと同一の用語を使用している場合には、特に租税法規が明文をもって他の法規と異なる意義をもって使用することを明らかにしている場合又は租税法規の体系上他の法規と異なる意義をもって使用されていると解すべき実質的理由がない限り、私法上使用されているのと同一の意義を有する概念として使用されているものと解するのが相当である。

　民法上の『住所』は、各人の生活の本拠をいい、生活の本拠であるかどうかは客観的事実によって判定すべきであり、住居、職業、生計を一にする配偶者その他の親族の存否、資産の所在等の客観的事実に基づいて判断されるべきである。」

□1　**住居について**

　請求人は、滞日日数をはるかに上回る日数をa国で過ごしてきたことから、「本件S町住所が請求人の日本滞在中の生活拠点であったことは認められるものの、請求人の生活の本拠が本件S町住所にあったものと直ちに判断することまではできない。」

□2　**職業について**

　請求人は、a国に所在する事務所内で常勤し、大部分をa国で過ごしていることから主としてa国において本件業務を提供していたものと認めるのが相当である。

□3　**生計を一にする親族の所在について**

　請求人と生計を一にする妻は、本件期間中、日本国内に所在するd社に雇用されており、a国滞在中もS町所在の家屋に居住を続けていた。このことから、妻子のa国滞在は一時的なものであり、請求人は、本件期間中も、国内に生計を一にする親族を有していたというべきである。

　「しかしながら、妻cは、日本国内に職業を持つ会社員であり、育児休業中においても本件S町家屋の貸与を受けそこに居住を続けたのは、飽くまで妻cのd社の従業員としての選択・判断であると認められ、その選択・判断が、本件期間における請求人の生活の本拠を確保することを目的としてなされたものと認められないから、妻cらが日本国内に居住していたことが、請求人の生活の本拠が本件S町住所にあったことを裏付ける重要な事実であるとまでは認め難い。」

□4　**資産の所在について**

　預金口座を管理するために、日本国内に生活の本拠を置く必要性はない。

　以上の事情を総合勘案すれば、本件期間において、請求人の生活の本拠が本件S町住所にあったと認定するのは困難である。そのため、請求人は本件期間において、所得税法2条1項5項に規定する非居住者に該当するといわざるを得ないことから、平成16年分及び平成17年分の所得税の各決定処分については、いずれもその全部を取り消し、平成18年分については一部を取り

消すべきである。

⚖ 逆転のポイント

　①請求人が国内滞在日数の４倍の日数を国外で生活し、国外でのコンサルティング業務に実際に携わっていたという事実が存在すること、②生計を一にする親族（妻子）の国内滞在の事実は、妻の職業上の選択によるものであり、請求人の生活の本拠を確保することを目的としてなされたものとは認められないと判断されたこと、という２点が逆転のポイントである。

実務へのヒント☞

　「生活の本拠」については、滞在日数、住居、職業、生計を一にする配偶者その他の親族の居所、資産の所在、居住の意思を総合して判断するというのが確立した判例である。このうち、納税者本人の滞在日数と職業に従事していた事実が主要な判定基準となるが、生計を一にする親族の所在地も決め手となることが多い。

　特に、生計を一にする親族が国内に居住している場合には国内に住所があると認定されやすいのであるが、その親族も別途、職業に従事しているなど、納税者の「生活の本拠を確保することを目的としてなされたもの」とは認められないという事情を客観的に明らかにすることにより、そのような認定を覆すことにつながるだろう。

［籠橋　隆明］

グローバリゼーションが進展して人の国際的な移動が頻繁となり、法適用の基準となる「住所」の判定が困難な事例が増えてきている。

　税法上、「住所」については独自の定義規定がないため、借用概念と解されている。そして予測可能性・法的安定性といった租税法律主義の目的から、「住所」の意義は民法22条の定義と同義に解するのが一般である（最判平成23年２月18日・判時2111号３頁）。なお判例は、住所は単一であると判断していると考えられ（最大判昭29年10月20日・民集８巻10号1907頁）、法的安定性の観点からすれば妥当と思われる（住所単一説）。

　民法22条は「各人の生活の本拠をその者の住所とする」と定義し、「生活の本拠」の意義は、実質的な生活関係に基づいて客観的に判断するのが判例・通説の立場である（客観説）。この場合、居住の事実といった客観的要素、居住の意思といった主観要素については、通説、判例は客観面を重視し、主観面を補充的な要素として考慮していると考えられる（最判平成９年８月25日・判時1616号52頁）。

　いわゆる武富士事件最高裁判決においては、相続税法（平成15年改正前）の適用が問題となったが、最高裁は、わが国の贈与税を回避するという目的のみでは国内に住所があったことを認定できないとし、「立法によって対処すべきものである」とした（前掲最判平成23年２月18日）。同事件では海外での滞在期間が国内のそれと比較して2.5倍であったことが「生活の本拠」の認定に大きなウェイトを占めていたと思われる。

　本件においては、請求人のａ国滞在日数とそれを裏付ける業務遂行の事実が認定されている。また原処分庁は、請求人の妻子の住所が国内にあることを理由に、請求人の「生活の本拠」が国内にあったと主張したが、妻は、請求人とは別の会社であるｄ社の従業員として社宅を賃借したという事実から、本件Ｓ町住所は妻の「生活の本拠」であり、請求人の「生活の拠点」とはいうことができても、「生活の本拠」とはいえないと判断された。

　こうした客観的事実に基づく本件裁決の判断は判例等に照らしても適切であり、特に生計を一にする親族の状況に関する判断は、実務に影響を与えるものと考えられる。

建物の賃貸借契約の終了による
債務免除益と臨時所得該当性

《具体例：平成23年2月2日裁決・裁決事例集82集》

こんな場合どうする‼

　オーナーが土地の上にマンションを建築し、その建物を建築会社が一括借り上げて、建築費と利息相当額を家賃収入で回収できるスキームを実行したものの、建物老朽化や間取り等の問題で、計画通りに借入金を家賃収入では回収できない状態となった。そのため、オーナーと建築会社との話し合いにより、一括借り上げ制度を解約し、債務の一部を免除することによってオーナーの賃貸経営を支援するケースがある。このとき、建築会社からオーナーが受ける債務免除益が、所得税法上の臨時所得として平均課税の対象とされるためには、どのような点に気をつけたらよいだろうか。

　不動産貸付業を営んでいる請求人及びその妻C（以下、両者を併せて「請求人ら」という。）は、E社F支社（以下「F支社」という。）との間で、昭和63年9月9日に、次のような内容の住宅棟の譲渡及び住宅の賃貸借に関する契約（以下「本件賃貸借契約」という。）を締結した。

① 　請求人らが所有する土地に、F支社が、5階建ての建物1棟（以下「本件建物」という。）を建築する。

② 　本件建物のうち住宅部分（以下「本件住宅」という。）の譲渡の対価として請求人らがF支社に対して支払う金額は、割賦金総額等確定契約に基づいて行う。その契約締結と同時に、本件建物をF支社は請求人らに譲渡するとともに、請求人らから本件住宅をF支社が一定期間賃借して、○○住宅として使用する。

③　その支払総額（以下「本件割賦金総額」という。）の割賦払いの回数は
　70回、賃借期間は20年とし、賃借期間満了の日の 3 年前までに、請求人ら
　又は F 支社の申出により、協議の上、更に 5 年、10年または15年のいずれ
　か 1 回に限り、賃借期間を更新することができる。

④　請求人ら及び F 支社は、本件住宅の賃借料（以下「本件賃借料」とい
　う。）と、本件住宅に係る割賦金支払債務の対当額を相殺し、残額がある
　場合には、請求人ら又は F 支社は相手方に支払う。

⑤　請求人らは、譲渡代金を割賦の方法により支払い、本件割賦金総額は 5 億
　8,268万4,200円（譲渡代金 2 億9,299万2,170円、割賦利息の額 2 億8,969万
　2,030円）とする。

　その後、請求人らは、F 支社に対して、本件賃貸借契約の賃借期間を15年
延長するよう更新を申し出たが、拒まれたため、平成20年 8 月21日に「割賦
元金残高一部免除申請書」（以下「本件免除申請書」という。）を提出し、割
賦元金残高のうち一部の免除を申請した。

　F 支社は、本件賃借期間の満了日である平成21年 7 月11日をもって、請求
人らに対し、本件住宅を返還することになった。その結果、本件住宅の譲渡
代金のうち、平成20年 9 月25日の割賦金支払後の割賦元金残高 1 億7,737万
3,892円の一部の支払いを免除して○○○○円に変更する（以下「本件債務
免除」といい、その免除益を「本件債務免除益」という。）こととなった。
本件変更契約は、平成20年11月25日から有効とされた。

争　点

本件債務免除益は、3 年以上の期間の不動産所得の補償に該当するか否か。

◆請求人の主張

1　請求人らは、F 支社に対して15年の契約更新を申し入れたが、F 支社
　は、契約に反して一方的に契約更新を拒絶したものであり、本件債務免除

が15年間分の補償であるということは、請求人ら及びＦ支社の共通の認識
であった。

2　本件債務免除の額は、請求人らが、今後15年間借入金の返済を行った場
合に、収支がプラスマイナス零円で運営できる最低条件としての割賦元金
残高を示して合意したものであり、本件賃貸借契約が更新されていたら得
られたであろう15年間分の家賃の不足額の補償である。

3　本件においては、転貸人による中途解約に伴い、請求人らが転貸人の地
位を引き継いでおり、請求人らは、本件賃貸借契約の終了後も一定の賃貸
料を継続して得ることとなる。したがって、上記賃貸料の収入があること
を基に補償対象期間を算出すると8.20年が補償対象期間となる（差額補償
基準）。

◇原処分庁の主張

1　所得税法施行令８条３号に規定する３年以上の期間の不動産所得の補償
とは、中途解約に伴い生じた逸失利益、すなわち不動産貸付業務を継続す
れば得られたであろう所得の額を補償するものであり、その所得を得るた
めに継続して生ずる費用の額を併せて補償することが必要であるから、臨
時所得となる３年以上の期間の補償に該当するか否かを判断するために
は、当該補償として受ける補償金を１年当たりの収入金額に相当する金額
で除して補償対象期間を算定するのが合理的であると解される。

2　本件において、請求人らの不動産貸付業務を継続すれば得られたであろ
う収入金額に相当する金額は、Ｆ支社からの年間賃貸料○○○○円である
ことから、本件債務免除益の額○○○○円を当該年間賃貸料○○○○円で
除して補償対象期間を計算すると2.24年となり、本件債務免除益は、３年
以上の期間の不動産所得の補償には当たらない（賃貸収入総額基準）。

3　本件債務免除の額は、本件免除申請書の添付資料において、借入金の返
済期間を15年とした場合の金額を想定して計算されたものであり、Ｆ支社
が本件債務免除を15年間分の補償としている事実は認められない。

図説　本件の関連条文と争点に対する当事者の主張

【所得税法2条1項24号】

　臨時所得…役務の提供を約することにより一時に取得する契約金に係る所得その他の所得で臨時に発生するもののうち政令で定めるものをいう。

【所得税法施行令8条】

　法2条1項24号（臨時所得の意義）に規定する政令で定める所得は、次に掲げる所得その他これらに類する所得とする。

【3号】

　一定の場所における業務の全部又は一部を休止し、転換し又は廃止することとなった者が、当該休止、転換又は廃止により当該業務に係る<u>3年以上の期間の不動産所得、事業所得又は雑所得の補償として受ける補償金に係る所得</u>

■**本件債務免除益が、3年以上の期間の補償に該当するか？**

判断の基礎となる 1年当たりの減収額

〈請求人の主張〉賃貸借契約終了前後の1年当たりの賃貸料の額の差額に、新たに負担することとなる修繕費の額を加味した額（差額補償基準）

〈原処分庁の主張〉賃貸借契約終了前の1年当たりの賃貸料の額（賃貸収入総額基準）

審判所の判断

　臨時所得を規定する所得税法施行令8条3号にいう3年以上の期間の補償に該当するか否かについては、次のように判断するのが相当と解される。

1　補償に係る契約等において、補償の期間が明らかであり、その内容も相当と認められるような場合は、その契約等において示された期間（契約等の期間基準）

2　補償の期間が契約等において示されず又は契約等で示されているもののその内容が相当と認められない場合は、補償に至った各種の事情等を総合的にみて、補償に係る金額の算定の基礎とされるべき内容及びその金額

（実質的判断基準）

　本件債務免除の趣旨は、本件賃貸借契約の終了後、本件住宅の入居者から直接賃貸料を受領することになるものの、本件住宅に係る修繕費（以下「本件修繕費」という。）を負担することとなるため、実質的には減収となり、割賦金の返済に代わる銀行借入返済額も控除すると赤字になるため、請求人らの、本件賃借期間満了後の不動産貸付業に係る銀行借入金の返済額が減少するように割賦元金残高を減額し、その収支の改善を図るものと認められる。

　したがって、本件債務免除益は、本件賃貸借契約の終了により発生する請求人らの不動産貸付業務に係る収益の減収分を補償する補償金であると認めるのが相当であり、所得税法施行令94条１項２号の規定により、不動産所得を生ずべき業務の一部の転換により当該業務の収益の補償として取得する補償金に類するものとして、不動産所得に係る収入金額となる。

　本件における請求人らの減収分とは、本件賃貸借契約の終了によりＦ支社から受領することができなくなる本件賃借料の額ではなく、本件賃借料の額とＦ支社が入居者から受領していた賃貸料の額からＦ支社が負担していた本件修繕費の額を控除した額との差額であると認められる（差額補償金）。

　これらの事実を踏まえて計算すると、本件補償対象期間は12.1年となり、本件債務免除益は、３年以上の期間の不動産所得の補償に該当する。

⚖ 逆転のポイント

　本件裁決は、本件債務免除益である請求人らの減収分の内容について、請求人らがＦ支社から受領する年間賃貸料（賃貸収入総額基準）ではなく、本件賃借料とＦ支社が入居者から受領していた賃貸料の額からＦ支社が負担していた本件修繕費の額を控除した額との差額（差額補償基準）であると認定した。このような判断を導くにあたり、本件債務免除益の趣旨に基づき、補償金額の計算根拠を具体的に検討した点が、逆転のポイントである。

┌─ **実務へのヒント** ─────────────

　所得税法は、経常的・平均的に発生する所得に対する課税を前提としつつ、臨時的所得に対しては平均課税制度などを通じて、税負担の公平性を確保する制度を定めている。すなわち、譲渡所得及び一時所得の2分の1課税（所法22①二）、退職所得の2分の1課税（所法30②）、山林所得の5分5乗課税（所法9①）、変動所得及び臨時所得の平均課税（所法90）などの制度は、所得を平準化して、高い累進税率の適用を緩和している。こうした所得税法の構造から、臨時所得の判定は、その要因を総合的に分析して行う必要がある。

［加藤　義幸］

＜コメント＞

　所得税法が定める税額計算の制度として、変動所得・臨時所得に対する平均課税がある（所法90）。これらの所得は、特定の年に集中して得られる傾向があるため、累進税率の下では平準化の必要があるとして、その年分の変動所得の金額及び臨時所得の金額の合計額が、その年分の総所得金額の100分の20以上である場合には、その5分の1のみを他の所得と合算して累進税率の適用対象とし、5分の4には平均税率を適用するというものである。

　所得税法施行令8条が定める「3年以上の期間の不動産所得の補償として受ける補償金に係る所得」とは、不動産貸付業務を継続すれば得られたであろう所得の額を補償するものであり（平成19年3月12日裁決・裁決事例集73集265頁、平成20年4月15日裁決・裁決事例集75集260頁）、その所得金額の計算根拠を具体的に判断することとなる。本件では、具体的金額に基づいて請求人らの1年当たりの減収額が算定され、本件補償対象期間を認定しており、そのような判断手法が採られているといえる。

FX取引に係る不法行為により支払いを受けた 損害賠償金の非課税所得該当性

《具体例：平成23年６月23日裁決・裁決事例集83集》

─こんな場合どうする‼─

FX取引をしていたが、取扱業者の不法行為により損失を受けたことにより、損害賠償金や和解金を受領した場合、一般に、所得税法９条１項17号所定の非課税所得として扱われる。しかし、払われた金員が、同法施行令30条２号かっこ書き及び94条１項２号所定の収益補償に当たる場合には課税所得となる。受領した金員がいずれに当たるのかの判断は、どのように行われるのだろうか。

請求人は、平成17年５月から11月までの約７か月間、Ａ社との間で店頭FX取引を行い、2,486万4,620円の利益を得た。その後、請求人は、Ａ社の従業員であるＣ（以下、両者を併せて「Ａ社ら」という。）から取引所FX取引の方が店頭FX取引より税制上有利であると勧められ、本件店頭取引をやめて取引所FX取引を始めることとした（以下、これらのFX取引を併せて「本件FX取引」という。）。その際、「取引所為替証拠金取引についての理解度確認書」を提出し、FX取引の仕組みやそれに伴うリスクについて十分理解した旨、また、自分自身の責任においてFX取引を行う旨などを記載した書面に署名・押印をして提出した。

請求人は、Ｃが提案するとおりに外国通貨を買い進め、その結果、請求人の預託証拠金残高が不足し、追加の証拠金の預託を要する状況になった。さらに、保有していた買い建玉に係る為替相場が大きく変動した（外貨安・円高になった）ことから、この買い建玉に多額の評価損が生じた。その後、請

求人は、保有していたすべての建玉を売却して本件取引所取引を終了したが、預託した証拠金の77％余りに相当する4,178万4,680円を失った。

　請求人は、平成18年11月、Ａ社及びＣを被告とし、適合性原則違反及び説明義務違反を主張して、Ｃに対しては民法709条（不法行為による損害賠償）の規定に基づく損害賠償金の支払いを、Ａ社に対しては同法715条（使用者等の責任）の規定に基づく同額の損害賠償金を連帯して支払うことを求める訴訟を提起した。その後、Ａ社らは、請求人に対し、連帯して、損害賠償金として、1,671万3,872円（以下「本件金員」という。）の支払義務があることを認めるとして裁判上の和解が成立した。

　請求人は、本件金員から必要経費の額を差し引いた金額を雑所得の金額として、平成20年分の所得税の確定申告をしたが、平成21年9月に同金員は非課税所得に当たるとして更正の請求を行った。これに対して原処分庁は、非課税所得には当たらないとして更正をすべき理由がない旨の通知処分を行ったため、請求人が原処分の取消しを求めて争った。

争　点

1　本件金員は、所得税法施行令30条2号に規定する「不法行為により資産に加えられた損害につき支払を受ける損害賠償金」に該当するか。
2　仮に上記損害賠償金について該当するとした場合、本件金員は、所得税法施行令30条2号かっこ書及び94条1項2号に該当し、非課税所得から除外されるか。

◆請求人の主張

　本件金員は、以下の理由により、不法行為により請求人の資産である金銭等に加えられた損害につき支払を受ける損害賠償金である。

1　Ａ社らは、請求人の知識、経験及び財産状況に照らし不適当であるにもかかわらず、請求人に対して本件FX取引に係る受託契約等の締結を勧誘した。このことは、適合性の原則違反に当たる。

図説　損害賠償金の取扱いに関する法解釈

損害賠償金（和解金）

「不法行為により資産に加えられた損害につき支払を受ける損害賠償金」
に当たるか（施行令30条2号）

「当該業務の収益の補償」に当たるか（施行令30条2号かっこ書・94条1項2号）

当たる　　　　当たらない

| 課税所得（事業所得・雑所得等） | 非課税所得 |

2　FX取引は、顧客に対して正確な説明を行うのが当然であるのに、本件
　FX取引に際して請求人に対し、そのような説明はないに等しい。特にリ
　スクについての説明はなく、このことは、説明義務違反に当たる。

3　請求人は、取引を終了したい旨の意向を明示したにもかかわらず、A社
　らは「多くやればやるほどもうかる。」という形の勧誘を繰り返し、請求
　人に何度も売買を繰り返させて、手数料稼ぎを行った。このことは、誠実
　義務違反に当たる。

4　A社らは、本件和解において、自らの行為の違法性を認めた上、請求人
　に対し、不法行為に基づく損害賠償金として請求人の被った損失額の40％
　に相当する本件金員を支払った。

◇原処分庁の主張

　本件金員は、以下の理由により、不法行為により請求人の資産に加えられ
た損害につき支払を受けた損害賠償金ではない。

1　A社らが、本件和解において違法性を認めたという事実は認められず、
　また、本件金員が不法行為に基づき支払われたとする事実も認められな
　い。また裁判所は、本件和解において具体的な判断を何も示していない。

2　本件金員は、本件FX取引に係る雑所得を生ずべき業務に関連して生じ

たものであり、本件FX取引による売買損益を補てんする機能を有するものであるから、その業務の遂行により生ずべき雑所得に係る収入金額に代わる性質を有するものとして、雑所得に係る総収入金額に算入すべきものである。したがって、本件金員は非課税所得から除かれる。

審判所の判断

FX取引は、為替相場や金利変動次第で多額の利益を得ることが期待できる一方、多額の損失を被る危険性もあるという、極めて投機性の高い取引である。また、FX取引は、取引通貨やレバレッジ、スワップポイントといった取引の仕組みや、外国通貨の為替相場及び金利動向等に関する知識はもとより、行うべき取引に関する判断力及び取引によって生じ得る具体的なリスクについての理解力を有していなければ、多大な損失を被る危険性が極めて高い取引でもある。そのため、FX取引の取扱業者には、顧客に対し、取引の開始前はもとより、開始後も、取引の仕組みやそれに伴う具体的なリスクなどを十分に説明する義務があるというべきである。

これを本件についてみると、請求人が十分に理解した上で本件FX取引を行っているとの認識でいたとは認められない。なお、FX取引のリスク等について理解した旨を記載した書面等に署名・押印して提出しているが、同書面の記載内容は、FX取引の仕組み・リスク等に関する知識や理解の有無を問うだけの簡易なものであり、請求人が実際にFX取引の仕組みや内容及びそれに伴い生じ得る具体的なリスク等を十分理解していたことを示す証拠とはいえない。A社らによる説明義務違反及び誠実義務違反の不法行為により、請求人が取引上の判断を誤らせ、相当額の実損害を被らせたものというべきであるから、本件金員は、所得税法施行令30条2号に規定する「不法行為その他突発的な事故により資産に加えられた損害につき支払を受ける損害賠償金」に該当する。

原処分庁は、本件金員が、本件FX取引の売買損益の補てんの機能を有するものであるから、請求人の雑所得の総収入金額に算入すべきであり非課税

所得から除外されると主張する。しかしながら、所得税法施行令94条1項2号は「当該業務の全部又は一部の休止、転換又は廃止その他の事由により当該業務の収益の補償として取得する補償金その他これに類するもの」と定めており、収入金額となるものは、休業補償や収益補償等の業務の遂行による得べかりし利益に代わるものであって、実損害を補てんするための損害賠償金はこれに含まれない。本件金員は、請求人が被った実損害を補てんするための損害賠償金であるから、これには当たらない。

⚖ 逆転のポイント

　本件FX取引に関するCの説明内容や、請求人のFX取引の経験・知識、取引の経緯などからして、請求人がFX取引のリスク等を十分に理解したとはいえず、また取引内容について理解した旨の書面が提出されているとしても、A社らによる説明義務違反及び誠実義務違反の不法行為が認められた。そして、本件金員は、それによる実損害につき支払いを受けた損害賠償金であり、かつ、その中に実損害の補てん以外の別の性質（弁護士費用や遅延損害金など）が含まれているとは認められないと認定された点が逆転のポイントである。

実務へのヒント ☞

　FX取引は極めて投機性の高い取引であり、多大な損失を被る危険性をはらんでいる。そのため、FX取引を行う者は、損失発生の危険性を認識したうえで自ら取引を開始したものであり、損失発生をめぐって争いとなり、和解金を受領した場合、得べかりし利益の補てんと解される可能性がある。そのような場合には雑所得にあたり、非課税所得とは扱われないことになる。こうした取扱いを避けるためには、和解調書に、当該和解金は不法行為により受けた実損害の補てんである旨を明記することが望ましい。

［鈴木　洋司］

コメント

　本件裁決は、非課税規定の趣旨について、「損害賠償金が、他人の行為によって被った損害を補てんするものであって、その場合の担税力を考慮すると、これに所得税を課するのは適当ではない」と述べている。したがって、損害の補てんの範囲を超えて純資産の増加に当たる部分については課税対象とされる（大阪地判昭和54年５月31日・行集30巻５号1077頁）。

　そして、本件で問題となった所得税法施行令30条２号かっこ書及び94条１項２号は、収益の補償として取得する補償金等について収入金額に算入することと定めている。これについても本件裁決は、「課税されるべき所得に係る収入金額に代わる性質を有する休業補償や収益補償等を非課税所得から除くこととし、それ以外の本来課税することが適当でない実損害を補てんするための損害賠償金を非課税所得としている」と述べている。

　かかる規定の解釈が争われた裁判例としては、大分地判平成21年７月６日（税資259号順号11239）や控訴審判決である福岡高判平成22年10月12日（税資260号順号11530）等がある（その他、名古屋地判平成21年９月30日・判時2100号28頁、同控訴審・名古屋高判平成22年６月24日・税資260号順号11460、神戸地判平成25年12月13日・判時2224号31頁も参照）。

　福岡高裁判決は、「課税所得を構成するか、あるいは非課税所得とすべきかという点の判断の基準は、その損害の発生が不可抗力ないし不可避的なものであったかどうかということよりも、むしろそれが突発的事故、つまり相手の合意を得ない予想されない災害であったかどうか」を基準とし、実損害の補てんに当たる部分を非課税所得と判断している。このような解釈は、現行所得税法９条１項17号創設に関する昭和36年12月７日付税制調査会答申の考え方と合致するものである。本件裁決においてもこうした解釈が前提とされているといえよう。

11　所得税

不動産の譲渡による
所得の実質的な帰属者

《具体例：平成24年11月29日裁決・裁決事例集89集》

> ┌ こんな場合どうする‼ ─
>
> 　すでに手放している不動産について、その譲渡が偽りの事実に基づくものだとして、その後に発生した不動産の譲渡による所得に対して課税されてしまった。このような場合に、実質的な所得の帰属はどのように判定されるのだろうか。

　平成16年8月、請求人の弟であるKが死亡し、相続が開始した。Kの法定相続人は、請求人とL（請求人及びKの兄弟である亡Mの長男）の2名である。Lは、平成17年3月、Kの相続放棄を申述し、裁判所はこれを受理した。これに伴い、請求人は、土地及び建物（以下「本件不動産」という。）を含むKの相続財産を単独で相続した。

　Kの相続財産には、昭和63年3月15日付の金銭消費賃貸借契約証書に基づき、Kが事業資金としてRから借り受けた12億8,000万円の債務が含まれていた。その後、Rは平成6年12月に死亡し、その子であるQらが相続した。RのKに対する債権のうち3億6,000万円について、相続人の一人であるQはKとの間で、平成15年4月7日付債務弁済契約公正証書（以下「本件公正証書」という。）を作成した。

　ところで、請求人にはPという長男がおり、PはS社を代表取締役として主宰していた。また、PとQとは、いわゆる愛人関係にあった。

　平成16年8月○日、Qは、本件公正証書に基づく強制執行を代位原因として、相続を登記原因とするKから請求人への所有権移転登記を行った。これ

に続きQは、平成17年9月7日代物弁済を登記原因として、同年10月3日に、請求人からQへの所有権移転登記を行った。これにより、本件不動産の所有権は、請求人からQへと移転した。

　その後、平成20年9月22日、本件土地はQからS社へと売却されたが、その交渉を行ったのはPであった（以下、この売買契約を「本件先行契約」という。）。本件先行契約の契約書によれば、この契約は、T社を買主とする民法537条に規定する第三者のためにする契約とされていた（以下、この売買契約を「本件売買契約」という。）。すなわち、本件不動産を売買の目的物とし、Qを売主、S社を買主とする本件先行契約を締結し、同時にS社は、本件不動産の所有権の移転先となる者としてT社を指名し、Qは本件不動産の所有権を、売買代金の全額の支払いと引き換えに、T社に対して直接移転することとされていた。

図説1　本件当事者の関係図

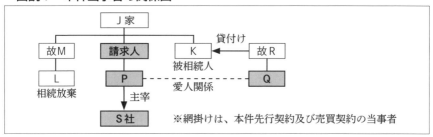

図説2　本件不動産の所有権の移転の経緯

	移転先	期　日	原　因
①	請求人 → Q	平成17年10月3日	代物弁済
②	Q → S社	平成20年9月22日	本件先行契約
③	S社 → T社	平成20年9月22日	本件売買契約

図説3　本件先行契約と本件売買契約

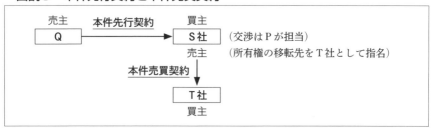

　平成20年9月22日、T社は、S社名義の預金口座に、本件売買契約に係る売買代金等を振り込んだ。そして同日、S社は、T社からの振り込みを受けた後、S社名義の預金口座からQ名義の預金口座に、本件先行契約に係る売買代金等を振り込んだ。

　このような取引事実に対し、原処分庁は、上記平成17年の代物弁済に係る債務はねつ造されたものであり、引き続き当該不動産の真の所有者であった請求人に上記平成20年の売買に係る代金が帰属し、当該売買代金を収入金額とする譲渡所得が発生したとして、平成20年分の所得税の決定処分等を行った。

　これに対して、請求人が、平成17年の代物弁済により本件不動産の所有権を失っており、当該売買には一切関与しておらず、収益も得ていないとして、当該決定処分等の全部の取消しを求めて争った。

争　点

　請求人に、平成20年9月22日に行われた本件不動産のT社への売買代金を収入金額とする、平成20年分の譲渡所得が発生したか。

◆請求人の主張

　本件不動産は、請求人が、平成16年8月○日に相続によりKから取得した後、N地方裁判所により差し押さえられ、平成17年10月3日に代物弁済によりQに所有権が移転したものである。

　そして、平成20年9月22日にされた本件不動産のT社への譲渡は、請求人が上記代物弁済によって所有権を失ってから3年も経過した後のものであって、T社への売却による譲渡代金は、S社の負債の返済等として適正に処理され、最終的には請求人とは別人格の第三者であるQの資金となっており、請求人は、その利得に全くあずかっていないどころか、その事実関係も把握、理解しておらず、一切関与していないものである。

　したがって、請求人には、当該譲渡代金を収入金額とする平成20年分の譲渡所得が発生しない。

◇原処分庁の主張

　本件不動産は、登記上、平成17年10月3日に代物弁済を原因として請求人からＱに所有権移転がされているものの、当該所有権移転は、ねつ造された金銭消費貸借契約証書に基づく債権債務を前提とするものであるから、本件不動産の真実の所有者は、平成16年にＫから相続して以降継続して請求人であった。

　よって、平成20年9月22日にされた本件不動産のＴ社への不動産売買契約の当事者は、形式的にはＳ社となっていたとしても、実質的には本件不動産の真実の所有者である請求人であり、当該売買契約に係る譲渡代金は、法律上の権利を有する請求人に帰属するものである。

　したがって、請求人には、当該譲渡代金を収入金額とする平成20年分の譲渡所得が発生したものである。

審判所の判断

① 請求人は本件売買契約の当事者か

　本件において、請求人が本件売買契約の当事者としての実質を有するといえるためには、少なくとも請求人が本件売買契約の締結を認識していた事実が認められる必要があるが、Ｔ社が本件売買契約を締結するに至った経緯等に照らし、当該事実を裏付ける証拠は見当たらず、当該事実を認めることはできない。したがって、請求人が本件売買契約の当事者であるとは認められない。

　原処分庁は、請求人からＱへの代物弁済はねつ造された金銭消費貸借契約証書に基づく債権債務を前提とするものであり、本件売買契約の当事者は実質的には本件不動産の真実の所有者である請求人であると主張する。しかしその根拠は、請求人はＫからの相続以降継続して本件不動産の真実の所有者であったからというものであり、結論をもって根拠とするものである上、民法上他人物売買が有効とされていることを正解しないものであって失当であり、採用することはできない。

　また、当該金銭消費貸借契約証書はその内容にいささか不自然な点もあるが、このことのみをもって直ちに当該金銭消費貸借契約証書がねつ造されたも

のとまでいえず、また、仮に当該金銭消費貸借契約証書がねつ造されたもので
あったとしても、請求人が本件売買契約の当事者とは認められない。

② 請求人が本件売買契約に係る売買代金を享受したか

　S社はT社から入金された本件売買契約に係る売買代金を、本件先行契約
に係る売買代金の支払い、取引先等への支払い、Pへの借入金返済等に充て
ており、また平成20年12月末現在の上記売買代金の残額等からみても、請求
人自身が本件売買契約に係る売買代金を享受したと認めることはできない。

　原処分庁は、本件は所得税法12条が適用される場面であるとして、本件不
動産の真実の所有者である請求人が享受すべき本件売買契約に係る売買代金
を、請求人から重要な財産の管理・処分をすべて委任されたPが自ら享受し
ていたにすぎないと主張する。しかし請求人は、本件売買契約の締結に関し
てPに具体的に委任したとは申述しておらず、請求人がPに本件売買契約の
締結を委任した事実を認めることはできない。

③ 結　　論

　したがって、請求人は、本件売買契約に係る売買代金を収入金額とする平
成20年分の譲渡所得が発生したとは認められない。

⚖ 逆転のポイント

　本件先行契約の成立を前提とした本件売買契約締結の経緯や当事者の認識
が審判所の調査によって認定され、請求人が本件売買契約に関与した事実は
なく、またそれに関する利益を享受したと認めることはできないと判断され
た点が、逆転のポイントである。

> **実務へのヒント** ☞
> 　実務においては、所得の発生原因となる者の名義人と、実際に収益を享受
> している者が異なることは多々発生する。その資産の真実の権利者が誰である
> か、収益を享受した者が誰かを証拠によって明確にしておくことが重要である。

［長尾　幸展］

⦅コ⦆⦅メ⦆⦅ン⦆⦅ト⦆

　本件の事実関係は複雑であるが、原処分庁による本件決定処分等の論拠は、本件不動産の真実の所有者は請求人であり、当該売買契約に係る譲渡代金は、法律上の権利を有する請求人に帰属するというものである。

　この点につき、所得税法12条は、「資産又は事業から生ずる収益の法律上帰属するとみられる者が単なる名義人であって、その収益を享受せず、その者以外の者がその収益を享受する場合には、その収益は、これを享受する者に帰属するものとして、この法律を適用する。」と規定しており、実質所得者課税の原則を定めている。

　この条文の解釈として、所得税基本通達12−1は、「法第12条の適用上、資産から生ずる収益を享受する者がだれであるかは、その収益の基因となる資産の真実の権利者がだれであるかにより判定すべきであるが、それが明らかでない場合には、その資産の名義者が真実の権利者であるものと推定する。」としている。

　したがって、本件では、平成17年10月３日に代物弁済を登記原因として行われた、請求人からQへの本件不動産の所有権移転が有効であるかどうかがカギとなっている。

　本件不動産の所有権の移転の経緯は、図説２のとおりに認められているが、原処分庁の主張の中心は、①の移転がねつ造された債権債務に基づくものであり、本件不動産の真実の所有者は依然として請求人であったということである。しかしながら、①の移転の原因たる代物弁済がねつ造されたものであるとする論拠が示されておらず、この点が明らかにされないため、所有権の移転は有効に成立したものと認められている。また、②及び③の移転についても、民法560条が認める第三者のためにする契約に該当することが認められている。

　本件審判所が指摘するように、RからKに対する12億円もの貸付けに際して物的担保を一切徴していないとか、QからT社への本件不動産の譲渡に関してPが主宰するS社が介在するなど不自然な点もあるが、私的自治の原則を前提とすれば、それのみによって請求人からQへの本件不動産の所有権移転が無効であると解することはできない。そのため、所得税法12条が定める実質所得者課税の原則によっても、本件不動産の譲渡代金が請求人に帰属すると解することはできない。

営業に係る届出の名義人と事業上の収益の帰属先

《具体例：平成24年８月21日裁決・裁決事例集88集》

┌─ こんな場合どうする‼ ─────────────────────────

　実質的な経営者の依頼により、店長が自己の名義で、事務所の賃貸借契約や営業に係る届出書の提出、確定申告書の提出などの手続を引き受けることがある。そのような手続を行っている名義人に対して、事業上の収益が帰属するとして課税処分が行われるような場合、そのような処分を免れることはできるのであろうか。

　請求人は風俗店（ファッションヘルス）の事業に従事していたが、以下のような基礎事実が認められる。

①　平成18年３月７日付で、本件Ｊ店について、風営法に規定する「無店舗型性風俗特殊営業」に係る届出書が、請求人名義でｅ県公安委員会に提出された。また、平成20年９月26日付で、本件Ｊ店に係る事業が平成20年１月13日から開始された旨が記載された請求人名義の開業届出書が、原処分庁に提出された。

②　平成21年４月１日付で、本件Ｊ店に係る事業について、平成21年１月31日に廃業した旨記載された請求人名義の廃業届出書が、原処分庁に提出された。

③　平成22年○月○日頃、本件Ｊ店の事務所は、風営法違反被疑事件により警察による捜索差押えをされ、同月○日に、当時、本件Ｊ店を経営していたＫが、当該被疑事件に係る被疑者として警察に逮捕された。Ｋは、本件Ｊ店以外に、本件Ｌ店などの本件各店舗の経営も行っていた。本件Ｌ店に

ついては、平成17年9月7日付で、風営法に規定する「無店舗型性風俗特殊営業」に係る届出書が、M名義でe県公安委員会に提出されていた。

④ Kが上記③の逮捕された時期と前後して、本件J店の当時の店長であったN、Nの前任の本件J店の店長であった請求人、本件L店の当時の店長であったP、Pの前任の本件L店の店長であったMは、それぞれ風営法違反被疑事件に係る被疑者として警察の取調べを受けた。

原処分庁は、請求人は本件J店の事業に基因する所得を有するなどとして、平成18年分ないし平成21年分の所得税並びに平成20年1月1日から平成20年12月31日までの課税期間及び平成21年1月1日から平成21年12月31日までの課税期間の消費税及び地方消費税（以下「消費税等」という。）の各決定処分及び更正処分（平成20年分）並びに無申告加算税及び重加算税の各賦課決定処分を行った。

これに対し、請求人が、当該風俗店の経営者は請求人ではなく、当該風俗店の経営に係る所得の帰属を誤った違法があるとして、その全部の取消しを求めた。

図説　本件の事実関係

争　　点

　　本件Ｊ店の営業に係る所得の帰属先は、請求人か、実質的経営者である
　Ｋか。

◆**請求人の主張**

1　請求人は、本件Ｊ店の単なる店長であり、実際の経営者はＫである。
　　このことは、平成22年○月に本件Ｊ店の風営法違反被疑事件に係る警察
　の捜査に際し、Ｋが逮捕され、請求人は一従業員であるとして逮捕されて
　いないことによっても明らかである。
2　請求人は、本件Ｊ店の受付事務所の賃借人及び風営法の届出人である
　が、風俗業界ではこれらの名義人と納税者が異なる例が多数ある。
3　このように、本件Ｊ店の実質所得者は、経営者であるＫであり、本件Ｊ
　店の店長である請求人が実質所得者であるとしてされた原処分は、事実誤
　認に基づく違法な処分である。

◇**原処分庁の主張**

1　請求人は、本件Ｊ店の営業に当たって、請求人自身の名義で同店の受付
　事務所を賃借し、かつ、風営法所定の届出書をｅ県公安委員会に提出して
　いるほか、同店の開廃業届に関する届出書及び確定申告書を原処分庁に提
　出していることを総合して判断すると、本件Ｊ店に係る収益の帰属先は請
　求人であることが事実上推定される。
2　これに対して、請求人は、上記事実と実体上の帰属先が異なること、す
　なわち、本件Ｊ店の収益がＫに帰属することについて、上記推定を覆すに
　足りる事情を何ら主張立証していない。
3　したがって、請求人が本件Ｊ店の実質所得者であるとしてされた原処分
　は適法である。

審判所の判断

　所得税法12条の規定は、「事業から生ずる収益としての風俗店の営業に係る所得に対して所得税の課税を行う場合においても、当該所得の法律上帰属するとみられる者が単なる名義人であって、その所得を享受しないときは、これを享受する者に対して課税を行うものである。そして、所得税法第12条の規定の適用上、事業から生ずる収益を享受するものが誰であるかは、その収益を受けるべき正当な権利者が誰であるかにより判断すべきものと解されるが、所得税基本通達12－2において、事業から生ずる収益の場合には、その事業の経営者がその収益を享受すべき者である旨定めており、当審判所においても、当該通達の定める取扱いは相当であると認める。」

　また、消費税法13条も、「所得税法と同様の実質課税の原則を規定したものと解される。」

　当審判所の調査の結果によれば、以下の事実が認められる。

①　Kは、本件J店の毎月の売上金及び客数の報告を店長から受け、さらに、本件J店に係る毎月の利益相当額を店長から手渡しで受領して、店長を含む従業員の給与を当該利益相当額の受領後に支払っていたこと。

②　本件J店の請求人の前任の店長であるTが退職した際、Kの了承により請求人が後任の店長に就任し、更に、請求人が退職した際の本件J店の後任の店長には、Kからの指示により、Nが就任していること。

③　ファッションヘルスに係る客へのサービスの用に供するためのマンションの賃貸借契約の締結及び解約は、Kの判断で行っており、その際、当該マンションの賃貸借契約及び当該マンションに係る水道光熱費の契約名義人については、Kの指示により、店長または従業員の名義で行い、経費の支払のための銀行口座も店長又は従業員名義で開設していたこと。

④　Kの指示により、本件各店舗の当時の店長名義で風営法上の届出をし、また、警察の捜査を受ける前の平成20年分の本件各店舗に係る事業所得についての確定申告をしていたこと。

⑤　Kは、警察が捜査していることが分かった後、本件J店の業態を派遣型デリバリーヘルスに変更し、不要となった賃借マンションに係る賃貸借契約を解約させていること。

⑥　Kは、本件各店舗が風営法上違法な営業を行っていることから、自分の名前が表に出ないようにするために、風営法上の届出名義、本件各店舗における事業の用に供するために賃借したマンション等の賃借名義、光熱費の支払名義及び経費の支払のための銀行口座の名義等をいずれも本件各店舗の店長又は従業員名義としていたこと。

⑦　K自身、本件各店舗を平成22年○月までの間経営していた旨、及び本件調査の際、調査担当職員に対して、平成18年3月から平成21年1月までは請求人が本件J店を経営していた旨の申述をした理由は、請求人と分けて課税される方が税金が安くなると考えたからである旨の答述をしている。

「これからすれば、Kは、本件各店舗における経営者として、本件各年分を通じて本件各店舗の営業を支配管理し、その収益を自己に帰属させていたものと認められるから、本件各年分の本件J店に係る所得は、Kに帰属し、同様に、本件各課税期間の本件J店に係る資産の譲渡等の対価を享受する者はKであると認めるのが相当である。」

請求人による届出名義や契約名義等にも関わらず、「Kが、本件J店における事業の経営者として、本件各年分を通じて、本件J店の営業を支配管理し、その収益を自己に帰属させていたものと認められるのであるから、所得税法第12条及び消費税法第13条の実質課税の原則からしても、本件各年分の本件J店に係る所得はKに帰属し、また、本件各課税期間の本件J店に係る資産の譲渡等の対価を享受する者はKであると認めるのが相当であり、この点における原処分庁の主張は採用することができない。」

⚖ 逆転のポイント

請求人や後任の店長Nなどの主張によれば、毎月の売上等については必ずKに報告しなければならず、また、売上げから経費を控除した金額を渡して

いたという事実が認められたこと、Kもそのことについて認めていたことから、各人の言い分について矛盾した部分がないと認められたことが、逆転のポイントである。

実務へのヒント 👉

　雇用されている立場では、経営者の身勝手な要求に従わざるを得ない場面に遭遇することになるが、あくまで自身の立場を護るとすれば、経営者に対しての報告等に際して、日時・場所・金額などの明細を確実に記録しておくことで、後日それが証明できるように備えておくことが大切である。

[林　　隆一]

　本件で問題となった所得税法12条が定める実質所得者課税の原則の解釈として、事業から生ずる収益の場合につき、通達ではいわゆる事業主基準が示されている。すなわち、事業から生じる収益はその経営者がその収益を実質的に享受すべき者に当たると判断する基準である。

　本件と同様に、風俗営業の収益の帰属が争われた名古屋地裁平成17年11月24日判決（判タ1204号114頁）でも、事業主基準を用いて判断が示されている。同判決が示すように、事業から生じる収益の帰属を判断する際に事業主基準を用いる根拠は、「事業所得の帰属者は、自己の計算と危険の下で継続的に営利活動を行う事業者である」点に認められる。したがって、「ある者がこのような事業者に当たるか否かについては、当該事業の遂行に際して行われる法律行為の名義に着目するのはもとより、当該事業への出資の状況、収支の管理状況、従業員に対する指揮監督状況などを総合し、経営主体としての実体を有するかを社会通念に従って判断すべきこととなる」（同判決）。

　本件においては、請求人を始めK等の関係者の供述の内容によって、Kが事業主であることが認められ、事業主基準に照らして判断がされている。事業主としての地位及び認識がなかったと思われる請求人の主張を認めた点では妥当な判断と言えるが、本件審判所が「実質課税の原則」という表現を用いている点は適切さを欠くと言わざるをえない。

13

個人名義の不動産の帰属主体と
法人からの役員給与

《具体例：平成24年12月4日裁決・裁決事例集89集》

こんな場合どうする‼

　個人で建てたマンションを同族会社へ譲渡し、自らは賃貸料収入のみを得る資産活用を行っている。当該賃貸料収入の真実の帰属者をめぐって課税庁との間で争いが生じた場合、同族会社が役員給与として計上した金額は、役員の給与所得と認定されるのだろうか。

　請求人は、所有していた本件各土地上にマンション等の本件各建物を所有していた。本件各建物は、請求人の母Hから相続により取得したもの（以下「本件建物③〜⑤」という。）と、請求人が新築により取得したもの（以下、それぞれ「本件建物①、②、⑥」という。）が含まれており、いずれも請求人を所有者として不動産登記されていた。なお、請求人は、Hが建築資金として借り入れた合計1億2,600万円の残高も相続した。

　K社は、平成5年11月に設立された、請求人を代表取締役とする同族会社であり、株主は請求人の妻及び子の2名である。

　K社は、平成6年1月1日に本件建物①〜⑥の各建物を請求人から売買により取得したとして、これらを同社の建物及び建物附属設備とする会計処理を行い、当該売買に係る対価の支払に代えて同社が請求人の借入金を引き受けることとし、上記のHから相続した借入金の残高及び請求人が建築資金名目で借り入れた4,950万円の借入金の残高（以下、これらを併せて「旧借入金」という。）を同社の長期借入金とする会計処理を行った。

　また、K社は、平成15年9月24日に本件建物⑦を建築し、同社の建物及び

89

建物附属設備等とする会計処理を行い、請求人が当該建物の建築資金に充てるために短期的に手形借入れしていたものを、平成15年12月29日に、請求人名義の8,866万円の借入金（以下「新借入金」という。）にまとめて借換えし、Ｋ社の長期借入金とする会計処理を行った。

なお、各金融機関における旧借入金及び新借入金の借入名義人は、いずれも請求人のままであった。また、旧借入金及び新借入金を請求人からＫ社が引き受けることを各金融機関に通知せず、債務の引受けについて各金融機関の承諾を得ていなかった。

本件各建物の貸付けに係る本件各不動産賃貸借契約書（以下、これに基づく契約を「本件各賃貸借契約」という。）の賃貸人は請求人となっていた。

その後、平成21年９月10日に、本件建物②及びその所在する土地は、ｇ県による公共事業のための買取り等（以下「本件買取り等」という。）の申出が行われ、同月17日にｇ県と請求人との間で本件買取り等に係る売買契約が締結され、平成22年10月14日に引渡しが行われた。

この間、請求人及びＫ社は、同社の資産として計上していた本件建物②を平成22年１月31日付でＫ社から請求人に譲渡したとの会計処理を行った。

また、請求人名義の金融機関の各口座をそのままＫ社の口座として上記の一連の取引を処理しつつ、請求人自身の家事取引もその中で処理していた。

Ｋ社は、平成20年８月期の事業年度以降の総勘定元帳に、本件各建物を資産、本件賃貸料収入を収入、本件各土地に係る地代及び役員給与を費用としてそれぞれ計上し、これらに基づき作成した平成20年８月期以降の法人税の確定申告書をそれぞれ提出した。

請求人は、Ｋ社からの地代を不動産所得の総収入金額に算入し、同社からの役員給与を給与所得の収入金額として、各年分の所得税の確定申告書を提出した。なお、請求人は、本件買取り等に伴う所得を平成22年分の分離長期譲渡所得として申告している。

原処分庁は、Ｋ社の収入として計上された不動産の賃貸料は請求人に帰属するとして、所得税の更正処分等（以下「本件各更正処分等」という。）を

行った。これを不服として請求人が争った。

 争｜｜｜｜｜**点**｜｜｜｜｜｜｜｜｜｜｜｜｜｜｜｜｜｜｜｜｜｜｜｜｜｜｜｜｜｜

　1　本件賃貸料収入は、請求人に帰属するか。

　2　K社が請求人に対する役員給与として計上した金額は、請求人の給与所得の収入金額とすべきか。

図説　本件事実関係

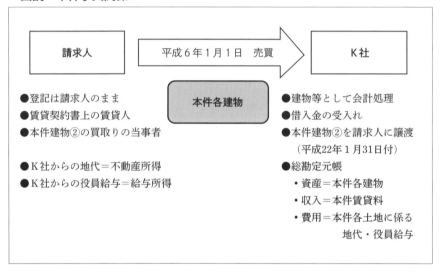

◆**請求人の主張** ....

1　争点1について

　本件賃貸料収入は、次のことから、実質的にはK社に帰属する。

　(1)　本件各建物の所有権の登記名義人は請求人であるが、K社は、各建物を請求人から譲り受けて取得し、又は建物の完成時に原始取得するなどして本件各建物の全てを取得し、資産として総勘定元帳に計上していることから、本件各建物の所有者は同社である。

(2)　本件各賃貸借契約書上の賃貸名義人を賃借人の都合によって請求人としているが、本件各建物の所有者はK社であることから、本件各賃貸借契約の賃貸人も同社である。

(3)　本件賃貸料収入が振り込まれていた各預金口座の名義人はいずれも請求人であるが、K社は当該各口座を資産として総勘定元帳に計上し、同社の口座として管理している。

(4)　K社は、法人設立以降17年間にわたり本件賃貸料収入を同社に帰属するとして総勘定元帳を作成し、法人税の確定申告を行ってきた。

2　争点2について

仮に、K社の収入の全てである本件賃貸料収入が請求人に帰属するならば、同社は事業を何ら行っていないことになり、役員給与を支払うための原資も有しないことになる。

そうすると、請求人には何ら代表取締役として執行すべき職務が存在しないので役員給与を受け取るべき権利がなく、請求人は役員給与を受け取っていないことになる。

したがって、K社が請求人に対する役員給与として計上した金額は、請求人の給与所得の収入金額とすべきではない。

◇原処分庁の主張

1　争点1について

本件賃貸料収入は、次のことから、形式的にも実質的にも請求人に帰属する。

(1)　本件各建物の所有権の登記名義人は請求人であるから、その所有者は請求人であると推定される。

(2)　本件各賃貸借契約は、請求人を賃貸人として締結されている。

(3)　本件賃貸料収入が振り込まれていた各普通預金口座は、名義人がいずれも請求人であり、かつ、請求人に帰属する入出金があることから、これらはいずれも請求人の口座である。

2　争点2について

次のことから、請求人はK社に対して役員給与の支払請求権を有してお

り、K社が請求人に対する役員給与として計上した金額は、請求人の給与所得の収入金額とすべきである。

　⑴　請求人は、K社の代表取締役として会社の業務に関する一切の権限を有し、株主総会における議長としての職務や法人税の確定申告書の提出に関する職務を行っていること

　⑵　同社は、株主総会において役員給与の限度額を1億円以内とする決議をしていること

　⑶　同社は、請求人に対して毎月末に役員給与を支給したという会計処理を行い、確定した決算において役員給与を計上していること

審判所の判断

① 争点1について

　賃貸料収入の帰属は、賃貸借契約における真実の賃貸人が誰であるかによって判断すべきと解されるが（所法12）、所有権の登記名義人は反証のない限りその不動産を所有するものと推定されるところ、本件賃貸借契約の真実の賃貸人の判断に先立ち、上記推定を覆す根拠等の有無を検討し、本件各建物の真実の所有者が誰であるかについて判断する。

　1　K社が不動産賃貸業を行い、その収益も同社に帰属するとするのなら、当然にK社名義で所有権保存登記の申請がなされてしかるべきである。真にK社が建築したものであるならば、本件原処分が行われるまで8年以上もの間、登記を変更しないのは理解しがたい。

　2　本件建物②に関するg県との本件買取等の交渉は、登記名義人たる請求人を当事者として行われ、その過程で請求人から当該建物の真実の所有者についての特段の申出はなかった。

　3　買取申出後の平成22年1月31日に、当該建物の帳簿上の所有者をK社から請求人に再度譲渡したとする一連の会計処理は、まさに当該建物の真実の所有者がK社ではなく、登記名義人どおり請求人であることを自認したものともいえる。

　以上のことから、本件各建物の真実の所有者は請求人であるとの推定を覆す合理的な根拠は見当たらない。

　加えて、Ｋ社の存在は第三者から認識されない状態であったことは明らかであり、本件各建物の取得についてのＫ社の会計処理は、請求人とＫ社が同一人であるからこそ可能となった単なる帳簿操作にすぎない。

　したがって、本件各建物の真実の所有者は請求人であると認められる。

② 争点2について

　Ｋ社の総勘定元帳によると、各金融機関から出金された現金は、その都度、同社の現金勘定に受け入れた後、各月末に役員給与として支払われたものとして経理されている。この事実から、請求人が自己の各口座から出金した現金を自ら所持していたにすぎず、Ｋ社が請求人に役員給与を支払ったとは認められない。

　また、Ｋ社には本件賃貸料収入以外の収入はなく、同収入は請求人に帰属しＫ社には帰属しないのであるから、Ｋ社は法人として行う事業を有しておらず、同社の代表取締役であった請求人には行うべき業務はなかったと認められる。

　本件における法人の確定した決算は、本件賃貸料収入の帰属を誤った重大な瑕疵あるものであり、その中で承認された役員給与であることからすれば、当該決算における計上や株主総会での承認を役員給与の支払請求権の根拠とすることは相当ではない。

　したがって、Ｋ社が請求人に対して役員給与を支払っていたとは認められず、また、請求人はＫ社に対して役員給与の支払請求権を有していない。

逆転のポイント

　本件各建物の真実の所有者が請求人とされたため、Ｋ社には行うべき事業がなく、請求人に対して役員給与を支払ったとは認められないと判断された点が、逆転のポイントである。

実務へのヒント

争点1に関して、所有権移転に伴う登録免許税等の負担を回避するために登記手続を省略する例は散見されるが、実質的に個人から法人へ不動産等の所有権を移転する場合には、取締役会等で決議しておくとともに、賃借人や金融機関等へ通知しておくことで所有権移転が認められる余地があるだろう。

〔橋本　博孔〕

コメント

本件では争点1について原処分庁の主張が認められたが、それを理由として争点2について請求人の主張が認められた。

法人に収入がない以上、役員給与を支給する基盤がないことを理由として、役員給与の支払いの事実がなかったとの判断は、対応的調整によるものであり論理的である。

ただし、結論において、源泉徴収義務者たる支払者（本件ではK社）が行った所得税の源泉徴収に誤りがあったからといって、受給者（請求人）が確定申告の手続によってその還付を求めることはできないとしており、こうした先例（最判平成4年2月18日・民集46巻2号77頁）に基づく取扱いは別途問題とすべきである。

14　　　　　　　　　　　　　　　　　　　　　　　　　　所得税

個人破産に伴い役員退職年金債権が
譲渡された場合の所得の帰属

《具体例：平成20年10月24日裁決・裁決事例集76集》

こんな場合どうする‼

　役員退職年金を受給していた者が不幸にして自己破産してしまった。選任された破産管財人は、退職年金に係る債権を第三者に譲渡し、債務の弁済に充てることとした。それにより退職年金は譲渡先の口座に振り込まれている。このような場合、退職年金に係る受給権が帰属するとして、元の受給者の収入金額とされ、課税対象とされるのだろうか。

　請求人は、D社の役員・代表取締役副会長に就任後（役員在任期間は11年間）、相談役となり、平成12年7月に同社を退職した。D社には「役員退職慰労金（役員退職一時金・年金）に関する内規」（以下「本件内規」という。）があり、その主な内容は次のとおりであった。

① 　支給月額は、歴任中の最高位の役位を適用する。

② 　副会長の支給月額は、月額50万円とする。

③ 　在任期間が10年以上15年未満の役員については、基準額の6割を支給する。

④ 　在任期間が15年未満の役員の支給期間は、10年確定とする。

　請求人は、D社の役員退任及び同社の退職に伴い、平成10年7月と平成12年7月に退職一時金の支給を受けた。またこれとは別に、本件内規に基づき、支給月額を30万円（50万円の6割相当額）、支給期間を平成11年4月分から平成21年3月分までの10年間とする役員退職年金（以下「本件退職年金」という。）を受給する権利を取得し、平成11年6月より受給を受けていた。

　その後、請求人は自己破産申立てに基づき、破産法（平成16年改正前の旧法）の規定に基づいて破産決定を受け、弁護士Ｆが破産管財人（以下「Ｆ管財人」という。）に選任された。

　Ｆ管財人は、平成16年５月14日、裁判所の許可の下、法務大臣から許可を受けた債権回収会社であるＧ社との間において、本件退職年金に係る債権（以下「本件債権」という。）を譲渡する旨の債権譲渡契約（以下「本件譲渡契約」という。）を締結した。

　Ｄ社は、本件譲渡契約に従い、平成16年４月分以降の本件退職年金について、支給月額から源泉徴収税額相当額を控除した残額を、３か月ごとにＧ社指定の預金口座に振り込んでいる。

　請求人は、平成17年分の確定申告において、当該年金に係る所得を計上していたため、同所得を減算すべきとする更正の請求をし、平成18年分については同所得を除いて確定申告を行った。これに対して原処分庁は、債権譲渡後も当該年金の受給権は請求人が有し、その所得は請求人に帰属するとして、平成17年分の更正をすべき理由がない旨の通知処分及び平成18年分の更正処分等を行った。そこで請求人は、同処分等の取消しを求めた。

争　点

　1　本件譲渡契約後も、請求人は本件退職年金に係る権利を有し、本件退職
　　　年金に係る所得が請求人に帰属するか。
　2　本件債権は、差押禁止財産に該当するか。

◆請求人の主張

　本件債権は、請求人の破産手続に伴い、本件譲渡契約及び裁判所の許可により、Ｇ社に一括譲渡されたのであるから、請求人は本件退職年金に関する権利を一切有しない。

　よって、本件退職年金に係る所得は請求人に帰属しないから、請求人の各年分の雑所得の金額の計算上本件退職年金に係る収入金額及び源泉徴収税額

は、いずれも零円である。

◇**原処分庁の主張**

　本件退職年金は、本件内規に従って請求人に対して支払われるべきものであり、本件退職年金に係る受給権は請求人が保有している。

　請求人は、D社から将来にわたって支払われるべき退職年金の支払額から源泉徴収税額を差し引いた金銭債権をG社に譲渡したのであり、本件譲渡許可申請の内容もそれが前提となっている。よって、本件退職年金に係る所得は請求人に帰属し、各年分の雑所得の金額を構成する。

図説　両当事者の主張

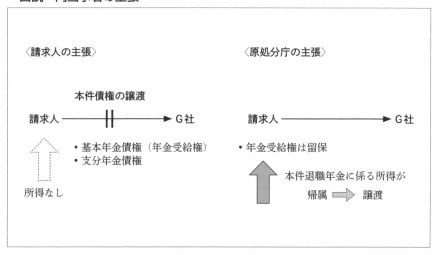

審判所の判断

　「①本件債権が差押禁止財産でなく、②本件債権の譲渡等に違法性がなければ、請求人は、本件譲渡契約により本件退職年金に対する権利を喪失したと認められる」。

　「本件退職年金は、役位を支給月額決定の要素とし、役員在任期間を支給

期間決定の要素として簡明に基準化されていること、また、……本件退職年金は、受給者が死亡した場合は遺族に年金として支払われることとされており、受給権者が生存していることを要件として支給する年金ではないことから、本件退職年金は、役員としての功労に対する報賞としての性格を有するものであり、一般の退職手当等又は退職年金のように使用人としての長年の労働の対価としての給与の後払い的な性質を持つものではない。したがって、本件債権は、差押禁止債権には該当せず、F管財人が管理処分権を有する請求人の破産財団に属するものと認められる」。

本件内規には、役員退職年金の譲渡を禁止する旨の特約等はなく、本件債権に係る支払期間について始期及び終期が明確であり、当該譲渡の目的とされている債権は特定されていることから、本件債権は、譲渡性を有する債権であると認められる（民法466①）。

また、「本件退職年金は、［上記のように］役員としての功労に対する報賞の性格を有するものであって、労働の対償として支払われるものではないから、労働基準法第11条に規定する『賃金』には該当しない」。

したがって、本件退職年金は、賃金は直接労働者にその全額を支払わなければならないことを定めた労働基準法24条１項の適用を受けず、D社が本件退職年金を直接G社に支払うことについて、何ら違法性はない。

以上より、本件債権は差押禁止財産に該当せず、破産財団に属し、かつ、譲渡性を有する債権であり、管理処分権を有するF管財人によりG社へ適法に譲渡され、D社が本件退職年金を直接G社へ支払うことに違法性もないから、請求人は、本件退職年金に係る将来発生すべき債権及び受給する権利を、本件譲渡契約により失ったものと認められる。

よって、本件退職年金に係る所得は、その全額について請求人に帰属しないものというべきである。

逆転のポイント

　本件債権が差押禁止財産でないこと、及び本件債権の譲渡が適法であることが事実によって認定され、請求人が、本件退職年金に係る将来発生すべき債権及び受給権を、本件譲渡契約により失ったと認められた点が、逆転のポイントである。

実務へのヒント☞

　年金を受給する権利が自己破産により破産財団に組み込まれ、譲渡禁止財産に該当しないときは、一般債権として譲渡され、債権者へ配当の原資となる。このような場合、譲渡され、破産者の手元に残らない債権は、権利を喪失したものとして所得を構成しない。

　本件の場合でいえば、本件債権がG社に譲渡されたことにより、もはや請求人には年金が入金すらされないこととなったため、そのような場合には当然に所得にはならないことに留意すべきである。

［加藤　義幸］

コメント

　本件における原処分庁の主張は、①本件譲渡契約によっても、本件債権は請求人に留保されている、②本件退職年金は、D社から源泉徴収税額を差し引いた金額が請求人に支払われ、その差額がG社に移転する、③そのため本件退職年金に係る所得は、いったん請求人に帰属し、請求人の雑所得の金額を構成する、というものである。こうした理解は、基本年金債権たる年金受給権と支分権とを区別し、年金受給権と具体的に支払われる年金とを別個の財産権とする論理構成に基づくものと考えられる。

　請求人がD社から取得した本件債権（年金受給権）が単独で請求人の収入を構成し、所得税の課税対象となるかどうかは、所得税法36により収入すべき金額として実現するかどうかによって決定される。しかし年金受給権は基本債権であり、支分権を行使することによって具体的に年金を受給することからすれ

ば、年金受給権自体を実現した収入として課税対象と解することは困難である。

　なお年金受給権をめぐっては、いわゆる長崎年金訴訟の最高裁判決において、被相続人から相続人が相続した定期年金契約による受給権には相続税が課され、その後、相続人が実際に受領する年金の相続開始時点での現在価値相当部分は、所得税法9条1項15号（現16号）により非課税所得として扱われるものと判示されている（最判平成22年7月6日・民集64巻5号1277頁）。

　本件はこれとは事案を異にする。すなわち、本件の年金受給権は、請求人自身の役員としての功労に対する報賞として取得したものであり、年金の受給自体も自ら受けていた（ただし、請求人が死亡した場合は遺族に支払われることとされていた）。そのため、本件の年金受給権が相続税と所得税との二重課税は生じないため、所得税法9条1項16号の適用はないのである。

　さらに本件では、年金受給権はF管財人の手によってG社に譲渡されており、もはや請求人には入金すら生じないので、請求人の収入として帰属することはないと判断されたのである。

　こうした結論を導くにあたって、本件審判所は、①本件債権が差押禁止財産でないこと、②本件債権の譲渡が違法ではないことを認定し、本件譲渡契約によって請求人は本件退職年金に対する権利を喪失したと判断している。

　①の点については、本件退職年金の性質に照らし、民事執行法152条1項2号における差押禁止財産に当たらないことを丹念に判断している。そして、②の点の判断にあたっては、㋐民法466条1項及び最高裁の先例（最判平成11年1月29日・民集53巻1号151頁）を引用して、債権譲渡の適法性要件を示し、また㋑労働基準法24条1項の適用を受ける賃金（労基11）の該当性要件を丁寧に導き出している（最判昭和43年3月12日・民集22巻3号583頁参照）。こうした解釈及び適用はいずれも妥当であり、高く評価すべき裁決といえよう。

15 　　　　　　　　　　　　　　　　　　　　　　　　　　　**所得税**

同族法人が負担した「みなし役員」の
個人事業に係る経費は給与所得か

《具体例：平成24年6月26日裁決・裁決事例集87集》

こんな場合どうする‼

　個人が事業を営む傍ら、同族関係にある法人の経営に関与している場合、個人事業に係る必要経費を同族法人の損金として計上していた場合には、個人が経済的利益を享受していたとみなされて、給与所得課税を受けることがありうる。

　このような場合、個人に帰属する損益が法人に計上されることは容認されるべきことではないが、だからといって直ちに同族法人から個人に対する給与所得課税が行われることになるのだろうか。

　請求人は、公認会計士であるとともに、コンビニエンスストア（D社e店）の経営も行っていた。

　F社は、請求人の同族関係にある法人であり、請求人は、平成6年4月20日以降、同法人の代表取締役であったが、平成22年9月○日以降は同法人が解散したことに伴い、同法人の代表清算人である。

　G社（以下、G社とF社と併せて「本件各関連法人」という。）は、請求人の同族関係にある法人であり、請求人は、同法人の代表取締役であったが、平成11年12月1日に取締役を辞任し、平成22年7月1日に再度代表取締役に就任した。

　本件各関連法人は、D社e店の店長に係る給与及び同店の車輌関係費用等を、平成19年12月期及び平成20年12月期（以下、これらを併せて「本件各年分」という。）にそれぞれ支出し（以下、これらの費用を「本件D社経費」

という。）、本件Ｄ社経費から仮払消費税を差し引いた金額を各事業年度の法人税の所得金額の計算上損金の額に算入していた。

　原処分庁は、本件各年分において、本件Ｄ社経費は請求人が支払うべきものであり、また、請求人は本件各関連法人それぞれの法人税法上の役員に該当し、請求人が本件各関連法人の役員たる地位に基づいて経済的利益を享受したものであるから、請求人の給与所得に該当するとして、本件各更正処分等を行った。請求人はこれを不服としてその全部の取消しを求めて争った。

争点

本件Ｄ社経費は、請求人の給与所得に該当するか。

図説　本件事実関係

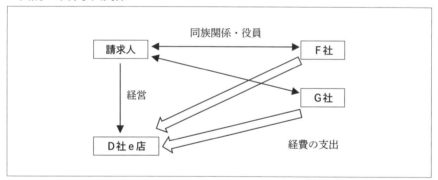

◆請求人の主張

　本件Ｄ社経費は、原処分庁よりＤ社ｅ店の事業損益は請求人に帰属せしめるべき旨の指導を受け、本件各関連法人から個人たる請求人へと帰属主体を移動したものであるから、当該経費に係る個人法人間の取引は資金取引と捉えられ、本件各関連法人の収入分は仮受金等、費用分は仮払金等となり、課税所得の計算から除外されるのが自然な解釈である。

　上記のとおり、本件Ｄ社経費の帰属主体の認識に相違はあったが、ほかに

請求人が利益を享受しているような形跡は一切なく、給与認定により請求人に対する所得を発生させ課税することは、実態を無視した誤った判断である。

また、請求人は、G社がこれらの費用等を負担した当時、同法人の役員又は従業員ではなかったことから、同法人が給与を支払う対象にはなり得ない。

したがって、本件D社経費に相当する額は請求人の給与所得には該当しない。

◇**原処分庁の主張**

所得税法28条1項及び同法36条1項は、所得税法上の給与所得には金銭以外の物又は権利その他の経済的利益による収入が含まれる旨規定しているところ、本件各関連法人は請求人が支払うべき本件D社経費を負担しており、これにより、請求人は本件D社経費に相当する額の経済的利益を享受しているものと認められ、また、請求人は本件各関連法人の役員であり、当該経済的利益は、請求人が役員たる地位に基づき享受するものであることから、本件D社経費に相当する額は給与所得に該当する。

審判所の判断

① 本件コンビニエンスストア事業について

請求人は、平成2年5月22日にJ社（現D社）との間でD社e店を契約店舗とするフランチャイズ契約を結び（以下、この契約に基づく事業を「本件D社事業」という。）、その後、契約は継続更新されており、平成14年2月13日には同店を販売場とする酒類販売業者の免許を取得するとともに、請求人の所得税の確定申告において本件D社事業に係る収支を事業所得として申告していたことなどから、D社e店の経営は、請求人個人によって行われていたことが認められる。

F社は、平成18年12月期ないし平成20年12月期において、D社からF社の公表銀行口座（請求人名義の普通預金口座、以下「本件D社口座」という。）へ毎月振り込まれる「オーナー利益」及びD社e店の店員への「給料」相当額を仮受金として経理処理をし、また、D社e店に係る電気料及び店員への給料等の経費を本件D社口座から出金し当該仮受金からの支出とする経理処

理をしていた。

　なお、本件Ｄ社口座の入出金は、本件Ｄ社事業に係るもののみであることから、本件Ｄ社口座は、本件Ｄ社事業の専用口座と認められる。

　また、Ｆ社は、平成18年12月期ないし平成20年12月期の各決算期末において、当該仮受金の残高を同法人の受入手数料として収益に計上し、法人税の課税所得の計算上益金の額に算入していたことが認められる。

　なお、Ｆ社は、平成18年12月期においても本件Ｄ社経費と同様の経費を立て替えて支払っていたところ、平成18年12月期には当該立替金の全額を本件Ｄ社経費に振替処理等し法人税の課税所得の計算上損金の額に算入していたが、平成19年12月期及び平成20年12月期においては、本件Ｄ社経費のうち車輌関係費用等に相当する金額を各決算期末にＧ社からの短期借入金と相殺し、店長に係る給与に相当する金額を法人税の課税所得の計算上損金の額に算入していた。

② 法令解釈

　所得税法28条１項及び同法36条１項は、所得税法上の給与所得には経済的利益による収入が含まれる旨規定されているところ、所得税基本通達36－15は、経済的利益には、①買掛金等の債務の免除を受けた場合におけるその免除を受けた金額に相当する利益、又は②自己の債務を他人が負担した場合における当該負担した金額に相当する利益等が含まれる旨を定めており、この定めは、当審判所においても相当と認められる。

③ 結　論

　上記①の事実を前提にすれば、本件Ｄ社事業に係る損益は、本件各関連法人に帰属するものではなく、請求人に帰属するものと認められる。

　また、Ｆ社の本件Ｄ社事業に係る経費の支払は、請求人個人が行う本件Ｄ社事業に対するＦ社の立替金とみるのが相当である。

　そうすると、請求人が本件各関連法人から本件Ｄ社経費に係る経済的利益を享受したものと認めることはできず、本件Ｄ社経費は、請求人の本件各年分の給与所得には該当しない。

　なお、請求人はF社の代表取締役であり、また、G社の実質的な経営者と認められることから、法人税法2条15号及び同法施行令7条1号所定の役員の要件を満たし、G社の法人税法上の役員に該当するものである。

　しかしながら、本件各関連法人が損金の額に算入した本件D社経費については、全ての本件D社事業に係る損益が、請求人に帰属するものと認められるのであるから、本件D社事業に係る損益のうち本件D社経費についてのみ、請求人が経済的利益を享受したとは認められない。

逆転のポイント

　コンビニエンス事業に係る損益が、請求人に帰属するものと認められるのであるから、事業に係る損益のうち経費についてのみ取り出して、関連法人から請求人が経済的利益を享受したとは認められないと判断された点が、逆転のポイントである。

実務へのヒント☞

　法人税法施行令7条1号が定める「使用人以外の者でその法人の経営に従事しているもの」には、相談役、顧問その他これらに類する者でその法人内における地位、その行う職務等からみて他の役員と同様に実質的に法人の経営に従事していると認められるものが含まれる（法基通9-2-1）ので、留意する必要がある。本件請求人は、この「みなし役員」に該当する。

　また、所得税基本通達36-15が例示する「経済的利益」に照らし合わせると、同族法人に個人の経費を負担させている場合には、給与所得（所法28）と認定されてもやむをえない。

　ただし、本件のように、時として経費のみを取り出して否認されるような場合があるので、損益の帰属を合理的に判断するようにすべきであり、それに従って記帳を行うべきことはいうまでもない。

[長谷川　敏也]

コメント

　本件における争点は、本件各関連法人が支出した本件D社経費が請求人にとっての利益といえるかどうかである。原処分庁が主張する法令解釈は明快であり、問題はない。しかし、その前提問題としての、本件D社事業に係る損益の帰属先という事実の解釈が判断の分かれ目となっている。

　すなわち、請求人はD社e店の経営を個人として行っていると同時に、F社の代表取締役であった。もし、本件D社事業に係る損益が本件各関連法人に帰属するのであれば、請求人は本件各関連法人からの支出によって本件D社事業を行っていることになり、当該支出は本件各関連法人から請求人に対する利益の供与、すなわち給与認定がされうる。しかし、その場合でも、本件D社事業による収益を請求人が享受していなければ、経費の支出のみが本件各関連法人から請求人に対する給与と認定することは矛盾といえるだろう。そのため、本件D社事業に係る収益が請求人に帰属していることを前提として、それに係る経費の支出は、本件各関連法人から請求人に対する立替金であり、給与に当たらないとした本件裁決は妥当である。

　このような判断を行うに際して、本件審判所が認定した事実は、①本件D社事業は請求人の個人事業であること、②請求人と本件各関連法人との間で、本件D社事業に関する契約はなかったこと、③F社が本件D社事業の専用口座である本件D社口座への入出金を仮受金として経理処理をしていたこと、④G社が損金の額に算入した本件D社経費は、F社が支払った本件D社事業に係る経費について、平成19年12月期及び平成20年12月期において、その一部を単に付け替えたものにすぎないことなどである。これらの点は参考になるだろう。

　そもそも原処分庁がこのような主張を行った背景には、本件各関連法人が本件D社事業に係る損益を、同法人の益金ないし損金の額に算入していたという事情がある。そうであれば、本件D社事業に係る損益は本件各関連法人に帰属することとなり、その支出は請求人が享受する経済的利益と解釈することは可能である。しかし、請求人の主張によれば、原処分庁の指導により、本件D社事業に係る損益の帰属主体を本件各関連法人から請求人に移動したようであり、そうであれば本件における原処分庁の主張には無理があったといえる。

退職金規定のない期間契約社員に支払われた慰労金の所得区分

《具体例：平成23年5月31日裁決・裁決事例集83集》

こんな場合どうする‼

　社員等の勤務関係の終了時に支払われる金員が退職所得に当たるかどうかは、支払いを行う企業が退職金規定を定めており、それに基づいて支払われたという事実を必要とする場合が多い。しかし、その判断にあたって退職金規定の存在は必須というわけではない。では、退職金規定のない場合に支払う金員が退職所得と判断されるためには、どのような点に留意すればよいのだろうか。

　請求人は、Ｆ社との間で、契約期間を平成18年3月6日から同年5月14日までとする同年3月6日付の期間契約社員雇用契約を締結し、その後、おおむね2か月ごとに、期間契約社員雇用契約の更新をしていた。

　その後、契約期間を平成21年2月9日から同年3月5日までとする同年2月3日付の契約を最後に終了した（以下、平成18年3月6日から平成21年3月5日までの期間を「本件通算契約期間」といい、本件通算契約期間の各期間契約社員雇用契約に係る各契約書を「本件各雇用契約書」という。）。

① 慰労金に係る定め

　本件各雇用契約書及びＦ社の期間契約社員就業規則によれば、Ｆ社は、契約期間を満了した者のうち、勤務成績が良好な者には慰労金を支給することがある旨定められ、また、Ｆ社が請求人を含む期間契約社員に交付した期間契約社員マニュアルによれば、契約期間を満了して退職する場合、その時点での欠勤・休日出勤を含まない勤務日数に応じ、慰労金が支給される旨定め

られている。

② 平成21年３月における支給内容等

　Ｆ社から請求人に交付された本件慰労金○○○○円は、①本件通算契約期間における請求人の勤務日数734日に応じて支給される慰労金○○○○円（以下、「本件労働慰労金」という。）、②請求人の有給休暇の残日数12日に日給額9,600円を乗じた手当金11万5,200円（以下、「本件有給休暇手当金」という。）の合計額である。

1　本件労働慰労金の支給

　本件各雇用契約書及びＦ社の期間契約社員就業規則によれば、Ｆ社は、契約期間を満了して退職する期間契約社員について、当該契約期間における出勤すべき日数の90パーセント以上を出勤した場合に限り、慰労金を支給する旨定められているところ、請求人がこれを満たしたので契約期間を満了した者のうち勤務成績が良好な者に該当するとして、本件労働慰労金を支給した。

2　本件有給休暇手当金の支給

　Ｆ社では、期間契約社員の雇用形態が有期であり、期間契約社員が契約期間中に発生した有給休暇をすべて取得しないまま契約満了退職を迎えた場合には、有給休暇見合い分として手当金を支給しているところ、Ｆ社は、請求人が、有給休暇をすべて取得しないまま本件通算契約期間を満了し退職を迎えたことから、本件有給休暇手当金を支給した。

③ 本件慰労金に対するＦ社の取扱い

　Ｆ社は以下の各点を理由として、本件慰労金に係る所得区分を給与所得とし、所得税法186条の規定に従い源泉徴収をした。

① 　Ｆ社には期間契約社員に係る退職金規定がないこと

② 　慰労金は、契約期間を満了した者に対して支給しているが、契約期間が満了し退職するすべての者に支給するものではないこと

③ 　慰労金は、自己都合による一契約期間途中の退職者に対しては支給していないこと

④ 　本件慰労金は、契約期間満了という功労に報いるための一時金として

　　支給したものであること

　これに対し、請求人が、当該法人は給与所得として所得税の源泉徴収をしているが退職所得に該当するとして、源泉徴収された所得税の還付を求める確定申告をしたところ、原処分庁が、給与所得に該当するとして、更正処分をしたのに対し、請求人が、その全部の取消しを求めた。

争　点

本件慰労金に係る所得は、給与所得又は退職所得のいずれに該当するか。

◆請求人の主張

　請求人は、平成18年3月6日から期間契約社員としてF社に勤務していたが、契約期間満了に伴い、平成21年3月5日にF社を退職し、F社から本件慰労金の支給を受けた。本件慰労金は、退職したことに基づき支給されたものであり、その所得は、給与所得ではなく、退職後の生活の糧となる退職所得に該当する。

◇原処分庁の主張

　F社の期間契約社員就業規則によると、①F社は、期間契約社員に対する退職金を支給しないこと、②慰労金は、契約期間が終了し、有給休暇を除く欠勤、遅刻及び早退の日数が勤務日数のおおむね10パーセント未満の場合に限り支給され、その支給金額は、契約の総期間に応じて算出されることとされている。

　したがって、本件慰労金に係る所得は給与所得に該当する。

審判所の判断

① 法令解釈

　「所得税法が、退職所得について、所得税の課税上他の給与所得と異なる優遇措置を講じているのは、一般に、退職手当等の名義で退職を原因として

図説1　本件慰労金の内容と支払い根拠

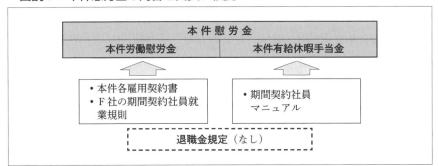

一時に支給される金員は、その内容において、退職者が長期間特定の事業所等において勤務してきたことに対する報償及びその期間中の就労に対する対価の一部分の累積たる性質を持つとともに、その機能において、受給者の退職後の生活を保障し、その糧となるものであるため、他の一般の給与所得と同様に一律に累進税率による課税の対象とし、一時に高額の所得税を課することとしたのでは、公正を欠き、かつ社会政策的にも妥当でない結果を生ずることになることから、かかる結果を避ける趣旨に出たものと解される。」

「従業員の退職に際し退職手当又は退職金その他種々の名称のもとに支給される金員が、所得税法にいう退職所得に当たるかどうかについては、その名称にかかわりなく、退職所得の意義について規定した同法第30条第1項の規定の文理及び退職所得に対する優遇課税についての立法趣旨に照らし、これを決するのが相当であり、ある金員が、『退職手当、一時恩給その他の退職により一時に受ける給与』に当たるというためには、それが、①退職、すなわち勤務関係の終了という事実によって初めて給付されること、②従来の継続的な勤務に対する報償ないしその間の労務の対価の一部の後払の性質を有すること、③一時金として支払われることの各要件を備えることが必要であると解される。」

② 本件労働慰労金に係る所得の区分

「本件労働慰労金は、……請求人が本件通算契約期間を満了して退職する

という事実によって支給され、請求人が本件通算契約期間における出勤すべき日数の90パーセント以上を出勤し、勤務成績が良好な者に該当するとして、本件通算契約期間における勤務日数に応じて支給され、……平成21年3月度の給与として一時に支給されており、上記①ないし③の各要件をいずれも満たすものと認められることから、本件労働慰労金は退職所得に該当する。」

③ 本件有給休暇手当金に係る所得の区分

「本件有給休暇手当金は、……請求人が本件通算契約期間を満了して退職するという事実によって支給されること、本件通算契約期間中における継続的な勤務から生じる有給休暇について請求人がこれを取得しなかったことを支給の根拠としていること、……平成21年3月度の給与として一時に支給されたことからすると、上記……①ないし③の各要件をいずれも満たすものと認められることから、本件有給休暇手当金は退職所得に該当する。」

逆転のポイント

本件慰労金の支払いについて、期間契約社員に対する退職金規定は存在しないものの、本件各雇用契約書及びF社の期間契約社員就業規則等に定められた取扱いになっていることを前提として、その内容が退職所得に該当するための三要件をすべて満たすと判断された点が、逆転のポイントである。

実務へのヒント☞

退職金規定がなくても、雇用契約書や就業規則等に支払い根拠が定められており、その内容が退職所得に該当するための三要件を満たす場合には、退職所得と認められるという本件裁決の判断は、実務への参考となるだろう。退職所得に該当するためには、退職金規定という支払いの根拠をあらかじめ定めておくことが必要であることは当然であるが、それ以外の形式であってもそのような根拠を定めておくことが重要である。

図説2　退職所得該当性要件と本件事実へのあてはめ

① 勤務関係の終了という事実によって初めて給付されること	本件慰労金は、請求人契約期間満了による退職に際して支払われている。
② 従来の継続的勤務の対価の後払いの性質を持つこと	本件慰労金は、本件通算契約期間における請求人の勤務日数に応じて支給されている。
③ 一時金として支払われること	本件慰労金は、平成21年3月度の給与として一時に支給されている。

〔丹羽　俊文〕

コメント

　本件裁決が示した法令解釈は、退職所得に関する最高裁のリーディングケースである昭和58年9月9日判決（民集37巻7号962頁）と同様である。すなわち、所得税法の文言及び同法が退職所得に対して優遇措置を講じている趣旨に照らし、退職所得該当性三要件を導いている。

　所得税法30条1項では、「退職所得とは、退職手当、一時恩給その他の退職により一時に受ける給与及びこれらの性質を有する給与に係る所得をいう。」と定義されているところ、最近の裁判例と比較した場合、本件裁決の特徴は、この前段の「退職により一時に受ける給与」に当たると判断した点である。

　たとえば、大阪地裁平成20年2月29日判決（判タ1268号164頁）は、学校法人の中学・高校の校長を務めていた理事長が校長の職を退いて、同法人の設置する大学の学長に就任するに当たり、高校の退職金規程に基づいて同人に支給された退職金名目の金員の退職所得該当性が争われた。また、大阪高裁平成20年9月10日判決（税資258号順号11020）は、法人の使用人が執行役に就任するにあたって支給された金員について争われている。これらの判決では、いずれ

も退職所得に該当すると判断されているが、同項後段の「これらの性質を有する給与」に当たることを根拠としている。その判断において挙げられているのは、「当該勤務関係の性質、内容、労働条件等において重大な変動があって、形式的には継続している勤務関係が実質的には単なる従前の勤務関係の延長とは見られないなどの特別の事実関係が認められ」るという点である。

　これらの事案では、従来の勤務関係にいったん区切りをつけ、再度、別の態様で勤務関係を開始するという時点で支給された金員が問題とされており、そうした事実を背景として後段該当性が争われている。

　翻って本件慰労金の場合、請求人が本件通算契約期間を満了して退職するという事実によって支給されているため、前段該当性が認められているのである。

　さらに本件裁決のもう一つの特徴は、退職所得該当性三要件に対する認定事実の当てはめについて、退職金規定の不存在を理由に厳格に行うのではなく、具体的かつ実質的に行っているという点である。所得税法30条1項の文言及び退職所得に対して優遇措置を講じている趣旨からすれば、本件の判断は適切であるといえよう。

立退料の所得区分

《具体例：平成23年 7 月21日裁決・裁決事例集84集》

こんな場合どうする‼

　所得税基本通達では、借家人が受領するいわゆる立退料に係る所得は一時所得に該当するとされているが、収入金額又は必要経費を補てんするための金額はその業務に係る各種所得の金額の計算上総収入金額に算入されると解されている。では、事業者が事務所の移転に伴い、旧事務所の賃貸人から受領した金員（立退料）は、一時所得と事業所得のいずれに当たるのだろうか。

　弁護士業を営む請求人は、平成17年12月末頃、賃貸人であるＪ社から旧事務所の明渡しを求められたが、それに伴って提示されたいわゆる立退料に当たる金員の額が少なかったため、合意には至らなかった。その後、平成18年に入って、同社から「（上記立退料に当たる金員の額は）請求人の考える金額でよい」旨の話があったことから、請求人が自ら、「明渡合意書」と題する書面（以下「本件合意書」という。）を作成し、平成18年 1 月31日付で、同社との間で、旧事務所を明け渡す旨の合意をした。

　本件合意書を作成するに当たり、請求人は、次のような内訳で金員を受領することとした（以下の①、②の金員を併せて「本件受領金員」という。）。

① 　旧事務所の明渡しに係る引越費用等の明渡移転費用として○○○○円（以下「明渡移転料」という。）

② 　旧事務所と同程度の物件を新たに賃借する場合に生じる年間○○○○円程度の賃料等差額の 3 年分の補てん費用として○○○○円（以下「賃料等

差額補てん金」という。）

この賃料等差額補てん金は、請求人が新しく賃借する部屋（以下「新事務所」という。）の賃料・共益費・空調費等雑費の差額補てん費用の一部として、Ｊ社が請求人に対して以下のとおり金員を支払うこととされている。

(1)　平成19年1月1日現在において、請求人が、新事務所の賃貸借契約を継続していた場合には、同日限りで○○○○円（同年1月から同年12月までの分）

(2)　平成20年1月1日現在において、請求人が、新事務所の賃貸借契約を継続していた場合には、同日限りで○○○○円（同年1月から同年12月までの分）

請求人は、平成18年3月7日、新事務所について賃貸借契約を締結し、同年5月から新事務所の賃料等の支払を開始し、同月3日に旧事務所を明け渡して新事務所に移転し、同月8日に新事務所での営業を開始した。これに伴い、請求人は、旧事務所の明渡移転及び新事務所での営業開始のための各費用（以下「本件移転関係費用」という。）を支出した。

なお、請求人は、平成20年12月31日に至るまで、新事務所の賃借を継続しており、その間の旧事務所の賃料等と新事務所の賃料等との差額は、○○○○円であった。

請求人は、本件合意書に基づき、本件受領金員をＪ社から順次受け取った。

その後、請求人は、本件受領金員を、その支払時期に応じた本件各年分の一時所得の収入金額にそれぞれ算入して、本件各年分の所得税の確定申告をしたのに対し、原処分庁は、本件受領金員は事業所得に該当するとして更正処分を行った。請求人は、同処分の取消しを求めて争った。

争　点

本件受領金員のうちに、事業所得の収入金額に該当する金額があるか否か。

◆請求人の主張...

　本件受領金員は、すべて、弁護士事業の遂行により生じた収入ではなく、弁護士業務とは関係がなく、継続性のない一時的な収入である。また、請求人は、新事務所で弁護士業務を開始するまでの間、旧事務所で同業務を行っていたのであるから、所得税法施行令94条1項2号に規定する業務の休止や廃止等の事実はなく、得べかりし利益の喪失もないから、本件受領金員は、すべて、収益補償的な意味を持たない。したがって、本件受領金員は、すべて、事業所得の収入金額ではなく、一時所得の収入金額に含まれる。

◇原処分庁の主張...

　本件受領金員のうち、本件移転関係費用及び本件賃料等差額費用の補てんに相当する金額は、請求人の弁護士業の遂行による得べかりし利益の喪失に対して支払われたものであり、事業所得に係る収入金額に代わる性質を有するから、所得税法施行令94条1項2号に規定する「当該業務の収益の補償として取得する補償金その他これに類するもの」に該当し、事業所得の収入金額に含まれる。

審判所の判断

1　法令解釈

1　収益補償金

　所得税法施行令94条は、「事業所得を生ずべき業務を行う者が受ける当該業務の収益の補償として取得する補償金等で、その業務の遂行により生ずべき事業所得に係る収入金額に代わる性質を有するものも、……事業所得の総収入金額に含まれることを明らかにしている。また、事業所得を生ずべき事業とは、継続的に行われる利益を目的とした多様な経済活動の総体であり、そのような事業の遂行に伴って本来企図した収入以外の収入が付随して生じることが少なくないことにかんがみると、本来の事業活動によって得た収入そのものではないが当該事業の遂行に付随して生じた収入についても、所得税法上別の所得に区分されるものを除き、上記事業所得の総収入金額に含まれると解するのが相当である。」

2　必要経費の補てん金

「所得税法は、……各種所得の金額の計算上必要経費に算入されるべき金額については、それに対する補てんの有無にかかわらず、各種所得の金額の計算上、必要経費として控除できることとしている。このことに照らすと、事業所得に係る必要経費の補てん金の支払を受けた場合には、その金額を事業所得の収入金額に算入しなければ、担税力に応じた公平な課税を目的とする所得税法の立法趣旨を損なうことになる。このように、事業所得に係る必要経費の補てん金に相当する金額についても、事業所得の収入金額に含まれると解するのが相当である。」

②　賃料等差額補てん金の事業所得該当性

請求人が賃料等差額補てん金を受領するための条件は、当該金員の支払期日以降も請求人が新事務所の賃貸借契約を継続していることのみであり、実際に旧事務所と同程度の事務所を新たに賃借することは、同金員の受領条件ではない。また、請求人は、賃料等差額補てん金と実際の賃料等差額とが異なる場合に、余剰金額の返還義務を負担する旨や不足金額の追加請求をすることができる旨の合意はなく、新事務所の賃貸借契約を継続してさえいれば、3年にわたり、所定の金額を3回に分けて受領できることとされていた。

そうすると、請求人が受領した賃料等差額補てん金は、賃料等差額そのものを直接的に補てんする趣旨で支払われたものではなく、請求人に対し、新事務所の賃貸借契約の継続を条件に、請求人が支払う新事務所の賃料等の一部、すなわち請求人の事業所得に係る必要経費を補てんする趣旨で支払われたものと認められる。

したがって、本件各年分の賃料等差額補てん金は、すべて、請求人の事業所得の総収入金額に算入すべき金額である。

③　明渡移転料の事業所得該当性

明渡移転料の使途は、本件合意書上、特定されていないものの、その支払時期や名目に照らし、その一部に旧事務所を明け渡すための費用を補てんする趣旨で支払われたものが含まれていたことは明らかである。そして、請求人

は、現に、引越費用131万2,500円及び旧事務所の電話工事費用29万8,042円という、旧事務所を明け渡すための各費用（合計161万542円）を支出している。

そうすると、請求人が明渡移転料として受領した○○○○円のうち、旧事務所を明け渡すための各費用（合計161万542円）に相当する金額は、請求人の事業所得に係る必要経費を補てんするために支払われたものと認められる。

したがって、明渡移転料のうち161万542円は、請求人の事業所得の総収入金額に算入すべき金額である。

他方で、明渡移転料のうち上記の161万542円を除く○○○○円については、本件移転関係費用のうち、上記の旧事務所を明け渡すための各費用以外の額（請求人が新事務所での営業を開始するために支出した金額）を、その算定根拠としたことが、具体的に明らかであるとはいえない。

そうすると、請求人が明渡移転料として受領した○○○○円のうち、旧事務所の明渡移転のための費用（合計161万542円）を除く○○○○円に相当する金員が、請求人の事業所得に係る収入金額又は必要経費を補てんするために支払われたものであるとは認められない。

したがって、明渡移転料のうち○○○○円は、請求人の事業所得の総収入金額に算入すべき金額ではなく、また、営利を目的とする継続的行為から生じた所得以外の一時の所得で労務その他の役務又は資産の譲渡の対価としての性質を有しないものであるから、所得税法34条の規定により、一時所得の

図説　本件受領金員の内訳と所得の性質

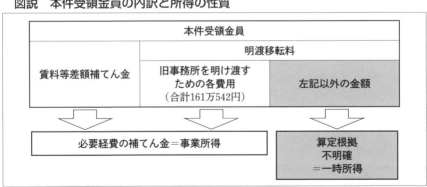

収入金額に算入すべき金額となる。

逆転のポイント

　旧事務所の明渡移転料のうち、実際に支出した金額以外の部分については、算定根拠が明らかでないため、必要経費を補てんするために支払われたものではないと判断された点が、逆転のポイントである。

実務へのヒント☞

　受領した金員の所得区分の判断には当事者の意思内容や趣旨が重視されるため、契約書上にその金員の性質や算定根拠等をできるだけ明確にしておくべきである。

［大友　啓次］

コメント

　本件での当事者の中心的な主張は、本件受領金員が、所得税法施行令94条1項2号所定の収益補償金に当たるかどうかである。しかし、本件裁決での決め手となったのは、当該金員が所得税基本通達34－1(7)における必要経費を補てんするための金額に当たるかどうかということであった。

　収益補償金とは、事業の遂行による得べかりし利益に代わるものとして支払われるものであることから事業所得に当たると解されている。本件では、本件受領金員がこれに当たるとの判断は行われていない。

　一方、本件裁決は、必要経費を補てんするための金額が、事業所得等の金額の計算上総収入金額に算入されるという通達の解釈を支持している。その理由を敷衍すれば、必要経費に当たる金額を補てんされ、それを支出した場合には、当該事業者の事業所得等の金額の計算上、控除が認められるため、その見合いとして、当該補てんされた金額を総収入金額に算入する必要があるということである。すなわち、仮にこれを算入しなければ、当該金額について控除のみが認められ、受領者に利益を与える結果となることを避ける趣旨であり、妥当な解釈といえる。

　なお、本件はこの後、本件裁決において認められなかった部分の金員について、東京地判平成25年1月25日（税資263号順号12138）及び控訴審である東京高判平成26年2月12日（税資264号順号12405）で争われたものの、いずれも請求人の主張は退けられている。

賃借家屋の明渡しに際して受領する
立退料等の所得区分

《具体例：平成24年3月21日裁決・裁決事例集86集》

こんな場合どうする‼

　賃借している家屋や建物等に対して、賃貸人から契約期間満了前に明渡しを求められることがある。その場合、期限の制約があり、賃借人に円満なる退去を求めるため、立退料、補償金、紛争解決金等々、さまざまな呼称の金員を支払うことになるのが通例である。

　個人である賃借人がそのような金員の支払いを受けた場合、その所得区分が問題となるが、事実認定と課税関係は相当に複雑である。

　請求人は、平成19年当時、Ｊ社から本件ビル（地下2階・地上6階）のうち、地下1階部分、地下2階部分及び中2階部分（以下、これらを併せて「本件貸室」という。）を賃借していた。本件貸室は、昭和30年代から請求人の実父であるＫが賃借していたが、後に請求人が賃借人になり、昭和46年頃から請求人によってＭ社に転借されていた。そして、平成19年当時は、転借人であるＭ社によって焼鳥店舗として利用されていた。

　平成18年頃、本件ビルの所有者であるＪ社は請求人に対し、本件貸室の明渡しを求めて交渉を開始した。当該交渉の中で、平成19年5月、Ｊ社は請求人に対して、8,000万円を支払うことを条件に本件貸室の明渡しを求めるとともに、新規ビルに入居する場合の条件を提示した。しかし請求人は、新築ビルへの入居については条件が折り合わないとして断念し、本件貸室を明け渡すことになった。

　その結果、本件貸室の転借人であるＭ社も本件貸室を退去することになっ

　た が、 同社が退去後に他所で焼鳥店を再開するためには、 少なくとも 1 億
2,000万円〜 1 億3,000万円程度の費用がかかるものと見込まれた。

　以上の状況を踏まえて、 請求人は J 社に対し、 M社が他所で焼鳥店を再開
するには8,000万円では足りず、 また、 請求人は本件ビルの他の賃借人と比
べて賃借期間が長く、 それだけ J 社に貢献してきたのであるから、 その意味
でも本件貸室の明渡しに際して請求人が受領する金員が8,000万円では少な
い旨を伝えた。

　これに対して J 社は、 本件ビルの譲渡期限が迫っており、 早急に本件貸室
の賃貸借契約の合意解除をする必要があったため、 請求人の意向を踏まえて、
1 億5,000万円位であれば支払える旨を請求人に伝えた上、 更に交渉を続け、
平成19年10月初め頃、 請求人との間で、 本件貸室の明渡しに際して 1 億6,000
万円を請求人に支払う旨の口頭の合意 （本件賃貸借解約合意） をした。

　なお、 請求人は、 上記の交渉の際には、 J 社から受け取る金員をM社の営
む焼鳥店の再開費用に充てるつもりでいたが、 J 社との間で、 本件受領金員
の支払い及びその支払金額についての本件賃貸借解約合意をした時点では、
M社が他所で焼鳥店を再開できるかどうかが未定であり、 再開に要する費用
の額の算定ができない状態であった。

　そこで、 本件賃貸借解約合意の成立後、 請求人は、 税理士に依頼して、 本
件貸室の賃借料の額と転貸料の額を基に、 受領金員を分配する案を作成し、
これに基づいて、 M社との間で、 同社による本件貸室の退去に伴い、 J 社か
らの受領金員から一定の金員を支払う旨の本件転貸借解約合意をした。

　これらに基づき、 J 社は請求人に対し、 明渡し補償金として 1 億6,000万
円 （以下 「本件受領金員」 という。） を支払った。 そして、 請求人が J 社に
支払う賃借料と、 M社から収受する家賃収入との差額をベースに按分計算し
て、 請求人はM社に対し 1 億3,628万円 （以下 「本件支払金員」 という。） を
支払った。

　原処分庁は、 本件貸室の明渡しに際して請求人が J 社から受領した金額で
ある本件受領金員につき、 不動産所得に係る業務の収益の補償として取得し

た補償金に当たることなどを理由に、その全額を不動産所得の収入金額に算入すべきとして所得税の更正処分等を行った。これに対して、請求人は、当該金員は転借人とともに当該建物を明け渡すに際して受領した単なる明渡し料又は協力金であり、その全額が一時所得に該当するなどとして、同更正処分等の一部の取消しを求めた。

 争　　　点

本件受領金員は、不動産所得に該当するか、一時所得に該当するか。

◆請求人の主張

1　本件受領金員は、賃貸借契約に基づいて賃借人から受領したものではないから、不動産所得には該当しない。

2　本件受領金員は、請求人が転借人であるM社とともに、本件貸室から退去するための単なる明渡し料又は協力金であり、営利を目的とする継続的行為から生じた所得以外の一時の所得で労務その他の役務又は資産の譲渡の対価としての性質を有しないものであるから、一時所得に該当する。

◇原処分庁の主張

1　本件支払金員は、請求人がM社から本件貸室を明け渡してもらうために、M社に対して支払った金員であるから、所得税基本通達37－23により、請求人の不動産所得の金額の計算上必要経費に算入されるべきものである。そうすると、本件支払金員に相当する金員は、請求人の不動産所得に係る必要経費に算入される金額を補填するための金額であるから、所得税基本通達34－1の(7)の注書きにより、請求人の不動産所得の計算上総収入金額に算入されるべきである。

2　本件受領金員のうち、本件受領金員と本件支払金員に相当する金員との差額（以下「本件差額金員」という。2,372万円（1億6,000万円－1億3,628万円））は、次の理由により、請求人の不動産所得に係る業務の収益

図説　本件の事実関係と各金員の内容

```
J社
 ↓  本件貸室の賃貸  →  ［本件受領金員］の支払い
請求人
 ↓  本件貸室の転貸  →  ［本件支払金員］の支払い
M社  ＝  焼鳥店の営業


・本件受領金員（J社→請求人）＝１億6,000万円
・本件支払金員（請求人→M社）＝１億3,628万円
・本件差額金員　　　　　　　　＝2,372万円（１億6,000万円－１億3,628万円）
```

の補償として取得する補償金その他これに類するものに当たる。

①　請求人のM社に対する本件貸室の転貸によって得られる収入を基に算定されている。

②　M社が本件貸室を明け渡した後に別の場所で営業を再開するか否かが不明な状況の下で、請求人が取得したものであるから、請求人が転貸人の地位に基づいて得た収入である。

3　したがって、本件支払金員及び本件差額金員のいずれも、所得税法施行令94条１項２号に掲げる、不動産所得に係る収入金額に代わる性質を有するものに当たるから、本件受領金員は不動産所得に該当する。

審判所の判断

まず、審判所は、立退料の所得区分について、次のような法令解釈を示している。

「所得税法第26条第２項及び同法第37条第１項の各規定によれば、不動産所得に係る必要経費に算入すべき金額は、それに対する補填の有無に関わらず、不動産所得の金額の計算上必要経費として控除することとされている。このことからすると、不動産所得に係る必要経費に算入すべき金額に相当する補填金の支払を受けた場合に、その支払を受けた金額を不動産所得に係る総収入金額に算入しなければ、所得の性質や発生の態様によって異なる担税

力に応じた公平な課税を目的とする所得税法の立法趣旨を損なうことになる。したがって、当該支払を受けた補填金についても、不動産所得に係る総収入金額に算入すべきであると解される。」

☐１　**本件支払金員に相当する金員について**

本件における交渉から支払いに至るまでの過程によれば、本件受領金員の内容は、その性質及び使途等に応じて明確に区分されているとはいえないものの、本件受領金員のうち本件支払金員に相当する金員は、まさに不動産所得にかかる必要経費に算入すべき金額に該当する補填金であるから、不動産所得の収入金額に相当する。

☐２　**本件差額金員について**

Ｊ社と請求人の交渉経緯からすると、本件差額金員は、請求人の転貸人の地位に基づいて得た収入であるとはいえず、請求人の不動産所得に係る業務の収益の補償として取得する補償金等には当たらない。

そのため、本件差額金員は、営利を目的とする継続的行為から生じた所得以外の一時の所得であり、労務その他の役務又は資産の譲渡の対価としての性質を有しないものに該当するから、一時所得の収入金額に該当する。

⚖ 逆転のポイント

請求人がＪ社から受け取る本件受領金員の金額が決まった時点では、Ｍ社による焼鳥店の再開ができるかどうかが未定であり、それゆえ請求人がＭ社に支払う本件支払金員の金額も未確定であったとの事実から、本件差額金員の部分については、請求人が転貸人の地位に基づいて得た収入であるとはいえないと判断された点が、逆転のポイントである。

実務へのヒント ☞

借家人が賃貸借の目的とされている家屋の立退きに際し収受する種々の名目の金員のうち、営業補償や経費補填名目の金員部分と区分して、一般的な使途の特定されない金員部分であることを交渉経緯の中で明らかにし

ておくことが、一時所得と認定されるために留意すべきポイントといえよう。

　一方、借家権の取引慣行のある地域において、家賃が相当に高額である賃貸借契約の解除等に伴い収受する立退料は、借家権の消滅に対する補償金、すなわち譲渡所得に係る収入金額に該当するとされている（所基通33－6）。

　なお、賃貸借期間が5年以下の場合、短期譲渡所得に該当するか一時所得に該当するかといった観点からの検討も重要である。

［橋本　博孔］

コメント

　賃借人が受ける立退料の所得区分は、一般に次のように扱われている。

　㋐　消滅する借家権の対価たる性質を有する金員：譲渡所得（所基通33－6）

　㋑　収益ないしは費用の補填の性質を有する金員：その業務に係る各種の所得（事業所得、山林所得、不動産所得、雑所得）（所令94①二）

　㋒　業務に付随しないもの、並びに明渡し、移転に伴う直接的な費用の補填の性質を有する金員：一時所得（所基通34－1(7)）

　受領した金員の性質によって所得区分が決定されることになるが、本件裁決は、本件受領金員のうち、①本件支払金員に相当する金員と②本件差額金員とで性質が異なると判断した。すなわち、①については、請求人が転借人であるM社に対して支払う金員を補填することを目的として支払われたものであることを根拠として、所得税法施行令94条1項2号における収益補償金に当たるとしているが、②については、収益補償金の性質を有しないものとして一時所得に該当すると判断している。

　本件に類似する裁判例として、東京高裁平成26年2月12日判決（税資264号順号12405）がある。この事案では、弁護士が法律事務所のために賃借していた建物を賃貸人に明け渡したことに伴って受領した立退料が、事業所得か一時所得のいずれに当たるかが争われ、事実関係から、立退料名義の金員が収益補償金の性質を有するかどうかを基準として、金員の内容ごとに判断がされている。

　こうした事例から、立退料の所得区分は、支払いの根拠や金額の算定基礎などを根拠に、その金員の性質ごとに判断するというアプローチが採られており、収益の補填に当たるかどうかが判断のポイントになっていることがわかる。

　なお、上記判決の前段階として争われた裁決である平成23年7月21日裁決（本書115頁以下）も参照。

代表者に代わって会社が送金した 貸金債権の給与該当性

《具体例：平成24年10月16日裁決・裁決事例集89集》

こんな場合どうする‼

　会社の代表者が知人の依頼に応じて個人的に金銭を貸すことになったが、その貸付金を代表者個人ではなく、会社名義の口座から送金した。その後、知人は返済を滞り、破産してしまったため、会社は立替払いした金額を貸倒れ処理した。

　この場合、本来の貸金債権者である代表者は、会社からの経済的な利益の供与があったとして、給与所得課税をされることになるのだろうか。

　株式会社（Ｊ社）である請求人の代表取締役Ｆは、平成17年８月19日、知人であるＫとの間で、Ｆを貸主、Ｋを借主、Ｋの知人であるＬを連帯保証人とし、貸金の額を3,500万円、返済期限を同年11月20日とする消費貸借契約（以下「本件消費貸借契約」という。）を締結した。そして同日、当該3,500万円の内金として1,000万円を交付する一方で、Ｋ及びＬが署名押印した同年８月19日付の「金銭借用証書」と題する書面を受領した（以下、本件における3,500万円の貸金債権を「本件債権」という。）。

　その後、Ｆは、Ｋから、本件債権のうち先に交付した1,000万円を除く残金2,500万円の送金先として、Ｌが代表取締役であるＭ社名義の銀行預金口座（以下「本件Ｍ社口座」という。）を指定されたことから、平成17年８月24日、請求人の経理担当者に対し、請求人名義の銀行預金口座から本件Ｍ社口座に2,500万円を送金するように指示した。

　請求人の経理担当者は、平成17年８月24日、Ｆの指示に従い、請求人名義

の預金口座から本件M社口座に対し、請求人名義で2,500万円を送金した（以下、この2,500万円の送金を「本件送金」という。）。請求人は、同日付で、本件送金の額について、取引先をM社、取引内容を「仮払内容不確定分」として仮払金勘定に計上した（以下、仮払金勘定に計上された2,500万円を「本件仮払金1」という。）。

　しかし、Fは、本件債権が返済期限を過ぎても返済されなかったことから、Q地方裁判所に対し、平成18年3月○日付で、Fを原告、K及びLを被告とし、本件債権の返済を求める訴訟（以下「本件訴訟」という。）を提起したところ、同裁判所は、平成18年5月○日、Fの請求の全部を認容する判決（以下「本件判決」という。）を言い渡し、本件判決は、平成18年5月末頃に確定した。

　Kは、本件債権に関し、平成19年3月30日、同年4月27日及び同年5月31日に、F名義の銀行預金口座にそれぞれ5万円を送金した。

　その後、Fの代理人弁護士は、Q地方裁判所に対し、平成20年2月○日付で、Fを債権者、Kを債務者とする破産手続開始の申立てをしたところ、同裁判所は、同年4月○日に、Kを破産者とする破産手続を開始する決定をし、同年8月○日、破産手続の廃止の決定をした。

　請求人は、平成20年2月1日付で、3,500万円の内金として交付した1,000万円に関し、取引先を「F」、取引内容を「現金不足のため、会社へ融通した8/24分」、相手勘定を役員借入金として、1,000万円の現金勘定を増加させ、また、同日付で、取引先をM社、取引内容を「仮払8/24分」として、同額を現金勘定から減少させるとともに、同額を仮払金勘定に計上した（以下、仮払金勘定に計上された1,000万円を「本件仮払金2」という。）。

　請求人は、平成20年3月31日付で、本件仮払金1及び本件仮払金2の合計3,500万円について、取引先をM社、取引内容を「相手先個人破産のため償却」として、当該金額の全額を平成20年3月期の貸倒償却勘定に計上し、損金の額に算入した（以下、請求人が貸倒償却勘定に計上し、損金の額に算入した経理処理を「本件貸倒処理」といい、上記の経理処理と併せて「本件各

経理処理」という。）。

　原処分庁は、本件送金（2,500万円）は、平成17年7月から同年12月までの期間分のFに対する給与等の支払に該当するとして、本件納税告知処分等をした。これを不服として、請求人が争った。

争　点

　本件送金が、請求人のFに対する経済的な利益の供与に該当し給与等の支払があったとして行われた**本件納税告知処分等は適法か。**

図説　本件事実関係

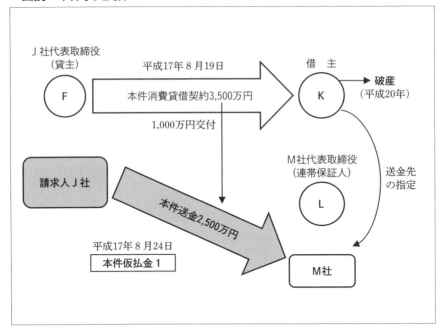

◆請求人の主張

　本件送金は、請求人を貸主とする貸付けとして行われたものであるから、請求人がFに対して経済的な利益を供与したことにはならない。仮に、本件

送金がFを貸主とする貸付けとして行われたものであるとしても、請求人は、請求人自らが貸主であると誤信して本件送金をしたものであるから、本件送金は、FがKに対して負っていた2,500万円を貸し渡す債務の弁済としては無効であり、そうすると、Fは、本件送金が行われたとしても、当該債務の弁済を免れることはできず、Kに当該債務の弁済をしなければならないのであるから、Fが本件送金によって利得を受けたとはいえず、本件送金は、Fに対する経済的な利益の供与には該当しない。

したがって、請求人は、Fに対して2,500万円の経済的な利益を供与していないから、本件納税告知処分等は違法である。

◇**原処分庁の主張**

請求人は、本件送金額2,500万円の貸主がFであることを知りながら本件送金をしていること、また、請求人とFとの間で、本件送金額に相当する額（2,500万円）の金銭の返済に関する取決めが行われた事実は認められないことからすれば、請求人は、Fに対して返済を求める意思を有さずに、本件送金をしたものと認められる。

そうすると、請求人は、本件送金をしたことによって、2,500万円の経済的な利益をFに供与したことになり、請求人はこれに係る源泉所得税を国に納付していないのであるから、本件納税告知処分等は適法である。

審判所の判断

「所得税法第36条第1項に規定する経済的な利益には、債務の免除を受けた場合におけるその免除を受けた金額に相当する利益が含まれ、法人が、当該法人の役員に対して債務を免除した場合には、当該債務の免除による経済的な利益を供与したこととなり、この経済的な利益の供与は、当該役員に対する給与等の支給に該当するものと解される。ただし、債務の免除による経済的な利益の供与が行われた事実が存するというためには、使用者である法人による明示的又は黙示的な行為が存することを要すると解するのが相当である。」

　本件債権は、ＦとＫとの間における本件消費貸借契約に基づきＦに帰属するものであると認められるところ、請求人は、ＦがＫから指定された本件Ｍ社口座に本件送金をし、本件仮払金１の額（本件送金額2,500万円）に関する経理処理をしている。また、当該経理処理は、請求人が故意に虚偽の取引内容を帳簿に記載したものとまではいえないことからすると、本件仮払金１は、請求人がＦに代わって立て替えて本件送金をしたものと認めるのが相当である。

　そして、請求人は、本件仮払金１を平成20年３月期において、本件仮払金１の額を含めた本件債権の額について本件貸倒処理が行われるまでの間、請求人の帳簿上、依然として仮払金として計上していたものと認められる。

　そうすると、請求人において、平成17年７月から同年12月までの期間に、Ｆに対して本件仮払金１の額（本件送金額）の返済を免除するなどの明示的又は黙示的な行為を行った事実はないというべきであり、当審判所の調査の結果によっても、この認定を左右するに足りる証拠は認められないから、請求人がＦに対して、本件仮払金１の額（本件送金額）について債務を免除した事実はなく、経済的な利益を供与したということはできない。

　したがって、平成17年７月から同年12月までの期間において、請求人がＦに対して本件仮払金１の額（本件送金額）の経済的な利益を供与し給与等の支払があったとして行われた本件納税告知処分は違法であって、その全部を取り消すべきである。

⚖ 逆転のポイント

　本件債権は、ＦとＫとの間による金銭消費貸借契約に基づきＦに帰属しており、請求人は送金した際に「仮払金」として経理処理していたこと、その後も貸倒れ処理が行われるまでの間、「仮払金」として帳簿に計上し続けたことにより、請求人はＦに代わって立替払いをしたものと判断された。そして、請求人がＦに対して返済を免除するなどの明示的又は黙示的な行為を行った事実は認められないと判断された点が、逆転のポイントである。

実務へのヒント

　本件では、ＦとＫとの金銭消費貸借契約締結後、万一、債権が弁済され
なかった場合には、法人間の貸付けであれば請求人が貸倒損失として損金
算入できる一方、個人間の貸付けではＦ自身の貸倒損失の経理処理ができ
ない旨の説明を顧問税理士から受けたようである。そこで、請求人らは、
個人間の金銭消費貸借契約を合意解除し、法人間で新たに契約を締結した
ことにして帳簿を虚偽作成し、上記のような複雑な経理処理を行った。

　顧問税理士も契約前から相談を受けていたならば、より有益なアドバイス
ができたはずだが、結果的に問題を複雑にしてしまっている。顧問先には、
日頃から事前に相談することの重要性を伝えておくことが必要である。

［鈴木　春美］

コメント

　本件において請求人は、本件送金額を含む本件債権3,500万円は、ＦとＫと
の間の本件消費貸借契約を合意解除し、新たに請求人とＭ社との間で締結され
た金銭消費貸借契約に基づくものであって、本件送金も、請求人を貸主とする
貸付けに基づくものであると主張しているが、審判所は認めていない。

　むしろ、本件消費貸借契約締結当時に、ＦからＫに交付された1,000万円に
つき、後に請求人が仮払処理をした上で（本件仮払金２）、最終的に貸倒れ処
理をしているが、本件仮払金２に関するかかる経理処理は、法人税法127条１
項３号に規定する帳簿書類に取引の一部を仮装して記載した場合に該当すると
して、請求人に対する青色取消処分及び重加算税賦課決定処分は適法と判断さ
れている。

　本件で逆転裁決が示されたのは、本件送金（請求人からＭ社に対する2,500
万円）は請求人の代表者であるＦの債務を請求人が立替払いしたという判断に
より、Ｆは請求人から経済的な利益の供与を受けておらず、給与等の支払が
あったとは認められないという点である。この判断の決め手となっているの
が、本件送金額に関して、請求人が一貫して仮払金として経理処理していたと
いう事実である。そのほか、請求人から「明示的又は黙示的」にＦに対して利
益を供与したと認められる行為が存在しないと判断されたことにより、請求人
に対する納税告知処分が取り消された。こうした判断は参考になろう。

親族が経営する会社に支払った不動産管理料の必要経費該当性

《具体例：平成23年6月7日裁決・裁決事例集83集》

こんな場合どうする‼

　不動産の管理業務を親族が経営する会社に委託して、管理費を支払っている場合、管理業務の実態の有無の存否が問われ、管理費の必要経費該当性が争われるケースが多い。特に、その親族が経営する会社が別の会社に管理業務を再委託している場合に、その親族の会社に支払った管理費を必要経費に算入するためには、どうしたらよいだろうか。

　昭和48年3月、請求人とその夫であるHは、Hが所有する本件土地とその隣地上に、K社の要望する建築仕様に基づいて本件建物を建てた上で、同月9日付で、賃貸人をH、賃借人をK社とする本件建物の賃貸借契約（以下「本件契約」という。）を締結した。

　昭和57年1月、請求人の長女であるFを代表取締役、請求人の次女であるGを取締役、Hを監査役とし、不動産の賃貸及び管理等を事業目的とする本件法人が設立された。

　平成4年4月にHが死亡したことに伴い、その遺産分割協議において、本件建物に係るHの共有持分（以下「本件建物持分」という。）を請求人が相続するとともに、本件土地を請求人、F及びG（以下、FとGを併せて「Fら」といい、請求人を含めた3人を「請求人ら」という。）が共同で相続することとなった。

　請求人らは、平成6年5月31日付けで、本件法人との間で、請求人の所有する本件建物持分及び請求人らの所有する本件土地の管理を本件法人に委託

し、併せて、請求人がK社から受領すべき本件契約に基づく賃料を本件法人に代理受領させる旨の各委託契約を締結した。この契約の要旨は、次のとおりである。

①　請求人は、本件建物持分及び本件土地に係る請求人の共有持分の管理を本件法人に委託し、Fらは、本件土地に係る各自の共有持分の管理を本件法人に委託する。

②　本件法人は、K社が請求人に支払う賃料を代理受領し、当該賃料のうち本件管理費を収受した後、残額を請求人及びFらにそれぞれ支払う。

③　本件法人が不動産管理会社であるN社に支払うビル管理分担金、火災その他の保険料並びに簡単な補修費用等は、本件管理費に含まれるものとする。

なお、本件法人は、本件建物持分及び本件土地の管理業務をN社に委託している。

請求人が、平成18年ないし平成20年の各年分の所得税の申告において、本件法人に支払った本件管理費を請求人の不動産所得の金額の計算上、必要経費に算入したところ、原処分庁は、本件法人が本件建物持分及び本件土地に係る管理業務を行っていないため、必要経費に算入することができないなどとして、所得税等の更正処分及び過少申告加算税の各賦課決定処分を行った。これに対して、請求人がその取消しを求めて争った。

 ## 争　　点

請求人の子であるFが代表取締役を務める本件法人に対して請求人が支払った本件管理費は、請求人の不動産所得の金額の計算上、必要経費に算入することができるか。

◆請求人の主張

請求人らは、本件法人との間で土地建物管理委託契約を締結し、K社に賃貸している本件建物持分及び本件土地の管理を委託しており、本件法人は、K社との前交渉などの一部をN社に委託するなどして、K社及びN社との連

絡、賃料の改定交渉、店舗の改装等、火災その他の保険料の支払い及び簡単な補修の依頼などの条項に定めた業務を現実に行っているから、本件管理費は、請求人の不動産所得の金額の計算上、必要経費に算入することができる。

◇ **原処分庁の主張**

本件各土地建物に係る管理全般は、N社が行っており、本件法人は、K社からの賃料を請求人らの口座に振り込んでいるほか、N社からの請求に基づき、ビル管理分担金並びに本件建物に係る火災保険料及び修繕費の負担額をN社に支払っているが、本件法人が行っているこれらの金銭の支払行為をもって、本件建物持分及び本件土地の管理業務を行っているとはいえないことから、本件管理費は、請求人の不動産所得の金額の計算上、必要経費に算入することができない。

審判所の判断

「所得税法第37条第1項は、その年分の不動産所得の金額の計算上必要経費に算入すべき金額は、別段の定めがあるものを除き、不動産所得の総収入金額を得るために直接要した費用の額及びその年における不動産所得を生ずべき業務について生じた費用の額とする旨規定しており、ここでいう費用とは、収益を獲得するための経済的な価値犠牲を意味し、業務遂行上直接間接に必要な諸費用全般であると解される。

そうすると、ある支出が不動産所得の金額の計算における必要経費に該当

図説　本件事実関係

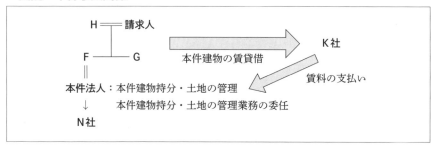

するためには、業務関連性がなければならないとともに、その必要性の判断においても、単に事業主の主観的判断のみによるものではなく、客観的に必要経費として認識できるものでなければならないと解するのが相当である。」

「請求人の不動産所得の総収入金額に算入すべき金額は本件契約に基づく賃料であることから、請求人の不動産所得の必要経費に算入すべき金額も、本件契約に関して支出した費用に限られることになる。」

本件における証拠等によれば、以下の事実が認められる。

① 本件法人は、本件建物持分及び本件土地の管理業務をN社に委託しているが、N社は、本件契約の更新及び本件建物の補修工事等を行う際に、事前に本件法人に対して文書又は電子メールによって連絡を行い、本件法人の代表取締役であるFが当該連絡内容に関する協議及び返信を行っていた。

② K社は、N社だけでなく本件法人に対しても本件建物の補修工事等に係る事前通知を行っており、本件法人は、K社から送付された補修工事等の費用負担に係る承諾書に本件法人名による記名押印を行い、当該費用負担の承諾を行っていた。

③ N社は、本件建物の修繕費、火災保険料及び固定資産税に本件建物持分の割合を乗じて請求人の負担額を算出して本件法人に請求し、本件法人は、当該請求額をN社に支払っていた。

④ K社の店舗管理を行う部門に所属する社員は、平成20年10月21日に本件建物に係る送水口の改修工事に係る状況説明のために本件法人を訪れ、本件法人の代表取締役であるFと面談を行い、当該改修工事が完了した際に、工事の状況を示す写真の報告書を本件法人宛に提出した。

⑤ 本件法人は、本件建物持分及び本件土地の管理業務のほかにFらが相続した賃貸共同住宅の管理業務をも行っている。

以上の本件認定事実によれば、本件法人は請求人らから本件建物持分及び本件土地の管理業務を受託するとともに、本件建物持分及び本件土地の管理業務をN社に委託しているが、本件契約の更新及び補修工事に係る各種連絡を受けてK社及びN社と協議し、本件法人名義で本件契約に係る各種の支払

いを行うなどしている事実が認められることから、本件建物持分及び本件土地に対する管理業務を実際に行っているものと認められる。

　そうすると、請求人から本件法人に対して支払われた本件管理費は、請求人のK社に対する本件建物持分の賃貸業務の遂行上必要な支出であると認められることから、請求人の不動産所得の金額の計算上、必要経費に算入されるものと認められる。

逆転のポイント

　原処分庁は、本件建物持分及び本件土地に係る管理全般についてはN社が行っており、本件法人は請求人ら及びN社に対する支払行為を行っているものの、管理業務を行っているとはいえないと主張したが、補修工事発注前に協議を行ったり、補修工事状況の確認等を行っている事実などから、管理業務を本件法人が自ら行っていると認められた点が逆転のポイントである。

　また、本件法人が委託しているN社は、本件土地の隣地の所有者が委託している会社と同一であり、本件不動産に係る管理業務が一本化されていた。さらに、Fらが所有する他の不動産の管理を本件法人が行っているなど、本件法人が実態として不動産管理業務を行っていると認定されたことも逆転判断に影響を与えている。

実務へのヒント

　不動産賃貸業を行っている場合に、その管理業務を親族が経営する会社に委託することは実務上当然に行われているが、その管理費の支出の妥当性についてしばしば問題となっている。本件事例のように、当該管理会社は他の管理会社に管理を再委託しており、業務の実態のないトンネル会社と疑われるおそれのある場合には、管理業務の各段階において、報告、連絡、相談を受けるなど、管理業務の実態があることが証明できるように注意する必要がある。

［長尾　幸展］

コメント

　必要経費算入の可否をめぐっては、その前提として、必要経費該当性の要件が問題となる。所得税法37条1項は、「総収入金額に係る売上原価その他当該総収入金額を得るため直接に要した費用の額」及び「その年における販売費、一般管理費その他これらの所得を生ずべき業務について生じた費用」を必要経費として認めている。前者は直接対応の必要経費、後者は一般対応ないし期間対応の必要経費と呼ばれる。

　とりわけ、一般対応の必要経費については、「業務の遂行上直接必要である費用」とする解釈が従来から示されてきた（たとえば、東京地裁平成23年8月9日判決・判時2145号17頁）。こうした解釈に対して、東京高裁平成24年9月19日判決（判時2170号20頁）は、一般対応の必要経費に関しては所得税法37条1項には「直接」という文言はなく、またその内容も曖昧であるとしてこれを否定した。同判決は、弁護士会の役員として会務に関連して支出した費用（懇親会費等）が一般対応の必要経費に当たるかどうかが争われたが、従来の「業務の遂行上直接必要」という解釈が合理的ではないことを明示したうえで、「業務の遂行上必要」という基準を確立した点で意義が認められている。

　本件裁決は、同判決よりも前に出されたものであるが、一般対応の必要経費とは「業務遂行上直接間接に必要な諸費用全般」と述べて、同判決と同旨の解釈を示している。「直接」などという限定をつけずに「業務関連性」のみが一般対応の必要経費該当性の要件であるとする本件裁決の解釈は妥当であり、詳細な理由は述べていないものの、本件裁決は上記の東京高裁平成24年判決と軌を一にするものと評価することができるだろう。

預託金制ゴルフクラブ会員権の譲渡

《具体例：平成19年5月31日裁決・裁決事例集73集》

こんな場合どうする‼

　平成26年度税制改正前は、預託金制ゴルフ会員権の譲渡は、通常、所得税法33条1項に規定する譲渡所得の基因となる資産に該当し、その損失は他の各種所得と損益通算が認められていた（所法69①）。

　しかしながら、ゴルフ場の経営状況等、とりわけ優先的施設利用権の有無により、預託金制ゴルフ会員権が譲渡所得の基因となる資産に該当するかどうかが問題になるケースが多く存在していた。このような場合、どのように判断すべきだろうか。

　請求人は、平成元年9月20日に入金309万円を支払い、同年10月2日に資格保証金900万円を預託し（以下、この資格保証金を「預託金」という。）、本件ゴルフクラブのゴルフ会員権（以下「本件ゴルフ会員権」という。）を取得して本件ゴルフクラブの個人正会員となり、①一般の利用者に比して有利な条件で継続的にゴルフ場施設を利用できる施設利用権、②預託金返還請求権及び③年会費納入等の義務からなる契約上の地位を有することとなった。

　ゴルフ場経営会社F社は、ゴルフ場施設を所有するE社との間で、本件ゴルフクラブの経営並びにこれに関連する業務の一切を受託すること等を内容とする委任契約（以下「本件委任契約」という。）を締結し、ゴルフ場の経営を行っていた。

　ところが、H地方裁判所J支部は、平成14年11月、E社が所有するゴルフ

場施設用地及び建物の一部（以下「本件競売不動産」という。）について担保権の実行として不動産競売開始決定をし、さらに、平成15年12月にはK社を買受人とする売却許可決定をした。E社は、上記売却許可決定の取消しを求めてL高等裁判所に執行抗告、さらに最高裁判所に特別抗告をしたが、平成16年6月、同特別抗告を棄却する旨の決定を受けている。

　K社は、平成16年7月、当該不動産の所有権移転登記をし、平成16年10月、F社に対し同年11月までに本件不動産から退去し、明け渡すよう催告したが、平成17年1月の不動産引き渡し命令が執行されるまでは、本件ゴルフクラブは通常通りの営業を続けていた。

　一方、E社は、平成16年5月に、E社が所有する別の不動産（ゴルフコースの一部）をV社に売却し、F社は、V社から同不動産を黙示的な合意により使用貸借するなどして、平成17年1月に本件ゴルフクラブを閉鎖するまで営業を続けていた。

　このような状況のもと、請求人は、平成16年12月5日に本件ゴルフ会員権

図説　本件の事実関係

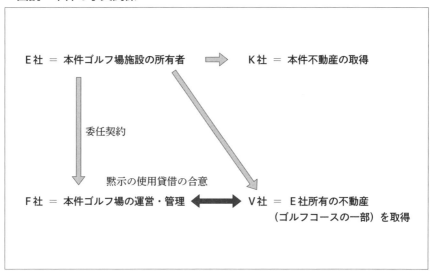

を譲渡し、その譲渡により生じた損失を同年分の所得税確定申告において、他の各種所得と損益通算をした申告を行った。

これに対し、原処分庁は、本件ゴルフ会員権は、その譲渡の時点において優先的施設利用権が消滅していたとは認められ、譲渡所得の基因となる資産に該当しなから、その譲渡による損失は他の各種所得と損益通算ができないとして、平成16年分の所得税の更正処分（以下「本件更正処分」という。）及び過少申告加算税の賦課決定処分を行った。

そこで請求人は、本件更正処分の違法を理由として、その全部取り消しを求めて審査請求を行った。

争　点

請求人が譲渡した時点において、本件ゴルフ会員権における優先的施設利用権が消滅し、譲渡所得の基因となる資産に該当しないといえるか。

◆請求人の主張

1 本件ゴルフクラブは、平成16年12月末まで、会員は支障なくプレーすることができており、F社によって平常どおり運営されていた。

2 F社は、本件ゴルフ会員権の譲渡に伴う会員登録の名義変更に際し、本件ゴルフクラブ預託金証書の裏面の名義書換欄に、同社の会社証印をなつ印していることからも、引き続き経営に携わっていた。

3 本件競売不動産は本件ゴルフクラブのゴルフ場施設の一部にすぎないことから、本件委任契約は、当該競売に起因して即解消されるものではない。

4 以上の事実から、本件ゴルフ会員権は、これを譲渡した平成16年12月5日において、優先的施設利用権及び預託金返還請求権は維持されていたのであるから、当該会員権の譲渡は譲渡所得の基因となる資産の譲渡に該当する。

◇原処分庁の主張

1 平成16年7月に本件不動産の所有権が第三者（K社）に移転し、F社が

本件ゴルフクラブの経営を行う法律上の権限は消滅しているから、本件委任契約は終了している。これにより、F社は、もはや本件ゴルフクラブの経営・管理を行うことができず、本件ゴルフクラブに係る施設のすべてを会員に提供することはできないことから、本件ゴルフ会員権に内包された優先的施設利用権は消滅している。

2　よって、本件ゴルフ会員権は、請求人が譲渡した平成16年12月5日においては、優先的施設利用権が消滅した預託金返還請求権のみの金銭債権であり、譲渡所得の基因となる資産には該当しない。

審判所の判断

請求人が本件ゴルフ会員権を譲渡した平成16年12月5日までの時点において、E社からゴルフコースの一部を構成する不動産を取得したV社は、F社が同不動産をゴルフコースの敷地等として使用して本件ゴルフクラブの営業を続けるために同不動産を使用貸借させることの黙示的な合意が成立していたとみることができる。

したがって、F社は規模を縮小してでも営業を継続することは可能であり、社会通念上ゴルフ会員権の目的を達成することができるといえる。

また、本件ゴルフクラブの営業が閉鎖されたのは、平成17年1月であり、本件ゴルフ会員権の譲渡の時点（平成16年12月5日）では、本件ゴルフクラブは、会員に対して、社会通念上ゴルフ場施設の利用というゴルフ会員権の目的を達成できる程度にまで利用することができていたと認められる。したがって、本件ゴルフ会員権の譲渡の時点において、請求人が有していた本件ゴルフ会員権に係る優先的施設利用権が消滅していたとは認められない。

本件認定事実より、本件ゴルフ会員権の譲渡の時点においても、同会員権に係る優先的施設利用権、預託金返還請求権及び年会費納入等の義務のいずれかが消滅し、その同質性を喪失したとは認められないから、当該ゴルフ会員権の譲渡は所得税法33条1項に規定する譲渡所得の基因となる資産の譲渡に該当する。

そうすると、当該譲渡による損失は所得税法33条1項に規定する譲渡所得の基因となる資産の譲渡による損失と認められるから、同法69条1項の規定により、当該損失を他の各種所得と損益通算することができるというべきであり、これを認めなかった原処分は違法であるから、取り消されるべきである。

⚖ 逆転のポイント

本件ゴルフクラブの運営、管理を行っていたF社において、V社との間で本件ゴルフクラブの土地を使用貸借する黙示の合意が成立していると認められ、またF社は他の土地（ゴルフコースの一部）を使用して本件ゴルフクラブの経営をすることが予定されていたと認められることから、本件ゴルフ会員権に係る優先的施設利用権の消滅は認められないと判断された点が、逆転のポイントである。

実務へのヒント☞

本件のように、客観的事実として、ゴルフ場施設の一部に競売許可決定が下され、当該不動産は第三者への所有権移転登記がなされ、さらに、裁判所から不動産引渡命令が発せられていると、通常、優先的施設利用権は消滅してしまっていると判断しがちである。

しかしながら、本件審判所は、たとえ規模を縮小してでも社会通念上ゴルフ会員権の目的が達成される程度にまで営業が継続されており、本件ゴルフ会員権が内包する優先的施設利用権、預託金返還請求権、年会費納入等の義務の全ての「同質性の維持」がなされていれば、譲渡所得の基因となる資産の譲渡に該当すると判断している。

一般に、ゴルフ場経営会社の経営状況を会員個人が詳細に知ることは困難であろうが、税理士としては、可能な限り「同質性の維持」を証明できる証拠資料を取得する必要があるといえよう。

［神谷　紀子］

コメント

　預託金制ゴルフクラブの会員権の法的性格は、会員のゴルフ場経営会社に対する契約上の地位であり、①優先的施設利用権、②預託金返還請求権、③年会費納入義務等を内容とする債権的法律関係であると解されている（最判昭和61年9月11日・判時1214号68頁等）。本件審判所もこの理解を前提として、本件ゴルフ会員権が本件譲渡時に優先的施設利用権が存在していたのか、それとも消滅していたのか、という判断を行っている。本件審判所は、本件ゴルフクラブの運営・管理に当たっていたF社による営業の実態について事実に基づいて検討し、「社会通念上ゴルフ場施設の利用というゴルフ会員権の目的を達成できる程度にまで、ゴルフ場施設をその利用に供することができていた」と判断している。

　本件裁決の実務上の意義は、ゴルフ場施設用地に対する競売許可決定がされ、不動産からの退去を求められているなどの状況下であっても、「本件ゴルフ会員権の目的が達成できるかどうか」という観点に立って認定事実に基づいて判断が示されたという点に認められる。

　ただし本件の場合でも、ゴルフ場の優先的施設利用権が消滅したと認められるような事実が存在する場合には、ゴルフ会員権の譲渡は所得税法33条1項所定の「資産の譲渡」には該当しないと解されることになるだろう。こうした解釈には、理論上の疑義が示されている。すなわち、優先的施設利用権が消滅したゴルフ会員権を譲渡した場合でも、「資産の譲渡」に当たらないとまではいえず、「価値が下落した資産を譲渡した」とみるべきではないかというものである。この見解によれば、「資産の同質性」は譲渡所得の基因となる「資産」の要件ではなく、その一部の価値が消滅したとしても、それを譲渡した場合には「資産の譲渡」に当たると解されることになる（伊川正樹「譲渡所得課税における『資産の譲渡』」税法学561号14～15頁（2009年））。もっとも、判例や通説はかかる解釈を採っておらず、本件審判所と同様の見解に立っているため、実務上の取扱いとしては本件裁決が参考となろう。

　なお、平成26年度税制改正により、平成26年4月1日以後に行ったゴルフ会員権の譲渡に係る損失については、損益通算ができないこととされている（措法37の10、措令25の8）。本件は同改正前の事案であるため、現行法下では本件のような問題は生じない。

雑損控除の対象となる盗難
又は横領の損失額の算出と帰属年度

《具体例：平成20年9月19日裁決・裁決事例集76集》

こんな場合どうする‼

　個人の資産が盗難や横領により損害を受けた場合、所得税法上の雑損控除の適用が考えられる。盗難又は横領の事実が判明した場合に、損失が生じた時期及び損害額はどのように判断すべきか。特に、被害者が盗難、横領の損害額を明確に証明できず、また賠償されずに損失となるべき金額が確定していない状況での雑損控除の適用はどうなるだろうか。

　法人の代表者（本件請求人）は、その法人の従業員（以下「K」という）に請求人名義の銀行の貸金庫の管理をさせていた。Kが貸金庫内の請求人個人の現金を持ち出したことによる損害について、請求人はKの盗難の事実が判明した平成17年において雑損控除を適用し、所得税の確定申告書を原処分庁に提出した。

　Kによる現金の持ち出しは平成16年及び平成17年の2年間に渡って行われており、また請求人はKに対して損害賠償請求をしていない。原処分庁は、盗難又は横領の事実が判明したからといって直ちに損失が生じたことにはならないとして、更正処分及び過少申告加算税の賦課決定処分をした。

　請求人は、これを不服として異議申立てを行うも棄却されたため、審査請求を行った。

図説　三者の判断ポイント

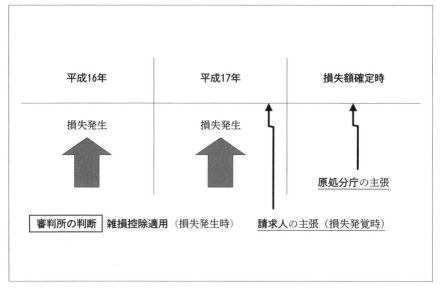

争　点

　平成17年分において、雑損控除の対象となる盗難又は横領による損失が生じたか否か。

◆請求人の主張

1　雑損控除の規定は損失が発生した年分に適用されると解され、不法行為者に対する損害賠償請求権を行使して損失額が確定した場合に、その確定した年分の損失とする旨の規定はない。

2　請求人はKに請求人名義の貸金庫の現金の管理を任せていたが、平成16年から平成17年までの間においてKに現金を窃取されていたことが平成17年において判明した。窃取された現金の損失は、それぞれの年分の損失額がいくらであるか特定できないため、損失の事実が発覚した平成17年分の損失である。

◇原処分庁の主張

1　盗難又は横領の不法行為により損害を被った場合には、その損害を被った者は損害額に相当する金額の損害賠償請求権を取得することから、損害賠償請求権について賠償されない金額が具体的に確定した時に、その賠償されない金額について初めて損失が生じたものと解される。

2　請求人は、平成17年末の時点においては、Kに対して損害賠償請求権を行使する意図があることがうかがえることから、①の賠償されない金額が具体的に確定していない平成17年において損失が生じたことにはならない。

3　請求人は、Kが貸金庫内の現金を持ち出した行為について、窃盗罪としての刑事告発を行っておらず、盗難による被害額についても明確に証明していないから、その現金が盗難に遭ったという事実及びその損害額を確認することができない。

審判所の判断

「（所得税）基本通達72－6において準用する同通達51－7によれば、損失の金額から控除すべき損害賠償金等が確定していない場合には、損害賠償金等の見積額に基づき損失が生じた年分の確定申告に反映させることとしており、後日、損害賠償金等の確定額と見積額が異なった場合には、遡及してこれを訂正する旨定めている。この取扱いは、損害賠償金等の確定の有無にかかわらず、損失が生じた年分において雑損控除を適用すべきであることを定めたものであり、審判所においても、相当と認められる。

したがって、損害賠償請求権について賠償されない金額が具体的に確定した時に初めて損失が生じるとする原処分庁の主張には理由がなく、従業員から回収できる損害賠償額が確定していない場合であっても、盗難又は横領による損失が生じた年分において雑損控除を適用するのが相当である。」

また、盗難の事実が判明した年分の損失であるとする請求人の主張には理由がなく、各年分に生じた損失額をそれぞれ算出し、それぞれの年分において雑損控除を適用すべきである。

逆転のポイント

　雑損控除における「盗難」又は「横領」の概念については、所得税法に定義規定はなく、刑法上の窃盗罪にいう窃盗や横領罪にいう横領と同一のものと解するのが相当とされ、Kによる現金の持ち出しは刑事告訴又は被害の届出の有無にかかわらず「盗難」によるものと判断された。これは、請求人及びKの供述について内容的に不自然な点はなく、主要な点で一致していることから、供述内容を信用することができるとの審判所の判断に基づくものである。

　このような事実を前提として、損失の発生原因が「盗難」に該当すれば、加害者から損害賠償金として回収することのできる金額が確定していない場合であっても、盗難による損失が発生した年分において雑損控除を適用するのが相当と解釈された点が、逆転のポイントである。

実務へのヒント☞

　本件は、請求人及びKの供述内容とその周辺事実から現金の窃取があったと判断されているが、損害を受けて雑損控除を適用する場合には、刑事告発又は被害の届出をして、被害の証明としての書類等を残しておくことが望ましい。

　雑損控除は、損害を受ければ全て対象となるわけではなく、例えば振り込め詐欺等の「詐欺」による損害については対象とはならない（参照、名古屋地判昭和63年10月31日・判タ705号160頁）。「盗難」、「横領」の概念を理解し、雑損控除の対象となる損害か否かを的確に判定する必要がある。

　本件裁決では、審判所において各年分の損失額及びKが準備していた弁償金相当額につき各年分において充当される損害賠償金の見積額の算出がなされている。雑損控除の対象となる損失の金額は、その年分において生じた損失額であり、特定はできなくとも妥当な金額を自ら推定して算出すべきであろう。本件のように関係者の証言と、メモ書きや貸金庫の開閉日付等の関連事実を照らし合わせて推定していくことも考えられる。損害賠償

金の見積額についても同様であり、損害賠償請求をしないからといって損失
から控除すべき金額がないとはいえず、加害者に被害弁償に充てる金品等
の用意があると推認できるならば、損害賠償見積額の算出が必要であろう。

　本件の審判所の判断では見積り方法について税法上定めはなく、民法を
準用することが相当とされている。民法489条は弁済の充当の指定がない場
合において債務者のために弁済の利益が相等しいときは、弁済期が先に到
来したもの又は先に到来すべきものに先に充当する旨規定しており、この考
えをもとに各年分において充当されるべき損害賠償見積額を算出することが
考えられる。

〔妹尾　明宏〕

コメント

　本件は、法人の代表者である請求人個人の現金をKが窃取したことを基礎と
して、同金銭につき請求人の所得税の申告において雑損控除が認められるかが
争われた事案である。

　原処分庁の主張は、盗難等の不法行為による損害については、それに対応す
る損害賠償請求権を行使して賠償されない金額が具体的に確定して初めて、当
該金額について雑損控除を適用することができるというものである。そのた
め、本件請求人はKに対して損害賠償請求権を行使していないことから損失額
が確定せず、その時点での雑損控除の適用はできないと主張している。原処分
庁は、所得税法72条1項かっこ書きにおいて、損害賠償金等により補てんされ
る部分の金額を除いた金額を「損失の金額」と定められていることを根拠とし
ていると考えられる。

　この文言からすれば原処分庁の主張にも一理あるものの、本件審判所は、所
得税基本通達72−6及び51−7に依拠し、損害賠償金等の見積額での申告を認
めていることを根拠として判断をしている。すなわち、雑損控除の適用要件と
して損失額の確定は不要であり、損失発生時に雑損控除の適用が可能と解釈し
ている。そして、見積額と確定額とに差異が生じた場合には事後的な変更で対
応すべきものとすることを示している。

　本件審判所の理由づけは上記のように端的であるが、これを敷衍すると、所
得税法72条1項かっこ書きの「損害賠償金…により補てんされる部分の金額を

除く。」とは、損害賠償金の額が確定している場合にはその金額を除いて雑損控除の適用をし、確定していない場合には損失額についてそのまま控除が認められるということになろう。

　損失と損害賠償金の計上時期に関しては、東京高裁平成21年２月18日判決（訟月56巻５号1644頁、及びその原審である東京地判平成20年２月15日・判時2005号３頁）がある。この判決は、法人税における損金と益金の計上時期が争われたものであり、いわゆる同時両建てと異時両建てという取扱いが問題となっている。同判決は、同時両建てを原則としつつ、損害賠償請求権の特殊性を理由として、損失はその発生時に損金に計上し、損害賠償請求権は益金に計上しないとするいわゆる異時両建ても認める解釈を示している。

　本件における原処分庁は、こうした枠組みを前提にして同時両建的な取扱いを主張するものと考えられる。しかし、同判決で問題とされたのは、法人税における損金と益金についての処理方法であり、いずれも所得金額計算に関する取扱いである。これに対して、本件で問題となったのは所得税法上の雑損控除の適用についてであり、所得金額計算の過程ではなく所得控除に関する問題である。したがって、雑損控除の適用に関して、所得金額の計算過程に関する取扱いである同時両建説に依拠する原処分庁の主張は適切ではない。

　本件審判所は、雑損控除の適用に関して賠償されない金額の確定までは要求せず、損失の発生時に適用が可能であるとして、この点に関する請求人の主張１を認めているが、「損失の事実が発覚した平成17年分の損失として控除すべき」とする請求人の主張２を退けている。つまり本件審判所は、損失発生時に雑損控除を適用すべきと解釈している。これによれば、損失が発生していた過去の年度の申告について、更正の請求により還付を求めるという手続を採ることになるが（国通法23①一）、法定申告期限から５年経過後に盗難や横領の事実が発覚したときにはどのように救済するのかという問題が残ることになる。

　なお、本件審判所は、雑損控除制度の趣旨について、「資産について損失が生じた場合には担税力が減少することが一般的であることから所得控除を認めることとしたが、課税行政の明確性を確保し、かつ、納税者間の公平を図るために、対象者の範囲及び控除事由を限定的に規定したものである」と述べており、同制度の適用要件である「盗難」や「横領」の意義を刑法上の窃盗罪や横領罪と同義に解している。こうした解釈は、従来の解釈と同様である。

推計課税の方法の合理性─類似同業者の選定

《具体例：平成23年6月24日裁決・裁決事例集83集》

こんな場合どうする‼

　帳簿書類の不備を理由に推計で課税が行われた。この納税者は、同一区域内で複数の店舗において同一の事業を営んでいる。同業者比率法に基づいて推計による課税が行われた場合、類似同業者の選定は、各店舗を単位とすべきか、それとも事業全体で行うべきだろうか。

　平成20年9月16日、本件調査担当職員は、スナックを営む請求人に対し、事業所得に関する平成17年分以降の帳簿書類の提示を求めたところ、請求人は、申告の済んだ年分の書類についてはすべて廃棄していると述べて、以下のような資料のみを提示した。

- 平成20年1月4日から同年9月15日までの売上伝票
- 平成20年1月から同年8月までの仕入れ及び経費に係る領収書
- 平成20年3月1日から同年9月15日までの人件費を記載したとするノート
- 平成18年12月8日から平成19年1月31日まで及び平成19年10月25日から平成19年11月26日までの売上げに係る領収書（控）

　だが、本件調査担当職員が、請求人の夫であるRに対し、上記の資料の内容について尋ねたところ、Rは、1日の売上げが多い日に売上伝票を捨てて売上げをごまかしているなどと申述した。

　その後も請求人に対する調査が行われたものの、実額による課税を行うのに十分な直接資料を得ることができなかったとして、原処分庁は請求人に対し、平成22年3月1日付で、①青色申告の承認の取消処分、②所得税並びに

消費税及び地方消費税の更正処分等、③当該更正処分等に係る滞納国税の徴収のための不動産の差押処分を行った。これに対し、請求人がこれらの処分を不服として争った。

争　点

1　所得税に関する推計の必要性が認められるか。
2　所得税に関する推計の方法に合理性があるか。

◆請求人の主張

1　争点1について

平成18年分及び平成19年分については帳簿がないので推計の必要性は認めるが、平成20年分については、請求人の提示した資料等は所得金額を実額で算定する資料として十分であり、推計の必要性はない。

2　争点2について

原処分庁の推計課税は、水道光熱費を基に、同業者の平均水道光熱費率から売上げを求め、これに同業者の平均所得率を乗じて所得金額を算出していると認められるが、請求人の事業形態は特殊なものであり、サンプルとなる事業者はないと思われる。

また、一般的に、所得金額の推計に当たっては、生活費、借入金の返済額、事業外支出額そして財産の増加額を基にすべきである。

したがって、本件各年分の所得の推計に当たっては、いわゆる資産負債増減法によるべきであるが、これを採用しなかった原処分庁の推計方法には合理性がない。

◇原処分庁の主張

1　争点1について

本件調査担当職員が本件各年分の帳簿書類の提示を求めたところ、請求人はその一部のみしか提示しなかった。また、Rは、本件調査の際に「売上伝票の一部を廃棄して売上げをごまかしている。人件費ノートに記載してある

従業員の人数、金額も正しくない。」等の申述をした。加えて、平成20年１月から同年８月までの期間の瓶ビールの仕入数量1,090本に対し、売上数量54本と極端な開きがあった。

　以上のことから、請求人の提示した資料は不正確で信頼性に乏しく、実額計算の資料として使用することは困難であると認められたから、推計の方法により事業所得の金額を算定したものである。

２　争点２について

　請求人の営む各店舗は、「バー、スナックバー、キャバレー、ナイトクラブ」と同業種であると認められるため、原処分庁は、納税地がＴ税務署及びＬ税務署の管内にあり、ａ市内に事業所を有する「バー、スタンドバー、キャバレー」を営む個人事業者のうち、水道光熱費の金額が請求人の店舗ごとに0.5倍以上、２倍以下である青色申告者を請求人の業種・業態に類似性がある同規模程度の同業者として抽出しているから、類似同業者の選定には合理性がある。

　また、①請求人の各店舗の総収入金額は、請求人の取引先を調査して把握した請求人の店舗ごとの水道光熱費の額を基に、平均水道光熱費率を適用して算出し、②事業所得の金額は、①の額にそれぞれ類似同業者の平均所得率を適用して算出した金額を合計して算定したものであるから、推計方法には合理性がある。

審判所の判断

１　争点１（推計の必要性）について

　「所得税法第156条は、所得の金額を推計して課税することを認めているところ、これは、①納税者が帳簿書類を備え付けていない場合、②帳簿書類の記載が不備、不正確で信用できない場合、③帳簿書類を提示せず調査に非協力な場合など、納税者の所得金額を直接資料によって把握することができない場合に、課税を放棄することは租税の公平負担の見地から許されないため、税務署長が入手し又は容易に入手し得る推計のための基礎事実及び統計

資料等の間接的な資料を用いて、所得金額に近似した額を推計し、これをもって課税することを是認する趣旨と解され、納税者の所得金額を直接資料によって把握することができない場合には、推計による課税の必要性があると解するのが相当である。」

「納税者が実額を主張し、推計課税の方法によって認定された所得金額が実額と異なるとして推計課税の違法性を立証するためには、①その主張する収入及び経費の各金額が存在すること、②その主張する収入金額がすべての取引先から発生したすべての収入金額（総収入金額）であること、③その主張する経費がその収入金額と対応するものであることの三点につき、合理的な疑いを容れない程度に証明される必要があると解するのが相当である。」

本件認定事実に照らせば、請求人の提示した資料では、原処分庁が、請求人の所得金額を実額計算の方法で算定することは困難であると判断し、請求人の平成18年分、平成19年分及び平成20年分の所得金額を推計の方法により算定したことに違法性は認められない。

② 争点2（推計の方法の合理性）について

1 資産負債増減法について

請求人は、資産負債増減法による推計方法によるべきであると主張する。しかし、請求人から提出された貸借対照表の資産勘定に計上されている資産は、請求人の資産をすべて網羅したものとは認められないから、当該貸借対照表に基づいた資産負債増減法による推計の方法を採用することはできない。

2 同業者比率法について

「類似同業者の選定基準については、一般に、業種、業態に類似性のある同業者にあっては、特段の事情のない限り、同程度の収入に対して同程度の経費を支出し、同程度の所得を得ることが通例であり、事業所得の金額を平均所得率により推計する場合は、当該同業者間に通常存在する程度の営業条件の差異は当該平均値に捨象されることとなり、このことは、請求人の営む事業にあっても例外ではなく、また、請求人に特段の事情があるとは認められないことから、原処分庁の採った推計方法には、一定の合理性があると認

められる。」

　原処分庁は、店舗ごとに水道光熱費を推計の基礎として所得金額を算出して合計する方法を採っているが、請求人は、 a 市 b 町○丁目の近接する地域内の各店舗において「スナック」という同一の業種を営んでいるから、請求人が営む事業全体を事業規模の判断要素とし、それとの近似性という観点から、各店舗の水道光熱費の合計金額を基礎として、これにより「スナック」を営む同業者の中から類似同業者を選定し、当該類似同業者の平均水道光熱費率及び平均所得率を適用して、請求人の総収入金額及び事業所得の金額を算定する方法がより合理的である。

　そうすると、請求人の本件各年分の事業所得の金額はそれぞれ○○○○円となるため、平成18年分及び平成19年分の更正処分はその一部を取り消し、平成20年分の更正処分については、その全部を取り消すべきである。

逆転のポイント

　本件審判所は、原処分庁の採った推計の方法には一定の合理性があると認めたものの、請求人が同一事業を複数店舗にわたって営んでいることから、類似同業者の選定に当たり、個別の店舗ごとの値ではなく、店舗全体を一つの事業体とみてその合計金額を推計の基礎とすべきと判断した点が、逆転のポイントである。

実務へのヒント☞

　帳簿書類の非提示やその内容に齟齬があるなどを理由に推計の必要性が認められ、また推計の方法の合理性が一定程度認められるような場合であっても、その具体的内容にまで踏み込んで合理性を問うことが必要である。

図説　推計の必要性と方法の合理性の判断

推計の必要性		
①帳簿書類の不備	②記載内容の不正確	③調査非協力による資料入手不可能

①～③のいずれかを　⬇　クリアした場合

推計の方法の合理性（所得税法156条）※ いずれかを用いる		
(a) 純資産増減法	(b) 同業者比率法	(c) 効率法

［伊川　正樹］

コメント

　一般に、推計課税が認められるためには、①帳簿書類が不備で、収入・支出等の状況を直接資料によって明らかにすることができない場合（大阪地判昭和52年7月26日・行集28巻6・7号727頁）、②帳簿書類を備え付けてはいるものの、その記載内容に正確性や信頼性が認められない場合（東京地判昭和55年9月22日・行集31巻9号1928頁）、③納税者又は当該納税者の取引先が調査に協力せず、直接資料を入手できない場合（東京高判昭和53年10月17日・行集29巻10号1838頁）のいずれかの場合に限定されている。すなわち、これらの理由により、税務署長において実額の把握が困難である場合にはじめて許されると解されている（東京地判昭和52年4月27日・行集28巻4号375頁）。

　推計の必要性が認められても、その方法まで税務署長の完全な裁量が許されるわけではなく、所得税法156条は、(a)純資産増減法、(b)同業者比率法、(c)効率法を掲げており、その合理的が問われる。

　本件では、推計の必要性が認められ、また同業者比率法によることには一定の合理性が認められるとされたものの、請求人の店舗ごとに水道光熱費を推計の基礎とするのではなく、請求人が営む事業全体を事業規模の判断要素として類似同業者を選定して請求人の事業所得の金額を算定すべきと判断されている。

　本件請求人及びRの本件事業に係る帳簿書類の保存状況は極めて劣悪であり、請求人が主張したその他の点（青色申告承認の取消処分の適法性や調査手続の違法など）が否定されたことはやむを得ないと考えられる。しかし、事業所得とは納税者の事業による所得であり（所法27）、推計の方法として同業者比率法を用いる場合には「事業」の類似性に着目するものであることからすれば、本件請求人が同一区域内で同一の事業を営んでいることから、請求人の事業全体が推計の基礎となるべきと判断したことは妥当であるといえる。

海外勤務者に対して会社が負担した
外国所得税に係る源泉徴収義務

《具体例：平成23年６月28日裁決・裁決事例集83集》

こんな場合どうする‼

　海外事業所へ派遣されている海外勤務者本人が納付すべき外国所得税について、会社が代わりに納付することは、当該海外勤務者に対して経済的利益の供与（給与等の支払）をしたものと認定されるのが通常である。

　そのようなケースにおいて、当該海外勤務者の海外事業所勤務期間中の所属や帰国後の所属先が国内に所在する本社である場合、国内の本社において外国所得税の納付（給与等の支払）事務を行っていることとなり、支払が国内において行われたものとして、当該会社は源泉徴収義務を負うのだろうか。

　請求人は、建設工事の請負等を目的として設立された法人であり、国内にあるａ本社を肩書地としていた。ａ本社は、原処分庁に対し、給与支払事務所をａ本社、所在地を肩書地とする給与支払事務所等の移転届出書を提出していた。

　また、請求人は、ａ本社のほか国内各地に支店を置き、Ｍ国ほか各国に海外事務所又は海外事業所（以下、これらを「海外事業所」という。）を置いていた。

　請求人には、日本国内に勤務する社員のほか、海外事業所に勤務する社員（以下「海外勤務者」という。）がいる。海外勤務者の賃金について、請求人は、「海外に勤務する職員の賃金、旅費等の取扱いに関する内規」（以下「本件内規」という。）に基づき支払っていた。本件内規は、海外勤務者の手取

額が国内勤務の場合の手取額を下回らないように調整するものであり、海外基本給及び国内基本給として支給する額等を定めている。なお、本件内規25条は、現地において課せられることのある租税公課のうち、同3条に定める賃金に対し課せられるもの等は、その全額を請求人が負担する旨定めている。

海外事業所は、本件内規25条の定めに基づき、海外勤務者本人が海外事業所の所在する国の法令により納付しなければならない所得税（以下「外国所得税」という。）の額を、当該海外勤務者に代わって負担し当該事業所の所在地国の政府に納付している（以下、当該海外勤務者に代わって請求人が納付した外国所得税の額を「外国所得税負担額」という。）。

原処分庁は、外国所得税負担額のうち、その納付時又は納付期限のいずれか早い日までに帰国している者に係る当該負担額については、ａ本社が納付したものであり、当該海外勤務者が帰国し居住者となった後の給与等の支払となるから、請求人は、居住者に対し国内において給与等の支払をする者に該当し、所得税法183条1項に規定する源泉徴収義務があると認定し、納税告知処分及び不納付加算税の賦課決定処分（以下「本件各納税告知処分等」という。）をした。これに対し、請求人がその取消しを求めて争った。

なお、本件各納税告知処分等の対象となった者を「本件各告知対象者」といい、本件各告知対象者の所属していた各海外事業所を「本件各海外事業所」、本件各納税告知処分等の対象となった外国所得税負担額を「本件外国所得税負担額」という。

争　　点

1　本件外国所得税負担額の支払（納付）につき、請求人が国内において給与等の支払をしたことに当たるか否か。

2　請求人が納付した本件外国所得税負担額は、本件各告知対象者の非居住者であった期間の国内源泉所得以外の所得に該当するか否か。

◆請求人の主張

1　争点1について

　海外勤務者の給与等の支払事務については、海外勤務者の国内基本給の支払事務を除き、海外基本給の支給及び海外事業所の所在する国における所得税の額の計算、申告及び納付手続、海外勤務者の人件費等の負担はすべて海外勤務者が所属する海外事業所において行っていたのであるから、本件各告知対象者の給与等の支払事務は、本件各海外事業所で行っていたことになる。

　そうすると、請求人は、本件各納税告知処分の対象となった各支払日において、本件外国所得税負担額に係る支払（納付）事務を a 本社において行っていないから、本件外国所得税負担額の支払は国内において行われていない。

2　争点2について

　本件外国所得税負担額の支払（納付）は、請求人が本件内規に基づいて支払債務を履行したものであり、本件各告知対象者の場合は、たまたま同者が帰国後（居住者となった日以後）に外国政府に支払った（本人に代わり納付した）ものであって、非居住者の所得である。

◇原処分庁の主張

1　争点1について

　本件各海外事業所が、本件各告知対象者が納付すべき本件外国所得税負担額を同人らに代わり納付し、その本件外国所得税負担額が本件各海外事業所の人件費として計上されていたとしても、本件各告知対象者は、 a 本社の所属となっていたのであるから、 a 本社において、本件各告知対象者に対する国内基本給の支払事務及び本件外国所得税負担額に係る支払（納付）事務を行っていたことになる。そうすると、本件外国所得税負担額の支払は、国内において行われたことになる。

2　争点2について

　本件内規には、本件外国所得税負担額の負担時期について具体的な定めがないことからすれば、本件各告知対象者が経済的利益を享受した日は、本件

外国所得税負担額が納付された日又はその納付期限のいずれか早い日と解すべきであるところ、これらの日又は期限はいずれも本件各告知対象者が日本に帰国し居住者となった日以後であるから、当該経済的利益は、居住者期間に生じた給与等に該当し、非居住者であった期間の国内源泉所得以外の所得には該当しない。

審判所の判断

「所得税法第183条第1項に規定する源泉徴収義務を負う者（以下「源泉徴収義務者」という。）は、居住者に対し国内において同法第28条第1項に規定する給与等の支払をする者と規定されているから、源泉徴収義務者に該当するというためには、①給与等の支払対象者が居住者であること、②日本国内において支払をすること、③同項に規定する給与等の支払であることのすべての要件を満たす必要がある。

また、所得税法第17条において、源泉徴収をすべき所得税の納税地について、その者の事務所、事業所その他これらに準ずるものでその支払事務を取り扱うもののその支払の日における所在地とする旨規定されていることからすれば、上記の国内において給与等の支払をするとは、国内の事業所等において給与等の支払事務を取り扱うことをいうものと解され、給与等の支払事務とは、給与等の支払額の計算、支出の決定、支払資金の用意、金員の交付等の一連の手続からなる事務をいうものと解される。」

そして、以下の事実が認められる。

① 本件各告知対象者のうち、L国の海外事業所に係るGら6名については、現地の事務担当者がGら6名の帰国が決定した時点で帰国までの給与計算を行い申告納税額を計算し、当該各海外事業所の所長が確認した上で、申告・納税した。

② J国及びK国の海外事業所に係るHら14名については、各海外事業所がHら14名の所得税計算と申告事務を現地の会計事務所に委託し、その計算結果を当該各海外事業所の所長が確認した上で、申告・納税した。

③　本件外国所得税負担額は、本件各海外事業所が納付しているが、請求人の本店又はa本社から資金手当されることはなく、本件各海外事業所の予算の中で処理された。

「以上のとおり、本件外国所得税負担額の支払は、本件各海外事業所において行われ、国内において行われていたものではないから、本件においては、本件外国所得税負担額に相当する経済的利益が本件各告知対象者の非居住者であった期間に生じた国内源泉所得以外の所得であるか否か（争点2）について判断するまでもなく、本件外国所得税負担額の支払について請求人に源泉徴収義務はないというべきである。」

⚖ 逆転のポイント

　海外勤務者の海外勤務期間中の所属先や帰国後の勤務先が内国法人の本社であるとしても、外国所得税に係る支払事務がその海外事業所で行われていれば、給与等の支払事務は国外において行われていたと判断された点が、逆転のポイントである。

図説　源泉徴収義務に関する条文構造（争点1）

● 　所得税法183条1項　居住者に対し国内において第28条第1項に規定する給与等の支払をする者は、その支払の際、その給与等について所得税を徴収し、その徴収の日の属する月の翌月十日までに、これを国に納付しなければならない。

● 　所得税法17条本文　第28条第1項に規定する給与等の支払をする者……（以下この条において「給与等支払者」という。）のその支払につき源泉徴収をすべき所得税の納税地は、当該給与等支払者の事務所、事業所その他これらに準ずるものでその支払事務を取り扱うもの……のその支払の日における所在地……とする。

⬇

① 　「給与等の支払をする」＝給与等の支払事務を取り扱うこと
② 　「給与等の支払事務」＝給与等の支払額の計算、金員の交付等の一連の手続からなる事務

　　※　②の事務が国内で行われている場合、①「給与等の支払」が国内で行われていることになる。

実務へのヒント

　給与等の支払事務が各海外事業所において行われているという事実を証明できれば、外国所得税負担額の支払について、内国法人に源泉徴収義務はないと判断された点は、実務上、参考となるであろう。

〔長谷川　敏也〕

コメント

　図説で整理したように、所得税法183条1項所定の「国内において給与等の支払をする」という文言は、同法17条本文と併せて解釈することにより、その意義が明確になる。すなわち、給与等の支払事務が国内で行われているかどうかにより、「給与等の支払」が国内で行われているかどうか、つまり源泉徴収義務があるかどうかが判断されることになる。

　東京地裁昭和59年10月16日判決（判時1150号180頁）や東京地裁平成18年1月24日判決（訟月54巻2号531頁）では、17条本文の解釈として、支払事務を取り扱うものの人的、物的施設の所在地や事務内容を勘案することとされている。

　本件裁決もこのような裁判例と基本的には軌を一にするものと考えられ、支払を受ける者の所属先ではなく支払事務が行われた場所を基準とする解釈は、文理に即したものであり、実務上、参考になるものといえよう。その意味では、原処分庁の主張には無理があったように感じられ、むしろ原処分庁としては争点2の内容で争いたかったのではないかと推察される。

派遣医に対する給与の源泉徴収

《具体例：平成23年6月7日裁決・裁決事例集83集》

こんな場合どうする‼

　医療機関において、大学からの派遣や個人契約によって外部から勤務する医師には、さまざまな形態がありうる。源泉所得税額の計算に当たり、月額表と日額表のいずれを適用すればよいかの判断はどのように行えばよいのだろうか。

　G病院を経営する医療法人である請求人は、平成17年3月から平成21年8月までの期間において、①H大学医学部から派遣される医師（以下「大学派遣医」という。）及び②請求人と医師個人との契約等により勤務する医師（以下「個人契約医」といい、大学派遣医と併せて「本件派遣医」という。）に対して給与（以下「本件給与」という。）を支払っていた。本件派遣医の中に、所得税法（以下「法」という。）194条及び195条に規定する扶養控除等申告書（以下「扶養控除等申告書」という。）を請求人に提出した者はいない。

　請求人は、本件給与の額の10％相当の金額を源泉所得税として徴収し、法定納期限までに納付したが、その源泉所得税額の算定に当たり、本件派遣医すべてについて、法185条1項2号イに規定する「給与等の支給期が毎月と定められている場合」に該当するとして、月額表の乙欄を適用していた。

　これに対し、原処分庁は、当該給与について徴収すべき所得税の額は、法185条1項2号ホの規定に基づき、日額表の乙欄に掲げる税額とすべきとして、請求人に対して納税告知処分及び不納付加算税の各賦課決定処分をした。請求人は、これらの処分に不服があるとして争った。

争　　点

　　本件給与に係る源泉所得税の額は、月額表又は日額表に掲げる税額のいずれとすべきか。

◆請求人の主張

　　本件給与に係る源泉所得税の額は、以下の区分に応じ、いずれも月額表の乙欄に掲げる税額とすべきである。

1　大学派遣医の給与について

　　大学派遣医は、勤務する月の前月までに、Ｈ大学から送付されたシフト表などによって月ごとの勤務回数が確定しており、ほとんどは月１回の勤務である。したがって、大学派遣医の給与の支払については、法185条１項２号イに規定する「給与等の支給期が毎月と定められている場合」に該当すると考えられるから、月額表の乙欄に掲げる税額を源泉徴収すべきである。

2　個人契約医の給与について

⑴　Ｊ医師の給与

　　Ｊ医師は、請求人との契約により、毎月第２、第４木曜日の午前９時から午後５時までの月２回、請求人の病院に勤務しており、これら勤務した日ごとに支払われる給与の実態は、「給与等の支給期が毎月と定められている場合」に該当することから、月額表の乙欄に掲げる税額を源泉徴収すべきである。

　　仮に、月２回の勤務に基づき、勤務した日ごとに支払われる給与が、「給与等の支給期が毎月と定められている場合」に該当しないとしても、月２回の勤務であることは、法185条１項２号ロの場合に該当するから、いずれにしても月額表の乙欄に掲げる税額を源泉徴収すべきである。

　　また、Ｊ医師の給与については、請求人と契約した際に勤務する月における勤務回数が２回と確定しており、当該勤務回数に事前に取り決められた勤務１回当たりの給与の額を乗じた金額が、その月の給与総額としてあらかじめ定められていたということができる。したがって、当該給与は、「派遣医の給与所得に対する源泉徴収表の適用区分について」（昭和57年10月25日付

直法6－12。以下「本件個別通達」という。）の支払基準①「月間の給与総額をあらかじめ定めておき、これを月ごとに又は派遣を受ける都度分割して支払うこととするもの」にも該当することから、月額表の乙欄に掲げる税額を源泉徴収すべきである。

⑵　K医師の給与

K医師は、臨時的に医師が必要となった場合に勤務を依頼していたものであり、年に数回勤務を依頼するが、月でみれば1回限りの勤務である。したがって、この給与の支払は、「給与等の支給期が毎月と定められている場合」に該当すると認められることから、月額表の乙欄に掲げる税額を源泉徴収すべきである。

◇**原処分庁の主張**

本件給与に係る源泉所得税の額は、以下の区分に応じ、日額表の乙欄又は丙欄に掲げる税額とすべきである。

1　大学派遣医の給与について

請求人は、大学派遣医に関して、H大学に対し事前に派遣を希望する日時等を記載した派遣要望書を提出し、これに基づいてH大学から医師が派遣されることが原則となっているところ、大学派遣医の給与は、請求人とH大学との間で口頭によって取り決められ、勤務した日ごとに支払われることから、当該給与に係る源泉所得税の額は、法185条1項2号ホに基づき、日額表の乙欄に掲げる税額とすべきである。

2　個人契約医の給与について

⑴　J医師の給与

J医師は、口頭による取決めに基づき毎月特定の日に勤務していたと認められるものの、給与はその勤務した日ごとに支払われていたと認められることから、当該給与に係る源泉所得税の額は、法185条1項2号ホに基づき、日額表の乙欄に掲げる税額とすべきである。

⑵　K医師の給与

K医師は、あらかじめ定められた日又は時間に勤務するのではなく、必要となった場合に随時勤務するというものであり、また、その給与は、その勤

務した日ごとに支払っていることから、Ｋ医師に対する給与は、日日雇い入れられる者が支払を受ける給与等に該当するから、法185条１項３号に基づき日額表の丙欄に掲げる税額を源泉徴収すべきである。

Ⅲ 審判所の判断

1 大学派遣医の給与について

請求人は、Ｈ大学との間で勤務１回当たりの額という形で大学派遣医の給与の額を定め、大学派遣医の勤務予定については四半期又は半年という期間ごとに一応決定されていたにすぎず、実際に勤務する医師が誰であるか勤務直前になるまで分からないのであるから、特定された大学派遣医の勤務回数が毎旬などの一定の期間で何回になるか事前に確定しているとはいえず、事前に特定の大学派遣医の一定期間の給与総額が確定していることにはならない。すなわち、勤務した日ごとに支払っている特定の大学派遣医の給与は、勤務した日ごとに定められているということができる。

そうすると、大学派遣医の給与は、法185条１項２号ホに基づき、日額表の乙欄に掲げる税額を源泉徴収すべきである。

2 個人契約医の給与について

1 Ｊ医師の給与

Ｊ医師については、勤務日を毎週木曜日として１年間継続して請求人に勤務する旨の契約を取り交わし、その後勤務を続け、平成17年３月から同年12月までの間は、継続して第２及び第４木曜日に勤務していたのであるから、請求人とＪ医師との間においては、毎月一定日数勤務することをあらかじめ取り決めてあったということができる。そうすると、同医師の給与が勤務１回当たりの金額を基礎に算定されていたとしても、同医師の毎月の給与総額は、あらかじめ確定していたということができるから、勤務した日ごとに定額の給与の支払を受けていても、同医師の給与については、本件個別通達に定める「月間の給与総額をあらかじめ定めておき、これを月ごとに又は派遣を受ける都度分割して支払うこととするもの」との支払基準に該当するものと認められる。

したがって、Ｊ医師の給与については、法185条１項２号イに基づき、月額表の乙欄に掲げる税額を源泉徴収すべきである。

2　Ｋ医師の給与

Ｋ医師については、請求人の病院に継続して勤務する取決めはなく、請求人の依頼に基づいて臨時的に勤務し、勤務１回当たりの給与についてもその都度取り決めていたというのであるから、日日雇い入れられる者に対して労働した日によって算定した額を労働した日ごとに支払っている給与であると認められる。

したがって、Ｋ医師の給与については、法185条１項３号に基づき、日額表の丙欄に掲げる税額を源泉徴収すべきである。

③　結　　論

Ｊ医師の平成17年３月から同年17年12月までの給与については、月額表の乙欄に掲げる税額を源泉徴収すべきであるから、本件各納税告知処分のうち平成17年３月から同年12月までの各納税告知処分については、いずれもその一部を取り消すべきである。

図説　本件の概要と源泉所得税額の比較

●本件派遣医の勤務形態と当事者の主張（下欄は所得税法185条１項の適用条文）

	勤務形態	勤務回数	請求人主張		原処分庁	審判所
			主位的	予備的		
大学派遣医	不特定定期	約月１回	月額表乙欄		日額表乙欄	日額表乙欄
			２号イ	２号ロ	２号ホ	２号ホ
Ｊ医師	特定定期	月２回	月額表乙欄		日額表乙欄	月額表乙欄
			２号イ	２号ロ	２号ホ	２号イ
Ｋ医師	特定不定期	約月１回	月額表乙欄		丙欄	丙欄
			２号イ	―	３号	３号

●医師が１回５万円（社会保険料等控除後の金額）を受け取った場合の源泉所得税額（平成29年分別表を適用した場合）

適用表	税　額	金額の内容
月額表乙　欄	¥1,532	その月の社会保険料等控除後の給与等の金額の3.063％に相当する金額
日額表乙　欄	¥19,335	10,350円に、その日の社会保険料等控除後の給与等の金額のうち28,000円を超える金額の40.84％に相当する金額を加算した金額
丙　　欄	¥6,614	2,203円に、その日の社会保険料等控除後の給与等の金額のうち32,000円を超える金額の24.504％に相当する金額を加算した金額

逆転のポイント

　J医師の毎月の給与総額は、請求人との間であらかじめ確定していたということができるため、勤務した日ごとに定額の給与の支払を受けていても、同医師の給与は法185条１項２号イにおける「給与等の支給期が毎月と定められている場合」に該当すると判断された点が、逆転のポイントである。

実務へのヒント

　大学派遣医の勤務形態について大学との間で取り決めをしていたとしても、単なる契約のガイドラインにすぎず法的拘束力が認められない場合が多い。そのため、派遣医が特定され、実際に勤務をした時点で契約が締結されると考えられるため、適用される源泉徴収表の種類もそうした事実を前提にすることになるだろう。あらかじめ継続的な勤務をするという契約形態を明確にしておくことが必要である。

[籠橋　隆明]

コメント

　源泉所得税額の計算に当たり、月額表を適用するのか日額表によるのかによって、図説で示したように源泉徴収税額の違いが生じることになる（平成29年分の別表を適用した場合）。また、金額の相違は不納付加算税の原因にもなるので、実務上、注意が必要である。

　本件では、J医師の給与についてのみ、月額表を適用すべきとする請求人の主張が認められたが、実質的な論拠は、本件個別通達の支払い基準①「月間の給与総額をあらかじめ定めておき、これを月ごとに又は派遣を受ける都度分割して支払うこととするもの」に該当したことによる。

　月額表と日額表のいずれを適用するかは、勤務形態に関する契約及び実態がいずれの要件に実質的に該当するかによって判断されることになる。本件は、その判断に関する参考となるものといえる。

上場株式が株式としての価値を失ったことによる損失の取扱い

《具体例：平成24年9月25日裁決・裁決事例集88集》

こんな場合どうする‼

　（特定口座ではなく）一般口座にて保管委託されている上場株式は、倒産等により無価値になったとしても、租税特別措置法（以下「措置法」という。）37条の10の2（特定管理株式等が価値を失った場合の株式等に係る譲渡所得等の課税の特例）（以下「本件特例」という。現措置法37条の11の2）の適用はないので、譲渡損失とはみなされず、その他の株式等の譲渡益から控除することはできない。このような場合に、株式が無価値化したことにより生じる損失について、所得金額の計算上、考慮されないのだろうか。

　請求人は、複数の証券会社の特定口座以外の口座（以下「一般口座」という。）において、本件法人（上場会社）の株式（以下「本件株式」という。）について保管委託していたところ、平成20年8月に本件法人に対し民事再生手続開始の申立てが行われ、同年9月に上場廃止となった。その後、平成21年3月に民事再生法の規定による再生計画認可の決定を受け、本件法人は、同年4月に当該再生計画に基づき発行済株式の全てを無償で消滅させた。

　請求人は、平成21年分の上場株式等の譲渡による所得の金額の計算に当たり、本件株式の取得金額（以下「本件取得金額」という。）を必要経費に算入した。これに対して、原処分庁は、本件株式は、その取得の時から一般口座において保管の委託がされており、本件特例に定める特定管理株式等（上場廃止により特定口座から特定管理口座へ移管された株式）には該当せず、本件特例の適用がないことを理由に、本件取得金額は必要経費に算入するこ

とはできないとして更正処分を行った。

争　点

　　請求人の上場株式等の譲渡による金額の計算上、本件取得金額を必要経費または取得費に算入することができるか。

◆請求人の主張

1　本件特例は、特定口座において株式を管理していた個人と、一般口座において株式を管理していた個人とを合理的な理由なく不平等に取り扱うものである。

2　保有する株式の価値喪失分の取扱いについて、法人の場合は全額損金算入を認めているのに対し、所得税法では、本件特例に該当しないと所得金額の必要経費として控除を認めないとする点で、法人と個人とを合理的な理由なく不平等に取り扱うものである。

3　以上のとおり、本件特例等の規定は、日本国憲法の定める平等原則等に違反し、違憲である。したがって、上場株式等の譲渡による所得の金額の計算上、本件取得金額についても必要経費に算入すべきである。

◇原処分庁の主張

1　本件特例等の規定が違憲であるか否かについては、原処分庁の判断すべき事項ではない。

2　本件株式は、その取得の時から一般口座において保管の委託がされており、特定口座において保管の委託がされていた事実および特定口座から特定管理口座に移管された事実等は認められず、本件特例の対象となる特定管理株式（措置法37条の10の2第1項に定める「特定管理株式」をいう。）及び特定保有株式（措置法37条の10の2第1項に定める「特定保有株式」をいう。）のいずれにも該当しないので、本件特例の適用を受けることはできない。

3　請求人の上場株式等の譲渡による所得の区分については、請求人から事

業所得または雑所得に該当する旨の主張またはそれを確認できる資料等の
提出がなかったことから、譲渡所得として申告されたものと認定した。

審判所の判断

1　本件株式が株式としての価値を失ったか否かについて

本件株式については、平成21年4月○日に本件法人の再生計画認可の決定
が確定し、本件法人は、同月○日に当該再生計画に基づき発行株式の全てを
無償消滅させたことから、同日に本件株式は株式としての価値を失ったもの
と認められる。

2　本件特例の適用について

本件株式は、一般口座で保管の委託がされていたものであるから、本件株
式が株式としての価値を失ったことにつき、本件特例の適用はない。

3　所得の区分および必要経費の該当性について

「まず、請求人における株式の譲渡がいかなる種類の所得の基因となるか

図説　株式が株式としての価値を失ったことによる損失の取扱い

特定管理株式又は特定保有株式該当性

・上場廃止の日における
　当該上場株式等が 一般口座 で　　　　→ Yes＝該当しない
　保管の委託がされているかどうか　　　→ No＝該当する

・上場株式等が特定管理株式又は特定保有株式に該当する場合で、その他本件特例
の適用要件を満たす場合
　→ 株式等に係る譲渡所得(※)の金額の計算上、その損失の金額は、その株式の
　譲渡をしたことにより生じた損失とみなされることにより、考慮される
　＝本件特例の適用あり（措置法37条の10の2第1項（現措置法37条の11の2））。

※株式の譲渡が、営利を目的として継続的に行ったものかどうか
　・行った → 事業所得または雑所得
　・行っていない → 譲渡所得

について検討するに、株式等の譲渡による所得が、事業所得若しくは雑所得に該当するか、又は譲渡所得に該当するかの判断方法については、所得税法第33条第2項第1号によれば、当該株式等の譲渡が営利を目的として継続的に行われているかどうかによって判定するものとされている。」

　これを本件についてみると、請求人は、平成21年中に証券会社3社において、信用取引を中心に、売却額約164億円、取得額は諸費用等を含めて約162億円にも上る多額の取引を行っており、また、このうち、売却のみを見ても、売却回数約2,800回、売却銘柄60銘柄を超えていること、および（信用取引はもちろんのこと）現物取引に係る株式についても、大部分の保有期間が6か月未満であることからすると、請求人は、短期間のうちに大量かつ多額の株式を売買して利益を上げようとしているものであり、明らかに営利を目的として株式の譲渡を継続的に行っていると認められる。したがって、請求人の平成21年中の上場株式等の譲渡による所得は、譲渡所得には当たらず、事業所得または雑所得と認めるのが相当である。

　そうすると、本件においては、本件株式は平成21年4月に株式としての価値を失っており、上記のとおり、請求人の平成21年中の上場株式等の譲渡による所得は、事業所得または雑所得に該当すると認められるから、本件株式が株式としての価値を失ったことによる損失につき、所得税法37条1項の必要経費の規定または同法51条4項の資産損失の必要経費算入の規定が適用されることにより、その損失の金額は、請求人の平成21年分の株式等の譲渡による事業所得または雑所得の金額の計算上、必要経費に算入できることになる。

⚖ 逆転のポイント

　請求人の平成21年中の上場株式等の譲渡が、営利を目的として継続的に行われたものと認定され、それに係る損失は、譲渡所得ではなく、事業所得または雑所得に係るものと判断された点が、逆転のポイントである。

実務へのヒント 👉

　通常、株式等の譲渡による個人の所得は譲渡所得に該当するが、本件においては、請求人が短期間のうちに大量かつ多額の（信用取引を含む）株式の取引を行っており、営利を目的とする継続的な取引であることが明確であった。

　所得の区分により、必要経費等の範囲、損益通算の方法および適用税率等が異なる。また同じ資産の取引であっても、その態様や状況および全体のなかでの当該取引の位置付け等により所得の区分も当然ながら違ってくる。安易に取引内容だけから所得の区分を決めつけずに、その都度、取引に関わる全ての事情を総合考慮して、慎重に検討すべきである。

［大友　啓次］

コメント

　株式等の譲渡益については、措置法37条の11第１項（本件当時は37条の10第１項）により、当該株式等の譲渡による事業所得、譲渡所得および雑所得について、20.315％（所得税および復興特別所得税15.315％、住民税５％。本件当時は復興特別所得税はなし）で分離課税されることとされている（短期譲渡所得の場合を除く）。

　そして、かかる株式等が株式としての価値を失ったことによる損失が生じた場合には、当該株式等を譲渡したことにより生じた損失とみなすと定められているが、そのような取扱いを受けるのは、「特定管理株式又は特定保有株式」に限定されている（措置法37条の10の２第１項（現37条の11の２））。つまり、「特定管理株式又は特定保有株式」について株式としての価値を失ったことにより生じる損失は、当該納税者の譲渡損失として扱われることになる。これが本件特例である。

　本件当時の規定における定義では、「特定管理株式」とは、居住者の管理する特定管理口座に保管の委託がされている株式をいい、「特定保有株式」とは、平成21年１月４日において特定管理株式であった株式で、同年１月５日に特定管理口座から払い出されたもののうち、同日以後、当該株式と同一銘柄の株式の取得および譲渡をしていないものであることにつき証明がされたものをいうと定められている（措置法37条の10の２第１項かっこ書き）。

　他方で、特定管理口座でない口座、すなわち一般口座で保管の委託がされていた株式等については、上記の「特定管理株式又は特定保有株式」のいずれにも当たらないことから、本件特例の対象とはならず、株式としての価値の喪失による損失が生じた場合でも、譲渡損失として扱われないこととなる。

　このため、本件特例の適用の可否をめぐっては、当該株式が「特定管理株式又は特定保有株式」に当たるかどうかが問題となるが、本件請求人が保有していた株式はそれに当たらないことが明らかであり、本件審判所もそれを前提として、本件株式が譲渡所得の基因となるものである場合には、その損失は家事費として所得金額の計算上考慮されないと述べている。

　本件において請求人は、株式の保管を委託する口座の種類（一般口座か特定管理口座か）によって、損失の取扱いに差を設けることは不合理であるとして憲法違反の主張を行った。これに対して、本件審判所はその主張には一切触れず、本件株式がいかなる所得の基因となるものか、という観点から判断を行っている。その過程において、事業所得の基因となるものであれば、損失額は所得税法37条1項を通じて、雑所得の基因となるものであれば、同法51条4項を通じて、いずれも必要経費に算入されることから、請求人の本件における株式の取引の態様からみて、「営利を目的として継続的に行われているかどうか」を基準としている。

　審査請求においては当事者主義ではなく、いわゆる職権（探知）主義が採られていることからして、本件における審判所の判断は妥当だと考えられるが、請求人が主張するように、株式の管理口座の種類によって、無価値化した株式の損失の取扱いを大きく区別している現行法の規定について、政策的措置であることに鑑みたとしても、その合理性は問われるべきであろう。

27

共有持分の追加取得と
住宅借入金等特別控除の適用

《具体例：平成21年2月20日裁決・裁決事例集77集》

こんな場合どうする‼

　マンションを共有していた夫婦が離婚し、財産分与により前夫がマンションの持分全体を所有することとなった。前夫は確定申告に際し、もともとの自身の持分に前妻より得た持分を併せて住宅借入金等特別控除の適用をすることができるのだろうか（平成21年度税制改正前の事例）。

　平成13年、請求人及び請求人の当時の妻Bは、住宅借入金として5,720万円を借り入れ（以下「本件借入金」という。）、本件家屋及びその敷地権（以下両者を併せて「本件家屋等」という。）を、請求人3分の2、妻3分の1の持分で取得した。平成13年分及び平成14年分において、両名はそれぞれの持分に応じて住宅借入金等特別控除を適用して確定申告していた。

　その後、請求人とBは離婚し、Bは平成15年に本件マンションから転居したが、請求人は離婚後も引き続き居住の用に供していた。

　請求人は、平成16年、財産分与を原因として本件家屋等のBの持分3分の1を取得し、Bの債務を引き受けた。これにより、本件借入金は請求人の単独債務となった。以後、請求人は各年分の所得税について、単独で本件家屋等を所有し、本件借入金の債務を全額負担するものとして住宅借入金等特別控除を適用して、確定申告をした。

　原処分庁は、請求人によるBの持分の取得は、租税特別措置法施行令（平成21年政令第108号改正前のもの。以下、「措置令」という。）26条2項所定の「家屋を2以上有する場合」に該当し、このような場合には同特別控除の

重複適用が認められていないのであるから、Bの持分の取得に係る部分は認められないとして更正処分及び過少申告加算税の各賦課決定処分を行った。これに対して、請求人が同処分等の全部の取消しを求めた。

図説　財産分与による持分の移転

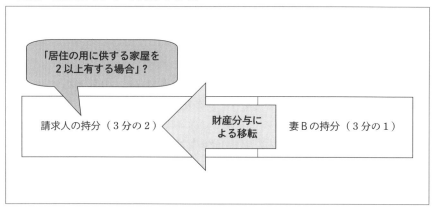

争　　点

　　マンションの持分の追加取得が措置令26条2項の定める「居住の用に供する家屋を2以上有する場合」に該当するか。

◆請求人の主張

1　措置令26条2項が規定する「家屋を2以上有する場合」とは、物理的にもう一つの家屋を取得することを指している。

2　本件のようにマンションの一室の共有持分を追加取得した場合にまで、2軒目の家屋の取得であり、「家屋を2以上有する場合」に該当するとする法解釈は誤りである。

◇原処分庁の主張

1　措置令26条2項は、その者が「居住の用に供する家屋を2以上有する場合」には、その全部について本件控除を認めるのではなく、主に居住の用

に供すると認められる一つの家屋に限り本件控除を認めるとして、本件控除の重複適用を認めていない。

2　本件のように、財産分与によって本件控除の対象となる家屋の共有持分を追加取得した場合でも、租税特別措置法（平成19年法律第6号による改正前のもの。以下、「措置法」という。）41条1項に規定する既存住宅の取得と認められるため、平成13年の取得に係る控除と平成16年の追加取得に係る控除とを重複して適用することはできず、どちらか一方についてのみ適用を受けることができる。

Ⅲ 審判所の判断

① 住宅借入金等特別控除制度の趣旨と要件

住宅借入金等特別控除制度は、「持家取得の促進を図ることを主な目的として設けられた制度であり、……措置法第41条第1項は、居住者が住宅の取得等をして（要件①）、同項に規定する家屋をその居住の用に供した場合（要件②）において、住宅借入金等の金額を有するとき（要件③）は、本件控除の適用を受けることができる旨規定している。また、……措置令第26条第1項及び第2項は、本件控除の対象となる居住用家屋及び既存住宅についての要件をそれぞれ規定している。しかし、いずれの条項においても家屋の持分を取得した場合の取扱いについての明文規定はない。

もっとも、措置法及び措置令の規定からすると、本件控除の適用を受けようとする者は、本件控除の対象となる家屋の所有者であることが前提であると解されるところ、持分とは各共有者が共同所有する目的物に対する部分的所有権であり、これ自体一個独立の所有権たる性質を有するものであるから、家屋の持分を取得した場合もまた、上記……の要件①に該当すると解するのが相当である。」

② 「居住の用に供する家屋を2以上有する場合」の趣旨

措置令26条1項及び2項の規定は、住宅借入金等特別控除制度が「持家取得の促進を図ることを主な目的としているため、既に持家（居住の用に供す

177

る家屋）を取得し、本件控除の適用を受けている者が、別荘など主として居住の用に供さない家屋を取得した場合にまで重ねて本件控除の適用を認めることは相当でないことから、主として居住の用に供さない家屋についての本件控除の適用を制限するために規定されたものであると解される。」

③　共有持分の追加取得は「居住の用に供する家屋を2以上有する場合」に当たるか

「共有の場合の各共有者は、共有物の全部について、その持分に応じた使用をすることができる（民法第249条）ことからすると、既に居住の用に供する家屋に係る共有持分を有する者が他の者の共有持分を追加取得したとしても、それは、新たに別の家屋を有することとなるものではなく、既に居住の用に供する家屋の持分を追加取得したことにすぎず、共有持分の追加取得後の所有権の及ぶ対象は当該家屋の一個のみである。また、その場合、観念的には、当初は持分に応じた当該家屋を居住の用に供する権利を得ているのみで、いまだ完全なる所有権（居住の用に供する一の家屋）を取得していなかったものが、持分を追加取得したことにより更なる権利を得ることになっただけであり、持分の追加取得の前後を通じて、当該家屋を主としてその居住の用に供している実態に変わりはない。

したがって、共有持分を追加取得した場合、措置令第26条第2項の『居住の用に供する家屋を2以上有する場合』には該当しない。」

「さらに、措置法第41条の2は、居住者が、その適用年において、2以上の居住年に係る住宅借入金等の金額を有する場合には、所要の計算調整によりその適用年の控除額を計算する旨規定している。そうすると、同条の規定は、一の家屋において、2以上の住宅の取得等がある場合を前提にしていると解されるから、一の家屋の共有持分を追加取得した場合も、本件控除をいずれの共有持分についても適用することとしても本件控除の制度の趣旨には反しないと解される。」

⚖ 逆転のポイント

　離婚を原因として行われた財産分与によって取得したマンションの持分の取得は、住宅借入金等特別控除の対象となる家屋の取得には該当するが、持分を追加取得したとしても、当該マンションを主としてその居住の用に供している実体に変わりはなく「居住の用に供する家屋を2以上有する場合」には該当しないと解釈された点が、逆転のポイントである。

実務へのヒント

　資金を出し合い共有でマイホームを手に入れた夫婦が不幸にして離婚した場合、財産分与によりどちらか一方が他方の持分及び債務を引継ぎ、そこに居住することが考えられる。このような場合に、所有権の移転及び借入金等の名義変更を行っておけば住宅借入金等特別控除の適用を受けることができる。なお平成21年度税制改正により、共有持分を追加取得した場合であっても、当初から保有していた共有持分と追加取得した共有持分のいずれについても住宅借入金等特別控除が適用できることとなった。

　確定申告のみならず年末調整においても遭遇する事案であり、確認漏れの無いよう注意が必要である。

［長尾　幸展］

コメント

　本件裁決が指摘するように、住宅借入金等特別控除は、持家取得の促進を図ることを主な目的として設けられた政策的措置である。措置法41条1項は、同控除の適用要件として、①居住者が住宅の取得等をしていること、②同項に規定する家屋をその居住の用に供したこと、③住宅借入金等の金額を有することを定めるとともに、措置令26条2項は本件控除の重複適用を認めていない。だが本件当時は、家屋の持分を取得した場合の取扱いについての明文規定はなかったため、本件のような争いが生じた。

　この問題につき、従前は、共有持分の追加取得は新たに家屋を取得したもの

として、当初から保有していた持分又は追加取得した持分のいずれかしか住宅借入金等特別控除の適用を受けられないものとして扱われていた。しかし、本件裁決によりこうした取扱いが変更され、両方の持分について控除を受けられるものとされることとなった（参照、国税庁ウェブサイトhttp://www.nta.go.jp/shiraberu/zeiho-kaishaku/shitsugi/shotoku/06/63.htm〔最終アクセス2017年 8 月17日〕）。さらに平成21年度税制改正により、この取扱いが明文化された（措置令26③）。その意味で、本件裁決は大きな意義が認められる。

　住宅借入金等特別控除のような政策的措置の適用にあたっては、それが特例であることを理由として解釈・適用を厳格にすべきとする主張が一般にみられる。しかしながら、政策的措置であるからこそ、その立法趣旨に沿った解釈・適用を行う必要があり、その趣旨に反して厳格に解釈・適用を行うことは、そのような措置を創設した意義を没却することになりかねない。本件裁決の解釈は、同制度の趣旨に合致するとともに、一般常識にも適った解釈を行ったものと高く評価することができる。

　なお、本件では問題とはなっていないが、不動産取得税の場合には、共有持分の取得も「不動産の取得」にあたり、課税対象とされている（最判昭和53年 4 月11日・民集32巻 3 号583頁）。その根拠として、同税は流通税であり、「不動産所有権の移転の事実自体に着目して課されるものであって、不動産の取得者が取得する経済的利益に着目して課されるものではない」ことが挙げられている。こうした解釈は、不動産取得税の性格に照らして行われたものであるところ、本件で問題となった住宅借入金等特別控除とはその基本的な制度趣旨や性質に差異が認められ、同列に扱うのは適切ではない。むしろ、本件控除の適用の是非は「居住の用に供する家屋を 2 以上有する場合」に当たるかどうかであり、この点からも本件裁決の解釈の適切さを指摘することができる。

住宅借入金等特別控除における 「新築」の意義

《具体例：平成23年10月17日裁決・裁決事例集85集》

こんな場合どうする‼

　娘婿が妻の両親と同居するために、住宅ローンを組んで母屋を建替えた。その際、「離れ」は取り壊さず、登記簿その他関係書類上、「増築」と記載されていた。この場合には、租税特別措置法41条における「新築」に当てはまらず、住宅借入金等特別控除の適用を受けることはできないのであろうか。

　会社員である請求人は、平成９年12月９日にＤと婚姻し、その両親であるＬ夫妻との間で養子縁組をした。

　Ｌ夫妻は、平成11年１月15日付で、Ｆ社との間で、同人が所有していた木造平屋の居宅（以下「本件旧家屋」という。）の一部を取り壊し、木造２階建ての住宅１棟（以下「本件建築家屋」という。）を建築する旨の工事請負契約を締結した。当初Ｌは、本件旧家屋の裏に請求人夫妻が住む家を建てる予定であったが、請求人夫妻との話合いの結果、本件旧家屋を建替えて本件建築家屋に同居することになった。その間取り及び部屋割りについては話し合いによって、Ｌ夫妻とその母Ｅ（Ｄの祖母）が本件建築家屋の１階、請求人夫妻がその２階と決められた。

　ところで、本件旧家屋には離れがあり（以下「本件寝室」という。）、この部屋は、西座敷と呼ぶ特別な部屋であるため取り壊したくないとのＬの希望により残すこととし、Ｅの部屋とすることを決め、同人が使用することになった。

　本件寝室は古い建物であり、壊れて本件建築家屋にもたれかかってしまうおそれがあるので、本件契約時には、本件寝室と離して本件建築家屋を建築することとしていたが、本件建築家屋の工事が終わりかけた平成12年5月中旬、F社の棟梁から、本件建築家屋と本件寝室を廊下でつないで行き来したらどうかと言われ、その翌日にLが廊下（以下「本件廊下」という。）に接続して新しくトイレを造るよう棟梁に伝えた。

　請求人とLは建築資金の2分の1ずつを負担することになった。また請求人は、平成12年5月27日に本件建築家屋に引っ越して居住を開始した。

　請求人は、平成12年中に居住を開始した家屋の取得に係る借入金は、租税特別措置法（平成13年法律第7号による改正前のもの。以下「措置法」という。）41条1項の適用対象であるとして、平成13年に確定申告をしたところ、原処分庁からの指摘を受け、請求人が同年に当該確定申告を撤回した。その後、平成22年において、当該家屋は新築により請求人が持分を取得したものであるので、同項の適用が受けられるとして、平成17年分ないし平成21年分の確定申告をしたところ、原処分庁から、当該家屋は同項に規定する新築に該当せず、また、請求人が所有している家屋に行った増築でもないので、同条4項に規定する増改築等にも該当せず、請求人が同条1項の適用を受けることができないとして、所得税の更正処分等を行った。これに対して、請求人がそれらの全部の取消しを求めた。

図説　本件家屋の現況図（1階部分・実際の現況図を一部修正）

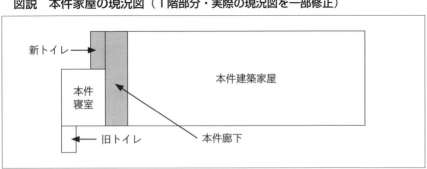

争　　点

本件建築家屋は、新築されたものか否か。

◆請求人の主張

措置法41条1項に規定する新築及び増築の定義については特段の規定がないことから、単に登記簿その他の関係書類上の表記のみで判断するのではなく、現況に即し実質的に解する必要がある。

そして、次のような事実から、本件建築家屋は、社会通念上、新築されたものである。

① 本件建築家屋は、本件旧家屋のうち本件寝室を残して取り壊した後、本件旧家屋と同一場所に建築し、その後、本件廊下等を増築したものである。

② 本件廊下の屋根は、本件建築家屋及び本件寝室の屋根を共有しており、その接合方法は、本件建築家屋の桁をそのまま利用し、本件寝室の桁に垂木を付けて、互いの桁に野路板を付けて屋根に取り付けており、桁同士は接合していない。

◇原処分庁の主張

措置法41条1項に規定する新築及び増築の定義については特段の規定がないことから、単に登記簿その他の関係書類上の表記のみで判断するのではなく、現況に即し実質的に解する必要がある。

そして、本件建築家屋及び本件寝室は、登記及び建築確認申請において増築とされているだけではなく、その現況に関する次のような事実から、本件建築家屋は、社会通念上、増築されたものである。

① 本件建築家屋と本件寝室は、本件廊下を介して建物内部の移動ができる一体の構造である。

② 本件廊下の屋根は、本件建築家屋及び本件寝室の屋根を共有しており、その接合方法は、本件寝室の桁をそのまま利用し、本件建築家屋の桁に垂木をつけて、お互いの桁に野路板をつけて屋根に取り付けており、桁同士

の接合はしていない。

審判所の判断

「措置法第41条に規定する住宅借入金等特別控除は、持家取得の促進と良質な住宅ストックの形成を図るとともに、住宅投資の活発化を通じた景気刺激策として、所得税額から一定額を控除することを目的として、創設された税額控除であるところ、同条第8項は、同条第1項の規定を受けようとする場合には、確定申告書に、財務省令で定める金額の計算に関する明細書、登記簿の抄本その他の書類の添付をすることを求めていることからすれば、大量かつ回帰的に発生する住宅借入金等特別控除の適用の可否について、第一義的には、確定申告書に添付された書類に基づいて判断することを認めたものと解するのが相当である。

しかしながら、措置法第41条における『新築』の定義については特段の規定がないにも関わらず、単に、登記簿その他関係書類上、それが、『増築』と記載されていることだけを理由として、形式的にその『新築』性を否定するのは相当ではない。

したがって、登記簿その他関係書類に記載された内容が実情にそぐわない場合にまで、飽くまでもそれに基づいて判断することを求めたものと解するのは、上記の住宅借入金等特別控除が創設された目的からみても相当ではなく、そのような場合には、建築家屋の現況及び建築経過等を総合し、措置法第41条における『新築』に該当するかを実質的に判断するべきである。」

本件についてみると、本件建築家屋は、家屋として、請求人夫妻とその子、L及びEの全員が十分生活できる設備が整っている一方、本件寝室は、居住に必要な設備として電灯設備及び旧トイレがあるだけで、本件寝室のみで生活ができる設備が整っているとはいえない。

また、①本件建築家屋と本件寝室の梁は一体となっていないこと、②本件廊下と本件建築家屋の床の高さは約18センチメートルの段差が生じていることからみても、本件建築家屋は本件廊下によって本件寝室とつないでいるも

のの、本件建築家屋と本件寝室とは、構造的に一体となっているとは認められ
ない。すなわち、本件建築家屋は、本件寝室とは別棟であり、これは正に新
築住宅にほかならない。

　さらに、本件寝室については、Ｌの要望により取り壊さないこととなった
にすぎず、そもそも本件建築家屋は、本件旧家屋（本件寝室を除く）を取り
壊した後、同一の場所に請求人夫妻とＬ夫妻が同居する目的で建築する予定
になっており、老朽化した本件寝室と離して本件建築家屋を建てる予定で工
事を進めたが、本件建築家屋の完成間近になって、本件廊下によって本件寝
室とをつなぐこととなったという経緯に照らせば、本件建築家屋と本件廊下
は、構造的に一体となっているとは認められず、また本件寝室が古いため、
いずれ取り壊すことを考えた工法によって接合されていることからすると、
本件建築家屋と本件寝室は、本件廊下によって事後的かつ簡易に接合された
ものであると認めるのが相当である。

　また、本件寝室の機能は、その設備内容からみてあくまで従属的なもので
あることは明らかであり、一方、本件建築家屋は、設備内容からみて単独で
居住用として使用するのに十分な機能が整っていると認められるにも関わら
ず、本件寝室が本件家屋の一部として一体的に機能することを理由に、本件
家屋が、建築当初、又は居住開始日の前から、本件建築家屋及び本件寝室を
一体とした１軒の建物として建築されたとみなすことは、本件建築家屋の現
況及び建築経過等の事実を考慮せず、本件建築家屋の建築物としての独立性
を看過するものであり、住宅借入金等特別控除の創設の目的に照らし相当と
は認められない。よって本件各更正処分は、いずれもその全部が取り消され
るべきである。

逆転のポイント

　本件建築家屋と本件寝室の構造的一体性や建築の経緯等について、現況に
即して実質的に検討した結果、社会通念上、本件建築家屋は新築されたもの
であることが認められた点が逆転のポイントである。

実務へのヒント

　　住宅借入金等特別控除は、確定申告書に、登記簿の抄本その他の書類の添付をすることが求められ、第一義的には、添付された書類に基づいて判断するものであるが、措置法41条1項における「新築」の定義については特段の規定がないにも関わらず、単に登記簿その他関係書類上、それが「増築」と記載されていることだけを理由として、形式的にそれが「新築」であることを否定するのは慎まなければならない。むしろ、「新築」であることを主張できるように具体的な証拠を整えておくことが必要である。

〔長谷川　敏也〕

コメント

　　本件において興味深いのは、措置法41条1項に規定する「新築」の判断に関する解釈である。この点に関する両当事者間の主張は同様であり、争いがない。それにもかかわらず、本件審判所はこの点について判断を示している。すなわち、まず「第一義的には、確定申告書に添付された書類に基づいて判断することを認めたものと解するのが相当である」と述べつつ、住宅借入金等特別控除の制度趣旨に触れたうえで、「新築」に関する明文の規定がないにもかかわらず、形式のみで判断することは相当ではないと解している。

　　このような本件審判所の解釈は、明文の規定がない文言の解釈に関して、みだりに厳格に解釈する必要はなく、むしろ制度趣旨に沿うように解釈すべきと判断したものと理解できる。厳格解釈が基本とされる税法の解釈においても、立法趣旨を踏まえて解釈することまでは排除されていない。とかく政策減税であることを理由としてその要件を狭く解釈しようとする向きがあるが、制度趣旨に適合するように要件解釈を行うことは租税法律主義の下でも当然に許されるといえよう。

第 3 章

法人税

従業員の横領を原因とする売上計上漏れに係る仮受消費税等相当額の益金計上時期

《具体例：平成23年2月8日裁決・裁決事例集82集》

こんな場合どうする‼

　会社の経理担当者が会社の現金預金を着服する他に、営業マンが得意先への売上代金を自ら開設した預金口座に振り込ませて横領していた事実が税務調査の中で発覚する事例も多い。

　会社としては、売掛金の回収不能部分を損金に計上する一方、横領した社員又は役員に対してとりあえず損害賠償を求めることになるが、当該損害賠償請求権に係る収益をいつの時点の益金の額に算入することが税務上適切であろうか。

　また、計上漏れとなった売上げに係る仮受消費税等に関しても、更正の期間制限により消費税等の更正処分ができなくなった場合、どの時点で益金の額に算入したらよいであろうか。

　電子機器製造業を営む請求人の従業員R（平成13年6月から○○事業部副事業部長）は、その上司である常務取締役兼○○事業部長Jの指示に基づき、請求人の売上代金等を不正に取得していた。その手口は、Rが請求人の会計帳簿の基礎となる売上伝票の一部を抜き取るとともに、請求人の会計帳簿に記載のない事業部名義で開設したE農協F支社の普通貯金口座に、請求人に帰属する売上代金等（以下「本件売上代金等」という。）を振り込ませるという方法であった（以下「本件不正行為」という。）。

　本件不正行為は、平成20年7月頃発覚し、Rは、同年9月16日付で、請求人に対し、本件不正行為を行って請求人に損害を与えた事実を認めるととも

に、本件不正行為により請求人に与えた損害を請求人の請求があり次第、直ちに弁済する旨、申し立てた（以下、Rに対する損害賠償請求権を「本件損害賠償請求権」という。）。

　なお、請求人は、本件不正行為がRの○○事業部副事業部長という立場を利用して行われた極めて悪質な行為であるとして、平成20年12月にRを懲戒解雇した。

　原処分庁は、本件調査に基づき、本件売上代金等の額が、平成13年10月１日から平成19年９月30日までの本件各事業年度の益金の額、及び平成14年10月１日から平成18年９月30日までの本件各課税期間の資産の譲渡等の対価の額に算入されていないなどとして、平成21年12月18日付で、本件法人税各更正処分及び本件消費税等各更正処分を行った。また、本件売上代金等が計上されていなかったことにつき事実の隠ぺい又は仮装があったなどとして、同日付で上記の両処分と併せてそれぞれ過少申告加算税及び重加算税賦課決定処分をした。

争　　点

　　1　本件損害賠償請求権の額は、本件不正行為による損失の発生した日の属する各事業年度の益金の額に算入されるか否か。
　　2　平成14年９月期の売上げの計上漏れに係る仮受消費税等相当額は、平成14年９月期の益金の額に算入されるか否か。

◆請求人の主張

1　本件損害賠償請求権の益金算入時期について

　請求人が本件不正行為を把握したのは平成20年９月期である。また、本件不正行為を行ったRとJの間で主張に食い違いがあり、求償内容が個別具体的に確定していない状況では損害賠償請求権を行使することができない。そのため、求償内容が個別具体的に確定した時点で収益計上が認められるべきである。

　原処分庁は３週間に及ぶ前回調査時に本件不正行為を把握できていない。したがって、不正行為を防げたというのは予断をもった推論であり、通常人を基準にして本件不正行為を認識できたとはいえない。

2　本件仮受消費税等相当額の益金算入時期について

　本件仮受消費税等相当額は、税抜経理処理における、いわゆる精算差額とは異なる。すなわち、消費税法等の施行に伴う法人税の取扱いについて（平成元年３月１日付直法２－１国税庁長官通達。以下「取扱通達」という。）６の適用外である。したがって、本件仮受消費税等相当額は、平成14年９月課税期間分の更正可能期間末日の翌日である平成21年12月１日において初めて納付すべき消費税等でなくなるというべきであるから、同日を含む事業年度において益金の額に算入されるべきである。

◇ **原処分庁の主張** ⋯⋯⋯⋯⋯⋯⋯⋯⋯⋯⋯⋯⋯⋯⋯⋯⋯⋯⋯⋯⋯⋯⋯⋯⋯⋯⋯⋯⋯⋯⋯⋯

1　本件損害賠償請求権の益金算入時期について

　本件不正行為は、請求人が適正な業務管理及び監査を行っていれば認識することが可能であったと認められるところ、請求人は、これを行っていなかったため本件不正行為を認識できなかったにすぎないから、損失が発生したときに、同時に益金に計上するのが相当である。

2　本件仮受消費税等相当額の益金算入時期について

　原処分時において、既に消費税等の更正可能期間は徒過しており、これに係る納付すべき税額はないから、「仮払消費税等と仮受消費税等との差額は当該課税期間の益金の額又は損金の額に算入する」とする取扱通達６の定めにより、平成14年９月期の益金の額に算入される。

審判所の判断

① 本件損害賠償請求権の益金算入時期について

　法人税法上、ある収益をどの事業年度に計上すべきかは、その実現があったとき、すなわち権利確定主義に基づいて判断すべきである（法法22④）。そして、損害賠償請求権については、原則として、損失が発生した時に損金

と益金に同時に計上すべきである。もっとも、直ちには権利の行使を期待することができないような場合には、未だ権利実現の可能性を客観的に認識することができるとはいえないため、「この判断は、税負担の公平や法的安定性の観点からして客観的にされるべきものであるから、通常人を基準にして、損害賠償請求権の存在・内容等を把握し得ず、権利行使が期待できないといえるような客観的状況にあったかどうかという観点から判断していくべきである。」

　本件では、「請求人の経営に参画する常務取締役が本件不正行為の事実を把握していたと認められるから、通常人を基準とすると、請求人において、本件損害賠償請求権の存在、内容等を把握し得ず、権利行使を期待できないといえるような客観的状況にあったということはできない。」したがって、本件損害賠償請求権の額は、本件不正行為による損失の発生した日の属する各事業年度の益金の額に算入される。

② 　本件仮受消費税等相当額の益金算入時期について

　「消費税等の経理処理において税抜経理方式を採用している場合、原則として仮受消費税等と仮払消費税等との差額が納付すべき又は還付を受ける消費税等の額と一致するから、本来法人税の申告の損益に影響を及ぼさないところであるが、実際には、法人が納付すべき消費税につき、消費税法第37条《中小企業者の仕入れに係る消費税額の控除の特例》の適用を受ける場合等には、実際に納付すべき消費税等の額は仮受消費税等と仮払消費税等との差額とは異なった金額となる。

　この点について、取扱通達6は、課税期間の終了の時における仮受消費税等の金額から仮払消費税等の金額を控除した金額と当該課税期間に係る納付すべき消費税等の額又は還付を受ける消費税等の額との差額について、その課税期間を含む事業年度において、益金又は損金の額に算入するものとする旨定めているところ、仮受消費税等と仮払消費税等との差額が納付すべき又は還付を受ける消費税等の額と一致するという整合性が失われている部分についてはその部分に係る消費税等は事業者の損益に吸収されると解するのが

図説　税抜経理方式の場合の消費税等の取扱い

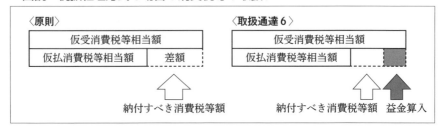

相当であるから、この取扱いは当審判所においても相当であると認められる。」

　本件仮受消費税等相当額は、更正の期間制限（通則法70⑤）により更正処分ができないことの結果として、納付しなくてよいことにより収益として確定するものである。したがって、更正の期間制限が経過した平成21年12月1日が含まれる事業年度において、益金の額に算入すべきものである。

逆転のポイント

　本件不正行為は「偽りその他不正の行為」（通則法70⑤）と判断されたが、それが発覚した時点では7年の更正の期間制限を徒過していることから、本件仮払消費税等相当額を平成14年9月期の益金に算入した原処分庁の判断に誤りがあると判断された点が逆転のポイントである。

実務へのヒント

　① 損害賠償請求権の額の益金算入時期について

　従業員・役員による横領等損失の反射的効果である損害賠償請求権の額に関する収益計上時期に関しては、従来より法人税法上の重要な論点として、判例や学説において「損益同時両建説」と「損益異時両建説」が対立してきた。

　近時の多数説としては、法人税基本通達2−1−43（現行）に規定しているように、基本的には損益同時両建説に従う一方、例外である損益異時両建説による処理を認める場合の「他の者」には、法人の役員又は使用人

は一律的に該当しないとする取扱いが一般的である。

　いずれにしても、従業員・役員による横領等の不正行為を極力防止するためには、内部牽制組織を強化するとともに、少なくとも決算時にはたな卸資産の実査、現預金の残高照合に加えて売掛金等の残高照会を徹底することが重要である。

2　更正期間を徒過した未納消費税相当額の益金算入時期について

　本件事案で見る限り、税務調査担当者はややもすると自らの更正処分を正当化するためには法令を皮相的あるいは不適切な条文を根拠に強行することもありうるということである。納税者側としては、事実認定に関する論拠や物証の他に手続法を含めたところの条文の理解・解釈にも十分に研鑽を努めることが必要である。

［橋本　博孔］

コメント

　本件における争点１については、損益同時両建説を基本としつつ、損害賠償請求権の特殊性から損益異時両建説も認めるとする判例に沿って判断がされている。とりわけ、通常人を基準として損害賠償請求権の益金算入時期を判断すべきとする解釈は、東京高裁平成21年２月18日判決（訟月56巻５号1644頁）に従って判断をしているといえる。益金計上時期の判断の客観性を確保するという見地から、こうした判断は妥当といえよう。

　本件裁決における逆転部分は、争点２に関する点である。すなわち、本件仮受消費税等相当額は、Ｒの本件不正行為によって請求人の当初申告が過少であったことが発覚し、更正の必要性が生じたものの、国税通則法70条５項（現４項）の期間制限によって更正処分ができなくなったことに基因して生じたものであることから、取扱通達６の要件に該当するとして平成14年９月期の益金に算入するという原処分庁の判断が否定されたというものである。

　取扱通達６はいわゆる益税の処理方法を定めたものであり、本件仮受消費税等相当額がこれに該当しないことは明らかである。したがって、この点に関する原処分庁の判断は根拠を欠くものであって、これを取り消した審判所の判断は適切である。

30　　　　　　　　　　　　　　　　　　　　　　　　　**法人税**

役員給与の支払いの事実と
損金算入の可否

《具体例：平成24年3月28日裁決・裁決事例集86集》

こんな場合どうする‼

　法人税法上、役員への報酬及び賞与が損金と認められるためには、「定期同額給与」や「事前確定届出給与」（法法34①）といった一定の要件を満たすことが必要であるが、それらを支給する場合においてはどのような点に注意すべきであろうか。

　請求人は、昭和48年4月に、生コンクリートの製造及び販売等を目的として設立された法人で、法人税法2条10号に規定する同族会社であり、「L」という施設も経営している。

　平成16年5月期から平成22年5月期までの各事業年度（以下「本件各事業年度」という。）において、請求人の代表取締役としてM及びJ（Mの実弟）の2名が就任しており、請求人の取締役として、N（Mの子）が、請求人の監査役として、P（Mの妻）が、それぞれ就任していた（以下、J、N及びPを併せて「本件各役員」という。）。

　請求人の関連会社であるQ社及びR社は、いずれも土木建築請負業を営んでいるところ、平成12年6月1日から平成22年5月31日までの間において、Q社の代表取締役としてM及びJの2名が、取締役としてNが、監査役としてPが、それぞれ就任していた。また、R社の代表取締役としてNが、取締役としてM及びJが、監査役としてPが、それぞれ就任していた。

　請求人は、本件各事業年度において、本件各役員の役員給与及びMの役員給与の合計額を総勘定元帳の「役員報酬」勘定に計上し、それぞれ損金の額

に算入した。

　原処分庁は、調査に基づき、請求人が損金の額に算入した本件各役員の役員給与（Ｊ役員給与、Ｎ役員給与、Ｐ役員給与）は、支給されておらず架空の役員給与であり、これを帳簿に記載したことが法人税法127条１項３号に規定する青色申告の承認の取消事由に該当するとして、本件青色申告承認取消処分及び更正処分を行った。

　これに対して、請求人がそれらの処分の取消しを求めて争った。

争　点

本件各役員給与は架空のものか否か。

図説　本件の事実関係

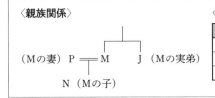

◆請求人の主張

　次のことから、本件各役員給与は架空のものではない。

1　Ｍ、Ｊ及びＮが、本件各役員給与の架空計上を認めた発言はしていない。

2　Ｍが、元請先の現場担当者等に心づけの資金を支払っていることは認めるが、その資金の原資は、Ｍ個人のポケットマネーであったり、他の役員に協力を求めて拠出してもらったり、他の役員からの個人的な貸借によるものであり、本件各役員給与の全額を受け取っている旨の申立てはしていない。

3　本件各役員は、法に則り役員に任命され、役員としての責任を果たし具体的な職務を執行している上、納税もしていることから、本件各役員給与は架空とはいえない。

◇**原処分庁の主張** ....

　次のことから、本件各役員給与は架空のものと認められる。

1　請求人の重要な地位にあるM、J及びNが、本件調査において、いずれ
　も本件各役員給与について支給された事実はなく、請求人において架空計
　上されたものであることを認めている。

2　請求人の代表取締役として請求人の重要な地位を占める者であり、○
　○グループの実質的な最高権力者であるMが、本件調査において、本件
　各役員給与に係る資金を受領した上で、当該資金を元請先の現場担当者、
　外注先及び社内労務者に対する接待に係る支出に充てている旨申し立て
　ている。

3　本件各役員の請求人における勤務実態が認められるとしても、そのこと
　をもって、本件各役員給与が架空でないとする理由にはならない。

審判所の判断

1　本件各事業年度において、Jは経理事務の総責任者としての業務に、N
　及びPはLの業務全般に、それぞれ従事しており、いずれも役員として勤
　務実態がある。

2　請求人は、本件各事業年度において、いずれも株主総会を開催し、N及
　びPの各役員給与に係る各月額が変更された平成20年5月期、及び平成21
　年5月期の株主総会の議題に役員報酬の決定が議題に取り上げられ、それ
　以外の事業年度の株主総会の議題に役員報酬の決定が議題に取り上げられ
　ることはなかったものの、本件各事業年度における本件各役員の役員給与
　の金額は、いずれも請求人の取締役会において承認、決定された。

3　本件各事業年度における本件各役員の役員給与の金額は、Jが本件各事
　業年度を通じて一定であり、Nは一度金額の改定を経ているが、その前後
　を通じて一定額であり、またPも一度金額の改定を経ているが、その前後
　を通じて一定額であることが定められていた。そしてその支給時期は、請
　求人の従業員と同様に、毎月10日払いとされた。

　なお、架空のものでないとされた場合の平成19年５月期以降の本件各役員の役員給与は、法人税法34条１項１号に掲げる定期同額給与に該当する。

4　請求人の従業員給与及び役員給与の支給手順は、概ね次のとおりである。

①　Ｊがコンピュータに従業員給与及び役員給与に係る基礎データを入力する。

②　請求人の労務関係を担当する従業員Ｓが、給与振込支給対象者分の「振込依頼書」及び、現金支給対象者分の「現金明細表」をそれぞれ作成して、請求人が取引している金融機関に提出する。なお、本件各役員給与及びＭの役員給与は、現金支給対象者分に含まれる。

③　毎月10日の給与支払日に、Ｓが金融機関から受領した現金支給対象者分の現金と「給与明細書」を照合して、当該現金を給与袋に入れた後に、封をしない状態でＪへ渡し、Ｊが各従業員に給与袋を手渡す。

5　調査担当職員に対するＪ及びＮの各申述によれば、次のことが推認される。

①　本件各役員が受け取っていない本件各役員給与に係る金員は、会社のために使われた。

②　本件Ｎ役員給与はＮに直接渡されず、Ｍが受け取っているものの、Ｍを通じてＮのために使われた。

③　本件Ｐ役員給与がＭの手に渡し、その全部又は一部がＰに渡った。

　以上の点から、本件各役員給与がＭに渡され、Ｍに渡された現金の全部又は一部が会社のために使われたということが推認されるものの、本件各役員給与が架空であることまでは認めることができない。

6　そうすると、本件各役員はいずれも役員として勤務実績がある上、本件各役員の役員給与の金額が、請求人の取締役会等において承認され、月額でそれぞれ定められ、支給時期等は、従業員と同様に毎月10日払いとされており、これらの事実に基づいて、請求人は、本件各事業年度において、本件各役員の役員給与及びＭの役員給与の合計額を総勘定元帳の「役員報酬」勘定に計上したのであるから、毎月10日の時点で、請求人の本件各役員の役員給与の当月分の支払債務が実際に確定していたとみるのが相

当である。

7　そして、支払債務の確定した本件各役員の役員給与は、その支給事務が行われたと認められるが、本件各役員給与がどのように本件各役員に渡されたのかは明らかでないところ、上記(5)のとおり、本件N役員給与はNに直接渡されなかっただけであって、Mを通じてNのために使われたとみるのが相当であるから、N及びPは、いずれも、本件N役員給与及び本件P役員給与の支給を受けていたというべきである。

　Jが本件J役員給与を受け取っていないとしても、その金額は、請求人の債務が実際に確定し、その支給事務が行われた以上、請求人がJの役員給与の支払債務を履行しなかったとは認められず、Jは本件J役員給与を請求人から受領した上で、その金員の貸付け又は贈与を行ったとみるべきであり、上記のPの手元に渡らなかった部分の本件P役員給与についても同様である。

8　以上によれば、本件各役員給与は架空のものとは認められないから、J及びNの各申述を根拠にする原処分庁の上記以外の各主張にも、いずれも理由がない。

逆転のポイント

　本件各役員の勤務実態、本件各役員給与の金額の確定とその支払事務の履行の事実が認められ、本件各役員が本件各役員給与の支給を受けたと認定された点が、逆転のポイントである。

実務へのヒント☞

　本件では、本件各役員給与を直接本人が受け取っていないことから、架空の役員給与であるとして更正処分がされたものの、役員としての勤務実態があり、毎月の役員給与が、従業員給与と同じ手順で支給されていたとして、架空のものとは認められなかった。

　税理士としては、支給の実態のみならず、同族会社においては、役員であ

る家族が受け取る報酬が、その職務内容、法人の収益状況、使用人に対する給与の支給状況などを判断して、過大給与（法法34②）とならないような検討もすべきであろう（法人税法132条にも注意）。

［青山　みゆき］

コメント

　本件は、本件各役員給与が架空のものであるかどうかが争点となり、本件裁決の結論は、この点の事実認定によって決せられている。すなわち、本件は法解釈よりも事実認定が争われた事案である。また、本件では、請求人の関連会社であるＱ社とＲ社も登場するが、本件で損金算入の可否が争われているのは、請求人がＪ、Ｎ及びＰに対して支払った本件各役員給与に関する問題である。

　法人税法34条は、役員給与に関して、原則、損金不算入としつつ、例外的に同条１項が定める要件を満たすものに限って算入を認めるという構成を採っている。本件各役員給与は、同条１項が定める「定期同額給与」に当たることが本件裁決によって認められている。

　ただし同条３項は、「内国法人が、事実を隠蔽し、又は仮装して経理をすることによりその役員に対して支給する給与の額は、その内国法人の各事業年度の所得の金額の計算上、損金の額に算入しない。」として、架空の役員給与の損金算入を規制していることから、本件では本件各役員給与が架空のものであるかどうかが争われたのである。

　本件裁決では、Ｊ、Ｎ及びＰに対する本件各役員給与は、直接本人に渡されなかったものの、その全部又は一部についてＪ、Ｎ及びＰ各人が支給を受けたことが認定され、架空のものではないと判断されている。これにより、請求人は本件各役員給与の損金算入を認められたが、本件各役員給与が定期同額給与の要件を満たす性質のものであることが認められている以上、当然の判断といえる。

　原処分庁は、請求人が同族会社であることを念頭に置いて本件処分に踏み切ったように思われる。一般に、同族会社では役員と会社との間での金銭のやり取りが容易であるため、その金銭の流れと性質を明らかにする必要があるだろう。

法人名義の車両の使用による
役員給与の認定

《具体例：平成24年11月1日裁決・裁決事例集89集》

こんな場合どうする‼

　同族会社が法人名義で取得した車両を、代表者の親族が個人的に使用しているケースが存在する。このような場合、車両の取得費、車両関連費用もともに代表者への役員給与として認定されるのだろうか。また、その場合、当該法人の法人税法上の取扱いはどうなるのだろうか。

　請求人は、平成18年7月に飲食店の経営等を目的として設立された法人であり、G代表が発行済株式総数の100％を保有する同族会社である。

　請求人は、平成20年6月期以降の本件各事業年度の法人税について、法定申告期限までにそれぞれ申告した。

　平成20年1月、請求人は本件車両を購入し、本件車両等の額を、平成20年6月期の貸借対照表の資産の部にそれぞれ計上するとともに、本件各事業年度において本件車両に係る租税公課、保険料、支払利息及び雑費（以下「本件車両関連費用」という。）並びに減価償却費の額をそれぞれ損金の額に算入した。

　原処分庁は、本件車両は、購入当初からG代表の妻が使用しており、本件車両取得費及び本件車両関連費用（以下、両者を併せて「本件車両取得費等」という。）に相当する金額はいずれもG代表に支払った役員給与に当たり、またかかる行為は、事実の仮装、隠ぺいに当たるなどとして、平成23年6月7日付で、本件法人税各更正処分及び本件法人税重加算税各賦課決定処分（以下「本件法人税各更正処分等」という。）をした。

　請求人は、これらの処分の取消しを求めて争った。

争　　点

　本件車両取得費等は、事実を隠ぺい又は仮装してＧ代表に対し支払った役員給与の額に当たるか否か。

◆請求人の主張

　Ｇ代表の妻が本件車両を個人的に使用しており、その間の事業年度における使用、保管、減価償却費及び請求人が負担した費用に関し、その部分の利益は当然受けていることから個人の使用料相当額として損金性を否認されることはやむを得ないものの、本件車両は請求人名義であるので請求人が取得したというべきであり、本件車両については役員給与ではなく、請求人の資産として処理されるべきである。

◇原処分庁の主張

　請求人は、Ｇ代表の妻が個人使用のために取得した本件車両に係る本件車両関連費用について、Ｇ代表の指示により本件各事業年度の損金の額に算入していること、Ｇ代表の妻は請求人の役員又は従業員ではなく、請求人の業務には従事していないこと、Ｇ代表が請求人の100％株主であることなどからすると、本件車両取得費等は、請求人からＧ代表に対し支払われた役員給与の額と認められる。

　また、かかる行為は、事実の仮装、隠ぺいに当たると認められるため、当該役員給与の額は法人税法34条3項に規定する役員給与の額に当たる。

審判所の判断

1　認定事実

1　本件車両の購入

　Ｇ代表の妻は、本件車両の購入に関し、本件ディーラーとの間で、平成20年1月16日付の新車注文書を取り交わした。その買主注文者の欄には、請求人の名称、住所及び電話番号等が記載され、代表取締役の印章の印影がある。

　請求人は、平成20年2月14日、本件信販会社との間で、請求人の前代表者

及びG代表の妻を連帯保証人として、本件車両に係るオートローン兼保証委託契約を締結した。

本件車両の自動車検査証には、「所有者の氏名又は名称」欄に本件信販会社の名称が、「所有者の住所」欄に本件信販会社の所在地がそれぞれ記載され、また、「使用者の氏名又は名称」欄に請求人の名称が、「使用者の住所」欄に請求人の所在地がそれぞれ記載されている。

2　本件車両の保有

本件車両の納車先及び納車後の本件車両の保管場所はG代表及び妻の住宅であった。また、本件車両の車検や法定点検の際の連絡先として、G代表の妻の携帯電話番号が登録されていた。

② 判　断

1　本件車両取得費

請求人が、①本件車両の購入に関する注文の当事者であり、②本件信販会社を通じて本件車両の売買代金を支払い、③自動車検査証に使用者として記載されている事実からすれば、本件車両の取得者は請求人であると認められる。

この点に関し、本件車両の納車場所や保管場所がG代表の妻の居宅であったことや、本件ディーラーからの連絡先がG代表の妻であったことなどからすると、本件車両をG代表の妻が個人的に利用していることが認められる。

しかし、G代表の妻が本件車両を個人的に利用しているといえるに留まるのであって、請求人からG代表に対して本件車両の贈与があった等、請求人が一定の行為をしたことにより実質的にG代表に対して給与を支給したのと同様の経済的効果をもたらしたとまでは認めることができない。したがって、本件車両取得費は役員給与に当たるとはいえない。

2　本件車両関連費用等

本件車両をG代表の妻が専属的に利用していたとの事実は、G代表が実質的経営者としての権限を利用して請求人が所有する本件車両をG代表の妻に使用させていたと認めるのが相当である。そして、G代表は請求人に対し、本件車両関連費用に相当する金員の支払をしていないのであるから、本件車

両は、請求人からG代表に対して無償で貸与されていたと認められる。

　したがって、G代表はこれにより通常支払うべき対価の額相当の利益、すなわち本件車両について所得税法36条にいう経済的利益等を享受しているといえる。また、法人税法34条4項は、役員給与には経済的な利益を含む旨規定しているから、本件車両の利用により享受する経済的利益等も役員給与に当たる。

3　G代表に対する役員給与の法人税法上の取扱い

　所得税法施行令84条の2は、法人又は個人の事業の用に供する資産を専属的に利用することにより個人が受ける経済的利益等の額は、その資産の利用につき通常支払うべき使用料その他その利用の対価に相当する額（以下「資産利用対価額」という。）である旨定めている。

　本件車両を専属的に利用する場合の資産利用対価額を客観的に算定することは困難であるから、当該資産の取得時の価値を基礎に算出するのが合理的であり、本件車両の取得価額を基礎として、その使用可能期間に占める貸与期間に相当する額を算出した上、それを当該貸与期間の月数で均等にあん分して算出される金額（以下「あん分取得価額」という。）及び1か月当たりの本件車両関連費用の合計額を1か月当たりの資産利用対価額とするのが相当である。

　その場合、本件車両の使用可能期間は法定耐用年数とするのが相当であり、貸与期間については、その定めがないことから、法定耐用年数と同一とするのが合理的である。そうすると、あん分取得価額は、本件車両の取得価額を基礎として、減価償却資産の耐用年数に関する省令別表第一所定の年数である6年の期間により、均等にあん分計算するのが相当である。

　また、本件車両関連費用のうち、自動車保険料の額及び本件ローン契約に基づく支払利息の額は、G代表が請求人から継続的に利益の供与を受けたものといえる。他方、本件車両関連費用のうち、自動車税や本件ディーラーに対する手数料等（以下「本件自動車税等」という。）の額は、継続的に役務の提供を受けるための支出ではない。

　なお、本件車両関連費用については、それぞれ租税公課、保険料又は支払利息等の勘定科目をもってその帳簿に記載されており、事実を隠ぺい又は仮

装していたと認めるに足る証拠はない。

③　結　　論

　上記のとおり、本件車両に係る資産利用対価額はＧ代表に対する役員給与に当たるところ、このうち、あん分取得価額、自動車保険料及び本件ローン契約に基づく支払利息に相当する金額は、いずれも継続的に供与される経済的な利益であるため、法人税法施行令69条１項２号の規定により、法人税法34条１項所定の定期同額給与とされ、本件各事業年度の所得の金額の計算上、その全額が損金の額に算入される。他方、本件自動車税等の額は、継続的に供与される経済的な利益ではないため、法人税法34条１項所定の定期同額給与に当たらないから、その全額が損金の額に算入されない。したがって、本件法人税各更正処分は、いずれもその一部を取り消すべきである。

　また、本件車両取得費は役員給与に該当せず、また、本件車両関連費用については事実の隠ぺい又は仮装は認められないため、本件法人税重加算税各賦課決定処分は、いずれもその一部を取り消すべきである。

図説　本件裁決の判断

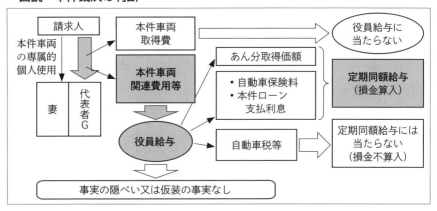

⚖ 逆転のポイント

　①請求人が本件車両の購入当事者であること、②信販会社を通じて本件車両の売買代金を支払っていること、③自動車検査証に使用者として記載され

ている等の事実に加え、本件車両等の額を貸借対照表の資産の部に計上していることから、本件車両の取得者は、請求人であると認められた点が、逆転のポイントである。また、本件車両関連費用について、各勘定科目をもって帳簿に記載されており、事実を隠ぺい又は仮装していたと認めるに足る証拠はないと判断されたことも重要ポイントである。

実務へのヒント

　本件車両に係る資産利用対価額はG代表に対する役員給与に当たるものの、あん分取得価額等、継続的に供与される経済的な利益は、定期同額給与に該当し、損金算入が可能となる。

　他方、本件自動車税等の額のように継続的に供与される経済的利益ではないため定期同額給与に当たらないものについては、法人と代表者との間で、継続的なレンタル契約書等を締結して毎月定額の授受を行っていれば損金となる余地が考えられる。

　なお、本件審判所が示した「あん分取得価額」の計算方式は興味深い。

［長谷川　敏也］

コメント

　本件裁決は、本件車両に係る資産利用対価額がG代表に対する役員給与に当たることを認定しつつ、あん分取得価額等が、法人税法施行令69条1項2号所定の定期同額給与の要件に該当するとして損金算入を認めた点が特徴的である。

　その前提として、本件車両の所有者が請求人と認められることから、G代表及び妻が請求人から享受する利益は資産利用による対価と認定し、本件車両取得費をGに対する役員給与から除外した判断は妥当である。

　本件の他の争点として、請求人の関連法人に対して支払った賃料差額分や事務手数料が寄附金に当たると認定され、当該金額が消費税の仕入税額控除にはならないなどの判断がされている。これらの点を含め、本件車両の取得・使用に関し役員給与と判断されるのはやむをえないと言わざるをえないが、その資産利用対価額が定期同額給与に当たるとする判断は、実務上、参考になるとともに、定期同額給与の要件該当性の解釈にとっても意義が認められる。

法人税

会計帳簿の記載とは異なる支出の立証

《具体例：平成23年3月8日裁決・裁決事例集82集》

こんな場合どうする‼

　建設業者などが赤字現場を出さないように他の現場名へ原価を付け替えたり、追加工事の発生により当初の見積金額以上の支払をし、結果的に会計帳簿に記載された内容と異なる支出をすることがある。一般的には、会計帳簿の記載内容と異なる支出をした場合には、その事実について納税者側が立証できない場合、損金算入が否認されることになるだろうが、そうならないようにするには、どのように対応すればよいのだろうか。

　請求人は建設業を営んでおり、L社ないしV社等の各外注先（以下「本件各外注先」という。）に対し、建設工事に係る発注書を交付し、これを基に本件各外注先が作成・交付した請求書に基づき、会計帳簿に外注費（以下「本件外注費」という。）を計上し、これを本件各事業年度の損金の額及び本件各課税年度の課税仕入れに係る支払対価の額に算入して、法人税及び消費税等の確定申告をした。

　原処分庁は、これに対し、請求人が会計帳簿に計上した本件外注費に係る工事が実際に行われておらず、本件外注費に係る本件各外注先への支出金（以下「本件支出金」という。）が法人税法37条7項に規定する寄附金に当たり、また、請求人が本件支出金を建設工事に係る支払対価に仮装していたとして、本件各更正処分及び重加算税の賦課決定処分をした。

争　点

1　本件支出金は、法人税法37条7項に規定する寄附金に当たるか否か。

2　本件支出金の額は、消費税法30条6項に規定する課税仕入れに係る支払対価の額に当たるか否か（本稿では省略）。

◆請求人の主張

以下のとおり、本件支出金は、いずれも本件各外注先が実際に施工した各現場（以下「実際現場」という。）に係る工事の対価であり、その支払について請求人が恣意的に決定したものではなく、経済的合理性のある支出金であるから、金銭の贈与には該当せず、法人税法37条7項に規定する寄附金には当たらない。

①　請求人は、工事現場ごとに予算管理し、赤字現場を出さないように配慮しているところ、請求人が行った一定の工事（以下「本件付替工事」という。）に係る支出金は、実際に行った工事に係る外注費を他の現場に付け替えて発注書を作成し、本件各外注先から請求を受けたものであり、本件各外注先から提出された各「工事内容等証明書」（以下「工事内容等証明書」という。）にも記載されているとおり、いずれも本件各外注先が実際に施工した工事の対価である。

②　請求人が行った一定の各工事は、当該各現場（以下「本件施工現場」という。）の工期短縮・突貫工事等のために発注したものであり、V社において同現場の工事を実際に施工したものである。これらの計上金額は、あくまで本件施工現場の本体工事の未払金であって、先に支払ったものと区別するため、「本体追加工事」等の名称を使って計上したものであり、その支払は、実際の工事対価の支払である。

◇原処分庁の主張

以下の理由から、本件外注費が工事の対価であるとは認められず、本件支出金は、単に金銭の贈与がなされたものとみるのが相当であるから、法人税法37条7項に規定する寄附金に当たる。

① 本件各外注先が本件外注費に係る工事を施工した事実がない。

② 請求人の常務取締役で工事受発注の責任者のKが外注費の額の計算の基礎としたとする本件各外注先からのメモ等の保存がなく、また、請求人から提示された見積書等の資料からは、請求人が主張する各現場において本件各外注先に対する未払の工事対価が存在したということはできず、他にこれを裏付ける資料もない。

審判所の判断

1 法令解釈

「本件支出金が実際現場に係る工事の対価として対価性がないというためには、①実際現場における工事が行われていないこと、②実際現場において工事が行われていても、本件支出金がその工事代金として本件各外注先に対して支払われたものではないことのいずれかが必要となる。以上の点について、原処分庁が立証責任を負うが、通常、会計帳簿が、日々の業務の過程において、業務上の金員の動きがそのまま記載されるものであるから、特段の事情のない限り、会計帳簿に記載されたとおりの事実を認めることができる。そうすると、請求人が会計帳簿に記載された事実と異なる事実を主張する場合には、かかる事実の存在や異なる事実を会計帳簿に記載することとなった事情などの特段の事情を立証する必要が生じることとなる。」

2 実際現場における本件各支出

1 本件付替現場支出金について

請求人は、本件付替工事について、本件各外注先が、請求人が会計帳簿に記載した現場を施工していない事実を認めた上で、本件付替工事に係る支出金（以下「本件付替現場支出金」という。）が、同現場とは異なる現場で本件外注先が実際に施工した工事の代金である旨主張している。

本件付替工事が行われたとされる現場については、認定事実によれば、L社によって実際に工事が行われたことは認められる。しかし、請求人は同現場について、本件外注費とは別個に当初計上外注費を計上していること等の

事実から、特段の事情のない限り、当初計上外注費が追加工事も含めて本件現場の工事全体に対応する対価であると推認することができる。

　この点について、請求人は、本件現場において当初の予定にない追加工事が発生し、工事責任者が追加分も支払う約束でL社が施工した代金である旨主張する。しかしながら、当初計上外注費に関する本件認定事実に照らすと、各現場の完成から1年以上経過した時点で、当初計上外注費に追加して本件外注費を工事代金として支払うべき特段の事情があったとは認められない。

　ただし、V社の現場の一部については、V社によって実際に工事が行われたことが認められ、当該各現場の本体追加工事を内容とするV社からの請求に基づき、当該本体追加工事として請求人の会計帳簿に記載されているから、当該各現場の本体追加工事に係る対価であると認められる。

２　本件施工現場支出金について

　請求人は、本件施工現場の工事に係る支出金（以下「本件施工現場支出金」という。）については、会計帳簿に記載されたとおり、実際に施工された各現場の本体工事の追加代金等であるから、いずれも正当な工事の対価である旨主張している。

　認定事実によれば、本件施工現場については、V社によって実際に工事が行われたことが認められ、同現場に係る本件外注費についても、当該各現場の工事代金として請求人の会計帳簿に記載されているから、当該各現場の工事に係る対価であることがうかがえる。

　原処分庁は、当該各現場に係る工事が行われていない旨主張するが、上記会計帳簿に記載された事実と異なる事実を認めるに足りる証拠はない。

③　結　　論

　「以上のとおり、本件付替現場支出金は、対価性のない支出金であり、寄附金に該当し、他方、本件施工現場支出金は、対価性のある支出金であり、寄附金には該当しないと解するのが相当である。」

図説　本件各支出の内容と税務上の取扱い

本件付替現場支出金

• 請求人の会計帳簿に記載なし

　→　特段の事情がない限り、当初計上外注費が工事の対価と判断され、本件外注費との差額は寄附金とされる。

本件施工現場支出金

• 請求人の会計帳簿に記載されたとおり

　→　本件外注費が工事の対価と判断され、損金に算入される。

逆転のポイント

　本件各支出金に対価性があるか否かの判断において、外注先からの請求に基づき請求人の会計帳簿に記載された支出があり、工事内容等証明書の記載とも一致していた点が、逆転のポイントである。

実務へのヒント ☞

　外注費か寄附金かの判断にあたり、本件裁決では工事施工の事実の有無を決め手としている。こうした判断から、寄附金として認定されないためには、見積書・当初請求書発行時期や追加工事の時期を示す書類、具体的な発注内容を示す書類、外注費の積算根拠・単価の計算根拠がわかる書類を確実に保存しておくことが重要であるといえる。つまり、工事施工とそれに対応する支出の事実を客観的に証明できれば、外注費として認められると考えられる。

〔川崎　賢二〕

コメント

　本件で問題となった各支出金のうち、寄附金と判断された本件付替現場支出金と、外注費と認められた本件付替現場支出金及び本件施工現場支出金とは、前者が、請求人が会計帳簿に記載した現場とは異なる現場における工事に係る支出であるのに対して、後者は、請求人の会計帳簿に記載されたものである点で性質を異にしている。

　そして、これらの判断にあたり、①工事が実際に行われたか、②本件支出金がその工事代金として本件各外注先に対して支払われたものかが問われ、両者の立証にあたり、請求人の会計帳簿の内容と各外注先から提供された工事内容等証明書との整合性が問われている。すなわち、本件では、請求人の会計帳簿に記載された工事に係るものであるか否かという点が判断を分ける一つのポイントとなっている。

　会計帳簿とは、明文の規定はないものの、納税義務者がその納税義務の内容を裏付ける内容を記したものであり、通常は業務上の金員の動きが記載されているものであるから、特段の事情がない限り、会計帳簿に記載された事実が認められ、それと異なる事実を認定する場合には、原処分庁が立証責任を負うことになる。反対に、納税者が会計帳簿に記載された事実と異なる事実を主張する場合には、納税者自身がその異なる内容について特段の事情の立証をする必要があることを本件裁決は示している。

　一般に、法律要件の存在を主張する側に立証責任があるとする民事訴訟における考え方を基礎として、租税訴訟においては、更正処分等による税額の適正さを主張する国側に立証責任があるとされる（最判昭和38年3月3日・訟月9巻5号668頁）。ただし、当事者間の正義・公平、各当事者の証拠への距離や立証の難易などを考慮して、国に立証責任を負わせることが不当と考える場合には、例外的に納税者側に立証責任を負わせる場合がある（例えば、居住用財産の譲渡所得の特別控除について、居住用財産該当性の事実は納税者の主張立証責任に属すると判断した名古屋地判平成18年2月23日・判夕1223号157頁など）。

　本件においてもこうした議論を前提として立証責任の配分を考慮したものと考えられる。会計帳簿の重要性と主張・立証の根拠の意義について再確認させられる事案である。

33 　　　　　　　　　　　　　　　　　　　　　　法人税

推計課税の方法の合理性
―資料に基づく具体的計算方法

《具体例：平成20年6月27日裁決・裁決事例集75集》

┌─ **こんな場合どうする‼** ─────────────────────

　法人税法131条は、税務署長は、青色申告書に係るものを除き、内国法人の法人税につき法人税の課税標準を推計して、法人税の更正又は決定をすることができる旨を規定しており、推計課税を認めている。

　課税の公平を担保するためには、推計による課税も許容される場合がありうるが、その必要性と内容の合理性が認められなければ、その処分は適法性を欠くことになる。

　推計課税の基礎となるべき資料がいくつかある場合、課税処分の合理性を争うにはどのような主張が可能なのだろうか。

└──────────────────────────────────────

　請求人は、個室付特殊公衆浴場業を営む有限会社であり、平成15年5月からRが取締役に就任している。

　請求人は、そのS店舗において、個室を設け客の性的好奇心に応じコンパニオンが接客する役務を提供する店舗型性風俗特殊営業を営んでいる。同店舗では、40分のコース料金及びコンパニオンの指名料金が設定されている一方、1,000円の割引券及びメンバーズカード（5回利用すると次回5,000円引き）を発行している。

　これらの事項については、本件各事業年度（平成15年4月1日から同16年3月31日までの「平成16年3月期」、平成16年4月1日から同17年3月31日までの「平成17年3月期」、平成17年4月1日から同18年3月31日までの「平成18年3月期」をいい、これらを併せて「本件各事業年度」という。）以

後、本件調査が行われた平成19年2月までの期間（以下「本件期間」という。）において大きな変化はない。

　原処分庁が、請求人は売上げの一部を除外しているとして法人税等の更正処分等を行ったのに対し、請求人は、売上げを除外した事実はないとして、同処分等の全部の取消しを求めて争った。

争　点

1　推計課税の必要性とその方法の合理性

2　隠ぺい又は仮装行為の有無

図説　請求人提示の各月計表と平成19年1月月計表の内容（一部）

	コース料金のみ支払った客数（人）	コンパニオン指名料金を支払った客数（人）	M客数（メンバーズカード利用客数：割引金額）（人）
平成18年9月	356	208	○○
平成18年10月	797	180	○○
平成18年11月	791	130	○○
平成18年12月	840	141	○○
平成19年1月	434	226	○○

客数・売上金額を圧縮して記載　　　　　　水増しして記載

◆請求人の主張

1　請求人は、調査対象期間において売上げを除外していないし、請求人の帳簿書類から売上金額が過少に計上された事実はうかがえないから、推計の方法により売上金額を算定する必要性はない。また、原処分庁のこのような課税権行使は、偏見かつ恣意的な裁量権の濫用に該当する。

2　仮に、推計の方法により売上金額を算定する必要性があるとしても、次のことから、原処分庁の売上金額の推計方法に合理性はない。

①　客サービス用の使用水量は客数に応じた使用量になるが、浴場床等の清掃用の使用水量は日々一定であること、また過去の営業停止処分後に

マットプレイができるスタッフが減少したことに伴い、マットプレイの減少が推認できることなどの諸条件を斟酌していないことから、水道使用量を基に行った推計方法に合理性はない。

② 平成18年10月から同年12月までM客数（メンバーズカードを利用して割引を行った客数）が多いのは、メンバーズカードの割増し押印を行った効果により客数が増加したためである。

◇原処分庁の主張

本件各事業年度の売上金額は、次のことからすると、水道使用量1リットル当たりの売上金額に本件各事業年度における水道使用量を乗じて算定した金額というべきである。

1　本件各事業年度の売上金額の計算の基礎となる月計表等の原始記録が破棄されていること、また、日々の売上を記録する売上帳や現金売上に係る入金額を記載する現金出納帳などの帳簿が作成されず、提示された帳簿書類のみでは正当な売上金額の計算ができない状態であったことが認められるから、推計の方法により売上金額を算定する必要性がある。

2　次のことから、原処分庁の売上金額の推計方法に合理性がある。

① 請求人が営む店舗型性風俗特殊営業では、客数とシャワーの利用による水道使用量とは比例関係にあり、売上金額は客数に比例することから、売上金額を水道使用量によって推計する方法には合理性がある。

② 浴場床等の清掃用の水道使用量は利用頻度に応じて増減すると考えられるから、水道使用量は客数と比例関係にあるということができること、また営業停止後にマットプレイができるスタッフが減少した事実を裏付ける客観的証拠を欠くから、請求人の主張には理由がない。

③ メンバーズカードの割増し押印をしたとしても、効果が現れるのは相当期間経過後であり、平成18年10月から同年12月までのM客数だけが他の月と比較して7倍から9倍に増加するのは異常であり、S店舗のT店長の証言は信用できない。

④ 請求人による推計方法は、平成19年1月の数値のみを基礎としている

のに対して、原処分庁が採用した平成18年10月から平成19年１月までの４か月の数値を基礎とする方法であり、原処分庁の推計方法がより合理的である。

Ⅲ　審判所の判断

1　推計の方法により売上金額を算定する必要性

「法人税法第131条に規定する推計の方法による課税処分が許容されるのは、①納税者が収支を明らかにし得る帳簿書類を備え付けていない、②資料の提示を拒否するなど税務調査に非協力的である、③帳簿書類を備え付けていても記帳が不正確であるなどのため、実額の把握が不可能または著しく困難であるような場合に限られていると解するのが相当である。」

これを本件についてみてみると、請求人が本件調査担当者に提示した月計表に記載されている各日の客数は、実際の客数が記載されていると認められるＴ店長が作成した本件ノートの記載の半分であることからすると、月計表の客数及び売上金額は圧縮されていると認められ、その行為は継続的に行われていたと認められる。

そして、請求人は、現金出納帳等を作成せず、売上の原始記録である月計表等を破棄して、収支を明らかにし得る帳簿書類を備え付けていないから、本件各事業年度の売上金額を推計の方法によって算定する必要性があったと認められる。

2　売上金額の推計方法の合理性

原処分庁が採用した水道使用量１リットル当たりの売上金額を基にした売上金額の推計方法には合理性があると認められる。しかしながら、原処分庁がその算定の基とした平成18年10月から同年12月までの各月計表は、本件ノートに記載された客数と一致させるため、請求人において売上げが生じないＭ客数を水増しするなど作為的に作成されたものと認められることから、本件各事業年度の売上金額の算定に当たっては、当該各月計表をその算定の基とするよりも、本件平成19年１月月計表のみを基に算定するのがより合理

的であると認められる。

　そうすると、2か月単位（平成18年12月及び平成19年1月の使用水量）で計測される水道使用量から、平成19年1月の水道使用量を合理的に算定することは困難である。

　他方、請求人が営む店舗型性風俗特殊営業では、客数とバスタオル使用枚数とは密接な比例関係にあるということができ、バスタオルの使用枚数によって推計する方法が合理的であると認められる。

　したがって、バスタオルの使用枚数を基にした推計売上金額により本件各事業年度の所得金額を計算した結果、本件法人税各更正処分額は、いずれもその一部を取り消すべきである。

⚖ 逆転のポイント

　この事例では、T店長が自己の店舗管理のために作成していた客数の目標や実績を記載したノートがあったことが、推計課税の発端になるとともに、原処分庁の処分の一部取り消しに繋がった。

　また、水道使用量による方法よりも、バスタオル使用量を基に推計計算を行うのがより合理的と判断された点が逆転のポイントといえよう。

┌ 実務へのヒント ☞

　原処分庁は虚偽の内容が記載された月計表をもとに推計課税を行ったが、税理士としてはこのような不正を未然に防ぐことはもちろん、万が一、推計課税が行われた場合でも、その合理性を確認する注意力が必要といえるであろう。

［米川　雅人］

　申告納税制度の下では、実額課税が原則であるが、納税者の帳簿等が不備であったり、納税者の協力が得られない場合には、課税の公平性の実現のために

推計課税の方法が認められている。推計課税は、税務署長が間接的な証拠に基づいて税額を認定するものであり、納税義務の立証責任は税務署長側にあるため、それを行うためには、①その必要性の要件、②その方法の合理性が問われることになる。

　推計課税の必要性については、要件が法定されているわけではないが、本件においては、①帳簿書類の備付けの不備、②税務調査への非協力、③帳簿書類の記載の不備などの理由により、実額の把握が不可能又は著しく困難であるような場合に限られるとの要件が示されている。こうした解釈は、過去の裁判例と軌を一にするといえよう（たとえば、福岡地裁平成2年11月8日・行集41巻11・12号1839頁）。

　さらに、推計課税の合理性については、法人税法131条（及び所得税法156条）が、資産増減法、同業者比率法、効率法を例示している。本件において原処分庁が採用した水道使用量に基づく推計課税は、効率法に該当するものであり、本件裁決はこの方法自体の合理性を認めている。ただし、本件裁決の特徴は、推計課税を行うために採用された方法自体の合理性を認めつつも、その具体的内容に問題があるとして、本件更正処分等を取り消したという点に認められる。

　本件では、請求人の経営者であるRが客数及び売上金額を圧縮していることが月計表の記載内容によって認められており、その事実を基礎として推計課税が行われたのであるが、原処分庁はその虚偽の内容の資料を前提としたものであるため、推計課税としてより合理的な方法によるべきであると判断されている。そして、バスタオル納入枚数は正確な記録が存在し、それを基にしたバスタオル1枚当たりの売上金額はより正確性が高いものと認められることから、原処分庁の採った方法よりも合理性があると判断されたのである。

　合法性の原則を前提とすれば、推計課税の必要性が認められるとしても、なるべく実額に近い金額を算定する必要があるため、その合理性が求められるのは当然のことといえよう。

　なお、本件では請求人の隠ぺい又は仮装行為の有無も争われているが、本件裁決は、請求人は、本件各事業年度の各月計表に圧縮した客数を継続的に記載することにより、圧縮した売上金額を計上していたとして、隠ぺいの事実があったことを認めている。

法人税

解散・清算を予定している子会社に対する増資の経済的合理性

《具体例：平成21年9月16日裁決・裁決事例集78集》

こんな場合どうする‼

　経営不振に陥っている子会社が近く解散を余儀なくされている場合に、役員個人が債務等を負担していると責任を負わなければならないリスクが高い。そこで、親会社が増資を行って子会社の債務超過状態を解消させてしまえば、役員個人の債権が保全される一方、子会社の清算結了時点で、親会社側には、資産に計上されている投資有価証券勘定のうち回収不能部分を投資損失として処理する方法が考えられる。このような処理は法人税法上、認められるのだろうか。

　建築用内装材の製造・販売業を営む法人である請求人は、設立時からE及びFが代表取締役に就任しており、同族会社（法法2⑩）に当たる。

　不動産の売買・仲介業、建築請負業等を主たる事業目的として設立されたG社は、設立当初はEとHが代表取締役を務めていたが、後にHは取締役を解任され、代表取締役を退任した。

　G社の出資割合はE及びHが各2分の1であったが、Hの代表取締役退任時に、その所有していた株式100株をEが無償取得し、その後、平成17年1月21日、Eから請求人へ発行済株式総数の200株が無償譲渡されている。なお、G社は設立以来、同族会社である。

　G社は、平成16年12月24日開催の取締役会及び同17年1月8日開催の臨時株主総会において、下記の内容の第三者割当てによる新株発行の増資を決議し、同年2月4日に、第三者割当てを受けた請求人からの増資払込金の支払を受けて増資が完了した（以下、当該増資を「本件増資」という。）。

図表　本件の新株発行増資の内容

発行する新株数	普通株式600株
新株の発行価格	1株金50,000円
新株の払込期日	平成17年2月4日
割当てを受ける者	請求人

　その後、G社は、平成18年10月○日開催の株主総会の決議により解散し、平成19年5月○日に清算結了した。

　一方、請求人は、平成17年1月5日開催の取締役会において、G社の第三者割当ての増資に応じる旨決議した。

　そして、請求人は、払込期日である平成17年2月4日までに、本件増資に係る新株引受けの株式払込金3,000万円（以下「本件増資払込金」という。）をJ銀行へ支払った。また、請求人は平成17年2月3日付で、本件増資払込金を総勘定元帳の「投資有価証券」勘定の借方に計上した。

　G社が平成19年5月○日に清算結了したことから、請求人は同日付で「投資有価証券」勘定の貸方及び「投資損失」勘定の借方にそれぞれ3,000万200円を計上した（以下、「投資損失」勘定の借方に計上された金額のうち本件増資払込金に相当する3,000万円を「本件投資損失」という。）。

　そして、請求人は平成19年5月○日付で、「投資損失」勘定の貸方に相手科目を「未収入金」として919万8,311円計上した（以下、この金額を「本件清算配当金」という。）。

　以上の事実を前提として、請求人は本件投資損失額を損金の額に算入して法人税の申告をしたところ、原処分庁が、当該払込金は子会社等を整理又は再建する場合の損失負担等に該当せず、G社への金銭の贈与であるとして、当該払込金を払込時の事業年度の寄附金と認定した上で、その後の事業年度に計上された投資損失は生じないとして、当該各事業年度の更正処分等を行った。これに対し、請求人がこれらの処分等の全部の取消しを求めた。

　なお、原処分庁は、本件審査請求において、本件各更正理由以外の理由である法人税法132条1項の規定（以下「本件否認規定」という。）の適用を追加主張した。

図説　本件事実関係

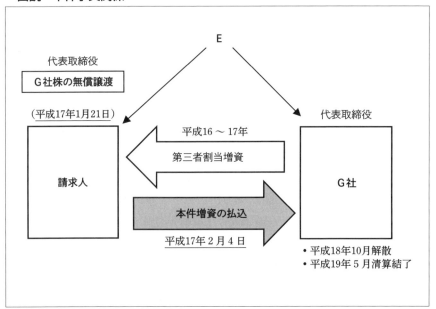

争　　　点

本件増資払込金の支払は、本件否認規定の要件を充足するか。

◆**請求人の主張**

1　本件増資は商法の手続に基づいたものであり、次のとおり、通常の経済
　人であれば行うことのない不自然、不合理な行為ではないので、その行為
　の結果請求人の法人税の負担を不当に減少させるものでもない。したがっ
　て、本件否認規定の適用はなく、原処分庁が請求人の商行為を税務上否定
　することは、租税法律主義に反し許されるものではない。

⑴　G社はHの不法行為という内部事情から、債務超過の中で整理を余儀
　なくされた。

⑵　G社の整理に際しての増資は、同族会社でなくとも株主の判断によって通常なされる取引である。

⑶　請求人はG社の関連会社であり、顧客や取引先への影響を最小限に抑え、それにより発生が懸念される追加の損失や、地域における請求人の企業の信用の失墜を最小限に食い止めるため、損失負担を行うことには相当の理由があり、関連会社の整理に際しての損失負担は、通常の経済人（経営者）が利害関係者や顧客等への配慮等（社会通念）に基づいて行い得る取引である。

⑷　法人税基本通達（以下「通達」という。）９－４－１の定めから明らかなように、同族会社が関連会社の整理に際して資金を投入することについて、その行為自体でもって経済的合理性を否定することはできない。

２　上記１のとおり、請求人による本件増資払込金の支払は通常の経済人が行う行為であるから、本件増資払込金は法人税法37条７項に規定する寄附金には該当せず、投資有価証券勘定に計上すべきものであり、G社の清算結了に合わせて株主有限責任の範囲で負わざるを得ない投資損失として処理することが妥当である。

◇原処分庁の主張

１　請求人の本件増資払込金の支払は、次のとおり、請求人及びG社がEにより実質的に支配される同族会社であることによりなし得た行為であり、通常の経済人であれば行うことのない不自然、不合理な行為であると認められ、その行為の結果生じた本件投資損失額が損金の額に算入されることで、請求人の法人税の負担を不当に減少させる結果が生じているため、本件否認規定が適用される。

⑴　本件増資によって、請求人及びG社の代表取締役であるEが、自己の有するG社への債権を率先して回収するとともに、G社のJ銀行からの借入金の連帯保証人としての責任を免れることにより、請求人へG社の清算に係る損失を転嫁したと認められる。

⑵　債務超過のG社には具体的かつ合理的な再建計画があったとは認めら

れず、また、本件増資時には営業を閉鎖し解散に向けた行動をとっている状態であり、請求人が損失負担等をすることについて相当な理由があるとは認められないことから、請求人が本件増資に応じる経済取引として首肯し得る合理性が認められないため、通達9－4－1及び9－4－2に該当しない。

2　上記1のことから、本件否認規定が適用され、当該支払は法人税法37条7項に規定する寄附金に該当するので、本件増資による株式の取得価額は零円であり、本件投資損失は発生しないこととなる。

審判所の判断

「第三者割当てを受ける者からみれば、当該株式払込金が当該株式会社の営業資金とされ、当該株式会社が利益を上げることにより、株主として利益配当を得、あるいは株式の価値が増加することを期待しているのが通常であり、特段の事情がない限り、今後営業活動をする予定はなく、利益を上げることも予定されない株式会社に対して、増資により資本投下する合理的な理由はないというべきである。」

G社が本件増資後、営業閉鎖が予定されていた事実が認められることからすれば、請求人が本件増資を引き受けた場合には、少なくとも営業閉鎖時において超過債務額程度の損失負担を強いられることが容易に予想できたはずである。

また、本件増資前の請求人とG社との間には同一人物が双方の役員になっていたこと等の関係があるが、G社において請求人との取引が事業の根幹を成すようなものではなかったこと等からすると、請求人が本件増資を引き受けなければならない特段の事情があったとはいえない。

そうすると、請求人による本件増資の引受け及び払込金の支払いは純経済人の行為として不自然、不合理なものと認められ、本件否認規定の要件に該当し、これを容認した場合には法人税の負担を不当に減少させる結果となると認められる。

　したがって、本件増資の払込みという行為自体を税務上否認し、当該払込はなかったものとして取り扱うのが相当であり、本件投資損失から本件清算配当金の額を差し引いた後の金額2,080万1,689円（本件投資損失差額）については平成19年5月期の損金の額に算入することは認められない。

　しかしながら、本件増資後の平成17年2月28日時点では、G社の純資産の額は701万円余であることからすれば、請求人は、本件増資払込金を原資としてG社の負債を整理した後に同社を解散させ、その時点における残余財産の分配を受けることを予定していたと認められる。そして、現にその後のG社の清算時点で請求人はG社から919万8,311円の清算配当を受領していることからすれば、本件増資の引受け及び本件増資払込金の支払という行為・計算の時点で、本件増資払込金の全額について、請求人がG社に贈与したものとして法人税法37条7項所定の寄附金に該当すると認定することには無理があるといわざるを得ない。そのため、平成19年5月期の更正処分はその一部を取り消すべきである。

⚖ 逆転のポイント

　本件否認規定の適用が認められ、請求人の行為計算が否認されたとしても、本件増資払込金の全額が回収不能でない限り、その全額を寄附金と認定することはできないと判断された点が、逆転のポイントである。

実務へのヒント☞

　関連会社に対して役員個人が融資するようなケースでは、当該会社が倒産・解散した場合には通達9－4－1は適用されない。役員個人のリスクを回避するためには、時間的な余裕を持たせつつ、合理的な再建計画を立てた上で、優良会社を経由して不振会社へ増資等を実行することが肝要であろう。

［橋本　博孔］

第三者割当てによる増資とは、株式会社が第三者からの株式払込金を受けることを対価として、当該株式会社の社員たる地位（株式）を新たに発行するものである。そのため、収益の見込みのない会社に対する増資は経済的合理性に欠けることとなり、本件において請求人がG社の増資を引き受けた行為は、法人税法132条１項の要件を充たすと判断された（同要件の解釈については、福岡高判宮崎支判昭和55年９月29日・行集31巻９号1982頁参照）。

　　これに対し請求人は、本件増資は通達９−４−１に該当し、経済的合理性がある旨主張している。しかし本件裁決は、請求人が本件増資に応じる取締役会の決議後にG社を子会社化したという事実から、同通達が前提とする「子会社等の」解散の状態を請求人自らが作出したものとして、請求人にとって本件増資に応じてG社を整理する客観的、具体的な必要があったとは認められないと判断している。

　　本件事実の下では、請求人の行為・計算が法人税法132条１項に基づく否認を受けることはやむを得ないが、本件増資によって残余財産の分配を受ける可能性が認められ、その点において経済的合理性が認められたため、その金額について寄附金とは認定されなかった点に本件の特徴を見出すことができる。

青色承認の取消しと減価償却

《具体例：平成24年6月19日裁決・裁決事例集87集》

こんな場合どうする‼

　税務調査において6年前の帳簿書類を提示できなかったことにより、青色申告の承認が取り消された。この取消処分に伴い、中小企業者等の少額減価償却資産の取得価額の損金算入の特例（租税特別措置法67条の5）の適用が否認されたが、通常の減価償却限度額に達するまでの金額は、減価償却費として損金の額に算入することはできるだろうか。

　請求人は、金属製品製造業を営む法人であり、請求人の代表取締役は、本件代表者及びFである。

　平成22年10月5日、本件調査担当職員は、事前通知なく請求人の本社事務所に赴き、請求人の税務調査（以下「本件調査」という。）に着手した。また、同日、本件調査の着手に併せ、請求人の関連会社各社（以下、これら請求人の関連法人を「グループ各社」という。）についても、事前通知なしにグループ各社に係る税務調査が開始された。

　その後、平成23年3月に至るまで、再三にわたり本件代表者及び請求人の顧問税理士等に対して税務調査が行われた結果、平成17年12月期以降の帳簿書類は提示されたものの、平成16年12月期以前の帳簿書類は、平成18年10月頃の本社引越しの際に紛失したなどとして提示されなかった。

　こうした事実を前提として、平成23年3月25日付で、原処分庁は、平成16年6月期以後の法人税の青色申告の承認の取消処分（以下「本件青色申告承認の取消処分」という。）を行うとともに、租税特別措置法（以下「措置法」

という。）42条の６第１項に規定する「青色申告書を提出するもの」に該当しなくなるとして、同項の規定を適用できないとする等を内容とする法人税の各更正処分等及び仕入税額控除の一部を認めないとする内容の消費税等の各更正処分等を行った。

さらに原処分庁は、平成23年５月27日付で、本件青色申告承認の取消処分に伴い、請求人が措置法67条の５の規定を適用して取得価額の全額を損金の額に算入した減価償却資産（以下「本件減価償却資産」という。）につき、その全額の損金算入を認めないこと等を内容とする法人税の再更正処分等を行った。

これに対し、請求人が、上記各処分を不服として争った。

争　点

1　本件青色申告承認の取消処分が、取消しの根拠を欠く違法又は不当な処分であるか。

2　本件減価償却資産につき、償却限度額に達するまでの金額が減価償却費として損金の額に算入されるか。

◆請求人の主張

1　争点１について

(1)　請求人は、平成17年から平成19年にかけて本社の大規模な引越しがあったという特別の事情により書類が混乱し、一部の帳簿書類を探しても見つからずどうしても提出できなかったものであり、しかも、その帳簿書類は６年以上も前の帳簿書類である。そうすると、請求人には、平成16年６月期の帳簿書類を提出することが難しかったという「正当な理由」があるから、青色申告の承認が取り消されるべき理由がない。

(2)　国税庁長官発遣の平成12年７月３日付課法２−10ほか３課共同「法人の青色申告の承認の取消しについて」と題する事務運営指針（以下「本件事務運営指針」という。）は、「真に青色申告書を提出するにふさわしくない場合」に限って取消処分を行うこととしているところ、帳簿書類の提出が困難

であったことや平成17年12月期以降の帳簿書類は保存及び備付けがされており、その内容に指摘を受ける非違事項がなかったことからすれば、本件については、本件事務運営指針に照らし、青色申告の承認が取り消されるべき場合に当たらない。

2　争点2について

　請求人は、審査請求の審理に当たり、本件減価償却資産の取得に係る各請求書及び本件減価償却資産の償却限度額の計算明細書を提出したところ、これに基づき算定される償却限度額に達するまでの金額が損金の額に算入される。

◇原処分庁の主張

1　争点1について

　(1)　本件調査担当職員は、再三再四にわたり帳簿書類の提示を要求したにもかかわらず、本件代表者は、平成16年6月期の帳簿書類は紛失した旨回答し、平成16年6月期の帳簿書類を提示しなかったことから、請求人は平成16年6月期の帳簿書類を保存していないと推認するのが相当である。

　(2)　本件代表者は帳簿書類を紛失した旨申述するのみで、当該紛失をしたことにつき請求人の責に帰し得ない特段の事情を認めるに足りる証拠を提出していない。そうすると、平成16年6月期の帳簿書類を備え付けていないことについて、本件事務運営指針が定める「請求人の責に帰し得ない特段の事情」があるとは認められない。

2　争点2について

　本件調査担当職員は、本件減価償却資産に係る説明や資料の提出要請を行ったが、当該資料の提出がなく、償却限度額の計算をすることが不可能であったから、原処分庁は、その全額の損金算入を認めないとする内容の法人税の各更正処分を行った。仮に、請求人から本件減価償却資産の用途や耐用年数が明らかにされ、実際に事業の用に供されていれば、償却限度額に達するまでの金額を損金の額に算入することとなる。

　なお、請求人から、本件調査及び異議調査の際に資料の提出がなかったことから、原処分庁は、償却限度額に達するまでの金額の正否を判断できない。

Ⅲ　審判所の判断

① 争点１について

　青色申告の承認を受けている内国法人は、財務省令で定めるところにより、帳簿書類の備付け等をしなければならず（法法126①）、帳簿書類の備付け等が行われていない事実がある場合を青色申告の承認の取消事由とする旨規定している。そのため、青色申告の承認を受けている納税者の帳簿書類の備付け等の義務には、税務職員の質問検査に応じてその帳簿書類を提示する義務をも当然に含んでいるものと解するのが相当である。

　請求人の平成16年６月期の帳簿書類は所在が不明であり、当該帳簿書類に係るデータも存在しないのであるから、平成16年６月期の帳簿書類は、税務職員の求めに応じて提示することができない状態にあるということができ、帳簿書類の備付け等が法人税法126条１項に規定する財務省令で定めるところに従って行われていないということができる。

　また、青色申告法人は帳簿書類を整理し７年間納税地に保存しなければならない旨規定しているのであるから、備付け等がされていない帳簿書類が６年以上前の帳簿書類であることをもって、当該備付け等がないことについて、請求人の責に帰し得ない特段の事由があるとはいえない。

　青色申告制度の趣旨に照らせば、特段の事由もなく平成16年６月期の帳簿書類それ自体の備付け等がなされていない本件においては、当該備付け等がないことのみをもって本件事務運営指針に定める「真に青色申告書を提出するにふさわしくない場合」に当たるというべきであり、請求人が主張するような平成17年12月期以降の帳簿書類の保存及び備付けの有無やその内容についての非違事項の有無、並びに反面調査等を行えば申告内容等の適否の確認ができるか否かが当該判断を左右するものとはいえない。

　よって、原処分庁が本件青色申告承認の取消処分を行ったことが青色申告制度の趣旨や本件事務運営指針に反するものとはいえず、取消権の濫用であるともいえないから、この点に関する請求人の主張はいずれも採用できない。

② 争点2について

　減価償却費の損金算入の要件を定める法人税法31条4項の規定は、「減価
償却費が法人の内部計算において計上される費用であることから、法人が確
定した決算において減価償却資産につき償却費として費用計上する意思表示
を明確にしたものに限り、定められた償却限度額の範囲内でその損金算入を
認めたものと解される。」

　「青色申告書を提出する法人以外の法人が、減価償却資産の取得価額に相
当する金額を償却費として損金経理をしていた場合であっても、このうち各
事業年度における各資産の償却限度額に達するまでの金額、及び当該各事業
年度の損金の額に算入されなかった金額（償却超過額）のうち、当該各事業
年度の翌事業年度以降における各資産の償却限度額に達するまでの金額は、
いずれも所得の金額の計算上損金の額に算入されると解される。」

　本件各事業年度において、請求人は、青色申告書を提出するものに当たら
ないため、措置法67条の5の規定を適用して取得価額の全額を損金の額に算
入することはできないが、請求人は、本件減価償却資産を取得し、事業の用
に供していると認められ、これらに基づき、請求人が選択した減価償却資産
の償却方法及び法定の償却方法により本件各事業年度の償却限度額を計算し
た金額が、各事業年度の損金の額に算入される。

図説　本件裁決の概要

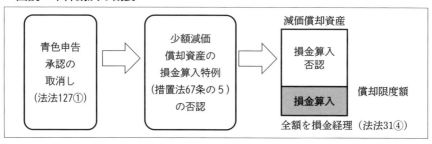

⚖ 逆転のポイント

　請求人が本件の減価償却資産の取得価額の全額につき損金経理していたこ

と、税務調査及び異議申立ての際には提出していなかった減価償却資産の資料について、審査請求において提出し、それに基づいて償却限度額の計算が認められた点が、逆転のポイントである。

実務へのヒント☞

　本件は、事前通知なく請求人を含むグループ各社に対して税務調査に着手されたことに対する請求人の不満に端を発した争いと考えられる。処分取消しとなった**争点2**については、税務調査の際に調査官に資料を提出し、説明していれば損金算入が認められるものであり、その段階で解決できた問題である。税務調査においても法令に基づく対応が必要であることは言うまでもないが、帳簿書類の保存等がなかったとしても、説明、関連資料の提示等を行うことが、結果的に依頼人の利益につながると言うべきだろう。

［妹尾　明宏］

コメント

　本件の争点1に関する請求人の主張には無理があると言わざるを得ないが、争点2については、税務調査や異議申立て時に提出していなかった資料を審査請求時に提出することが認められた点が逆転につながった。

　税務争訟の対象をめぐり、総額主義と争点主義の対立がある。総額主義とは、審査請求人が主張する理由に限られず、処分の適否に関するあらゆる理由が審理の対象となる考え方であるのに対し、争点主義とは、不服申立人が主張しない理由は審理の対象とすべきでないとする見解である。判例は税務訴訟について総額主義に立っており（最判昭和49年4月18日・税資75号163頁）、不服申立てについても同様に解されている。こうした取扱いに対しては手続的保障の点から疑義があるが、他方、争点主義に立つ場合には、不服申立段階で納税者側からの新たな主張が制限されることとなるため、権利救済という不服申立制度の趣旨に鑑みれば、少なくとも審査請求時での請求人による新たな資料の提出は認められると解することができるだろう。

卒業式において提供した昼食費用は交際費等に該当するか

《具体例：平成20年4月25日裁決・裁決事例集75号》

こんな場合どうする‼

　法人の支出が、交際費等又は他の支出のいずれにあたるかについて、税務当局との間で見解の相違が生じることが多いため、税理士は常に適切な判断が求められるとともに、納税者へのアドバイスも必要となる。

　教育サービスを提供する会社がその受講生を対象として実施した卒業式での昼食費用が、交際費等に該当するのかが争われたケースにおいて、どのような事情を基準にして判断すればよいのだろうか。

　請求人は、○○教室「Ｅ会」の企画・運営等を業とする会社である。請求人の営む○○教室は、全国で約数千の○○校を有しており、その○○教室の各講座のうち本科コースの中には免状コースがあり、このコースに属する初級講座から師範講座までの全授業課程を修了した受講生は、免状を取得できる。さらに指定された講座を修了し、承認証を取得した者は○○校を開校できる資格を与えられる。全授業課程を修了した受講生が免状を取得するためには請求人に授業料とは別に免状料を支払う必要がある。

　請求人は、受講生に免状を授与するに際し、夏期及び冬期の年2回、全国7箇所のホテルを会場として卒業式を行っている。請求人に対して免状取得申込書を提出し、免状料を支払った者で、かつ卒業式への出席を希望した者が、卒業式に出席できる。本件各卒業式では、乾杯及び歓談等の時間帯において、出席者に対して昼食（乾杯用シャンパンを含む）を提供している。本件事業年度に係る卒業式進行予定表又は式次第によれば、昼食が供与される

231

時間帯について「卒業祝賀パーティー」と記載されている。

　請求人は、平成18年1月1日から平成18年12月31日までの本件事業年度の法人税について、本件事業年度において各卒業式の会場である各ホテルに支払った金額のうち、卒業式を行うために要した費用の合計額1,810万8,111円（以下「本件各卒業式費用」という。）を広告宣伝費に計上し、損金の額に算入した。これに対して原処分庁は、各卒業式費用のうち、出席者に対する昼食等の供与に要した費用の合計額1,514万779円（以下「本件各昼食費用等」という。）を租税特別措置法（以下「措置法」という。）61条の4第3項に規定する交際費等に該当するとして、更正処分を行った。

争　点

本件各昼食費用が、措置法61条の4第3項に規定する交際費等に該当するか。

◆請求人の主張

　以下の理由により、本件各昼食費用は交際費等には該当しない。

1　本件各卒業式費用については、本件各卒業式において格式ある厳粛な免状授与式を行う等、請求人の業務の遂行を目的に支出するものであり、請求人はこれにより多額の収入を得ることができる。

2　本件各卒業式は長時間にわたり、かつ昼食時間帯をまたがって行われることから、請求人は、その中間に出席者に対して昼食を提供しているに過ぎない。また、請求人は昼食代相当額も加味した上で免状料を受領していることから当然の義務として卒業生に対して昼食を提供するものであり、請求人が卒業生を接待するために昼食を提供しているものではない。

3　昼食の内容は、格式のある厳粛な免状授与式に見合う程度の社会通念上必要な程度のものであり、昼食時に提供される酒類は、食事に先立って行われる儀式としての乾杯のために供される極めて小さなシャンパングラス1杯のシャンパンのみであり、そのほかにはいかなる酒類も提供されない。

4 仮に、免状料に昼食代相当額が含まれていない場合においても、これらの昼食の内容に照らせば、本件各昼食費用等は、社会通念上通常要する程度の費用の支出に該当するということができ、交際費等には該当しない。

◇ **原処分庁の主張** ....

以下の理由により、本件各昼食費用は交際費等に該当する。

1 請求人は、卒業生を卒業式の出席資格者としていることから、本件各卒業式費用の支出の相手方は、請求人の事業関係者等であると認められる。

2 各卒業式は、開会後「免状授与式」が行われ、その後「卒業祝賀パーティー」と題して、出席者に酒食の提供が行われていることから、パーティーは請求人が出席者との親睦を深めることなどを目的に酒食をもてなし、すなわち、供応、接待のために行われているものと認められる。

Ⅲ 審判所の判断

措置法61条の4第3項の規定より、「当該支出が交際費等に該当するかどうかについては、①支出の相手方が事業関係者であり、②支出の目的が、事業関係者等との間の親睦の度を密にして取引関係の円滑な進行を図るためであるとともに、③支出の原因となる行為の形態が、接待等であることの三要件に該当することが必要であると解される。

そして、支出の目的が接待等のためであるか否かについては、当該支出の動機、金額、態様、効果等の具体的事情を総合的に判断して決すべきであり、また、接待等に該当する行為とは、一般的にみて、相手方の快楽追求欲、金銭や物品の所有欲などを満足させる行為をいうと解される（東京高裁平成15年9月9日判決）。」

1 支出の相手方について

本件各卒業式の出席者は、○○教室の卒業生を対象としており、その卒業生は、講師の資格を取得する等すれば○○校を開設することができるほか、各講座の受講資格を取得することができることから、今後、請求人と一定の取引関係を有する可能性のある者である。したがって、本件各昼食費用等の

支出の相手方である卒業式への出席者は、請求人の事業関係者等に該当するものと認められる。

② 支出の目的について

本件各卒業式の目的は、式次第の内容等から、卒業生に免状を授与することにあると認められる。

そして、免状料収入及び損益計算書に計上されている売上高からも、本件各卒業式は請求人の事業を構成する重要な要素であることがわかる。

また、卒業生の人数や事業規模が拡大化したことを考えると会場としてホテルを利用することにも一定の合理性が認められる。

本件各卒業式にて昼食を供与する理由について、卒業式が長時間に及び、昼食の時間帯にまたがっていることを理由としているところ、請求人の教室が全国にわたっていることや遠隔地から出席する者も想定されることから、各卒業式は開始時間が午前11時、終了時間が午後3時30分に設定されているものと認められる。このことを考慮すると、昼食を供与することには相当な理由があるものといえる。

また、本件各卒業式で供与される昼食の内容及び程度については、メニューや単価からすると、殊更豪華な昼食とは認められず、さらに、昼食において供与される酒類は、乾杯において供与されるシャンパングラス1杯のシャンパンのみで、そのほかに酒類は供与されていないことからすれば、儀礼的に供与される程度のものであると認めるのが相当である。

「したがって、本件各卒業式において昼食を供与することには合理的な理由があるということができ、また、本件各卒業式が行われる場所、供与される酒類の量及び食事の程度を併せて考えれば、本件各卒業式において社会通念上供与されると認められる通常の昼食の範囲内にあるというべきである。」

これらのことを総合的に判断すると、本件各卒業式は、免状を卒業生に授与することを目的とした区切りの行事であり、各卒業式の中間に出席者に昼食等を供与する行為は、各卒業式を構成する一要素にすぎないというべきである。

　「したがって、本件各卒業式において昼食等を供与する目的は、事業関係者等との間の親睦の度を密にして取引関係の円滑な進行を図ることにあるとは認められない。」

③　行為の形態について

　本件各卒業式において昼食及び乾杯のための酒類を供与する行為は、ホテルを会場として昼食をする必要性があること、供与される昼食は社会通念上供与されると認められる通常の昼食の範囲内であること、酒類は儀礼的な乾杯のためにのみ供与されていること、から判断すれば、これらの行為が直ちに出席者の快楽追求欲を満足させる接待等に該当するものとまではいうことはできない。

　以上の理由から、本件各昼食費用等は、措置法61条の4第3項に規定する交際費等には該当しないものと認められるから、本件更正処分についてはその全部を取り消すべきである。

逆転のポイント

　交際費等に該当するか否かについての要件のうち、昼食等を供与しなければならない理由及び参加者にもてなす酒食が社会通念上の昼食等の範囲内であることを、詳細な資料によって立証できたことが逆転のポイントである。

図説　交際費等該当性要件と本件への適用

要　件	内　容	該当性
支出の相手方	請求人と一定の取引関係を有する可能性があるか	○
支出の目的	卒業式の目的、開催場所（ホテル）、昼食を提供する理由、酒類の提供の程度から、事業関係者等との間の親睦の度を密にして取引関係の円滑な進行を図る目的であるか	×
行為の形態	請求人と出席者との親睦を深めることを目的として酒食をもてなし、出席者の快楽追求欲を満足させる接待等に該当するか	×

⇒　本件各昼食費用等≠交際費等

実務へのヒント☞

　税務上の交際費に該当するかについては、数々の判例があり、この裁決例でも引用されている三要件を中心に検討するのが適切と考えられる。この事例では、交際費には該当しない根拠として、学校案内のパンフレットやホテル側からの資料までも提示して立証することができた。交際費か否か判断に困り、かつ支払金額が高額である取引については、原始帳票だけでなくそれに関連する資料についても収集し、保管する必要がある。

　また、税務当局が交際費等と判断する際には、供与する酒食に酒類がどの程度含まれているか、一人あたりの酒食にかかる金額をとりわけ重視しているように思われる。こうした状況を踏まえ、酒類や酒食を提供する場合には、その量や金額にも十分留意する必要があるだろう。

〔川崎　賢二〕

コメント

　交際費等の該当性要件について、本件裁決は、東京高裁平成15年9月9日判決（税資253号順号9426）を引用して、三要件説によっている。このほか、二要件説（支出の相手方と支出の目的を問うもの）を採用する判決（たとえば、東京高判平成5年6月28日・行集44巻6・7号506頁など）もあるが、二要件説に立つ判決でも行為の形態の判断を要求するものもある（東京地裁昭和50年6月24日・判時792号23頁）。学説上は、三要件説の方が法文の文言により忠実な解釈だと評価されている（谷口勢津夫『税法基本講義（第5版）』（弘文堂・2016年）449～450頁）。

　本件裁決は、三要件のうち、支出の相手方という第一の要件についてはその充足を肯定するものの、支出の目的及び行為の形態という第二・第三の要件については、いずれも満たしていないとして否定することにより、交際費等該当性を否定する判断を示している。本件各卒業式をホテルで実施し、昼食や酒類を提供しているという外形のみに着目した原処分庁の主張に対し、合理的理由があり、社会通念上相当の範囲にとどまっていることを認めた本件裁決の判断は、至極もっともな判断であるといえよう。

役員退任後に支給する給与

《具体例：平成24年３月６日裁決・裁決事例集86集》

こんな場合どうする‼

　近年、中小企業において、後継者不足は深刻さを増しており、事業をＭ＆Ａなどで他人に移譲することも珍しくない。このような場合、前経営者が役員を退任した後も一定期間、企業内に留まって業務に従事することも多い。このような場合に支給される給与の取扱いにはどのような問題があるのだろうか。

　請求人は、収集された産業廃棄物に、選別、焼却、破砕、圧縮等の中間処理を行い、再生材や埋め戻し材等として出荷する事業を営む法人であり、本店所在地とは別の地区に廃棄処理場（中間処理場）を有している。

　Ｈは設立当初から請求人の所在地と同じ市内に在住し請求人の役員をしていたが、平成15年３月31日に請求人の役員を退任した。Ｈの退任直前の役職は代表取締役であった。また、Ｊは請求人の役員をしていたが、Ｈと同じ頃に請求人の役員を退任した。

　請求人は、本件各事業年度（平成18年７月期から平成22年７月期まで）において、Ｈに対し給与及び賞与として支給した金額（以下「本件各金額」という。）を損金の額に算入し、法人税の青色の確定申告書を提出した。

　これに対して原処分庁は、Ｈには勤務実態がなく、本件各金額は、産業処理場周辺の住民からの苦情に対応するなどといったいわゆる地元対策や取引関係の円滑化を目的としてＨに対する謝礼として支出されたものであり、租税特別措置法（以下「措置法」という。）61条の４第３項（現４項）に規定

する交際費等に該当することから、交際費等の損金算入限度額を超える金額は損金の額に算入されないなどとして、本件各更正処分等をした。

争　　点

　　退任役員に役員退任後に支給した本件各金額は、措置法61条の４第３項に規定する交際費等に該当するか。

◆請求人の主張

　Hは役員退任後も登記簿上の役員ではないものの、役員に準じた相談役といった立場で請求人の業務に従事している。Hの主な業務は、経営全般のアドバイスや指導、受注の際の根回し、冠婚葬祭等への対応指示であり、また従業員からの相談を受けるなどメンタルヘルスケアの役割も担っている。

　請求人においては、役員や管理職のタイムカードの作成はなく、Hは役員に準じる相談役といった地位にある者であり、一日を通して会社に滞在する必要はない。また、請求人の現在の代表者は地元の者ではないため、地域とのつながりが薄いことから、Hの業務の一環として地元住民との調整を行ってもらっているものである。

　したがって、本件各金員は、Hに対して労務の対価として支給した給与であり、交際費等には該当しない。

◇原処分庁の主張

　次の各点から、Hは請求人に対して人的役務の提供を行っていない。

① 　請求人の関連会社を含む組織を記載した「○○グループ運営図」と題する書面（以下、「本件運営図」という。）には、Hの名前の記載がなく、同人は従業員の人数にも含まれていないこと。

② 　Hのタイムカードが作成されていないこと。

③ 　請求人の事務所にHの席がなく、１時間程度、請求人の事務所に赴いて従業員の話し相手をしているだけであること。

　また、Hは請求人の前代表者であり、請求人の事業関係者等に該当する。

請求人は、Hが地元に対して影響力を有していることから、地元対策や取引関係の円滑化の目的で同人の影響力に対する謝礼金として本件各金額を支出している。

　以上からすると、本件各金額は、措置法61条の4第3項に規定する交際費等に該当する。

審判所の判断

　「所得税法第28条第1項によれば、給与等とは、俸給、給料、賃金、歳費及び賞与並びにこれらの性質を有するものとされ、法人税法上損金の額に算入される給与等についてもこれと異なるものではないと解されるところ、これらの給与等については、その呼称のいかんにかかわらず、雇用契約又はこれに類する原因に基づき使用者の指揮命令に服して提供した労務の対価として使用者から受ける給付をいうものと解され、受給者は対価支払者との関係において何らかの空間的、時間的な拘束を受け、継続的又は断続的に労務又は役務の提供があり、その対価として支給されるものであると解される。

　措置法第61条の4第3項は、交際費等は、交際費、接待費、機密費その他の費用で、法人が、事業に関係ある者等に対する接待等のために支出するものをいう旨規定しているところ、一般的にその支出の相手方及び支出の目的からみて、得意先等との親睦の度を密にして取引関係の円滑な進行を図るために支出するものは、同項に規定する交際費等に該当し、主として、給与等のような性質を有するものは交際費等には含まれないものと解される。

　措置法通達61の4(1)−12は、従業員等に対して、機密費、接待費、交際費、旅費等の名義で支給したもののうち、その法人の業務のために使用したことが明らかでないものは、給与の性質を有するものとして交際費等に含まれないものとする旨定めている。

　この定めは、給与等と交際費等との具体的区分について定めたものであり、当審判所においても相当であると認められる。」

　「Hは、請求人の代表取締役を退任する際に、請求人の代表取締役であっ

239

たことから、請求人と廃棄処理場周辺の住民との協調関係を維持すること、同業者及び取引先との調整等に協力してもらうこと、及び、請求人の従業員から相談を受けることや指導をすることなどの業務を、請求人の現在の代表者から依頼を受け、代表取締役を退任した後、毎日請求人の事務所に出勤し、これらの業務を行っていたと認められる。そうすると、請求人とHとの間には、同人が代表取締役を退任した時点で、雇用契約又はこれに類する合意が成立したということができる。」

「そうすると、Hは、雇用契約又はこれに類する合意に基づき、請求人から依頼された業務の遂行を、請求人の事務所等において継続的又は断続的に行っていたと認められ、このことは、請求人の指揮命令に服して、空間的、時間的な拘束を受けて労務の提供を行っていたことになる。

よって、本件各金額は、給与等の性質を有すると解するのが相当である。なお、……Hは、本件事業年度において請求人の役員ではなく、また、経営に従事しているとは認められないから、本件各金額は役員の給与等には該当しない。」

「Hが、本件各金額の一部を、Jを通じて地元対策に使用しているかのように説明している部分があるが、Hは具体的な使途を把握しているものではなく、本件各金額が本件口座において他の収入と混同した後に引き出された金員についての説明でもあり、本件各金額から地元対策にどの程度使用されたかを特定できるものではない。そして、……Hの地元対策のために支出した金員は請求人において精算されていないと認められ、本件各金額が、仮に交際費等として渡されたものであっても請求人の業務のために使用したことが明らかでないというべきであって、……交際費等に含まれると解するべきではない。」

逆転のポイント

本件では、Hと請求人との間に雇用契約又はこれに類似する合意に基づき、Hが請求人の指揮命令に服して労務の提供を行っていたと認定されたこ

図説　情報提供者に対する金銭の流れ

請求人 ──────→ Ｈ ──────→ Ｊ ──────→ 情報提供者（周辺住民）

（本件各金額）　　　（Ｈ名義の口座から）

※ 請求人による精算なし

とが、本件各金額の給与該当性のポイントとなっている。

　また本件では、廃棄処理場周辺の住民が油漏れ等の情報を提供してくれた場合には、情報提供者にＪを通じて謝礼として現金を渡したことがあったが、その支出についてはＨの自己負担とされており、請求人においても精算もされていなかったため、本件各金額が、仮に交際費等として渡されたものであっても請求人の業務のために使用されたことが立証されていないと判断された点も、逆転のポイントである。

実務へのヒント☞

　役員退任後に職掌の変更などを経て旧来の勤務先から給与支払いを受けるような場合には、勤務実態の有無が問題となるケースがある。そうした場合に備えて、実質的な勤務実態の存在を具体的に把握できるようにしておくことが必要である。また勤務内容によっては、勤務机の配置やタイムカード、組織図などで勤務状況を確認することができるようにするなどの外形を整えておくことが必要となる場合もあろう。

〔浅野　洋〕

交際費等とは、「交際費、接待費、機密費その他の費用で、法人が、その得意先、仕入先その他事業に関係のある者等に対する接待、供応、慰安、贈答その他これらに類する行為のために支出するもの」と規定されていることから、支出の相手先は事業関係者等である必要がある（措法61の4④）。

　原処分庁の主張は、①Hは請求人には所属しておらず、役務提供の対価を受ける地位になく、また実際に役務提供を行っていないため、本件各金額は給与ではない、②Hが受領した本件各金額は、Hが請求人の事業関係者等に該当することを前提とした交際費等にあたる、ということである。

　しかしながら本件審判所は、①については、Hは請求人の現在の代表者から依頼を受け、役員退任後も毎日請求人の事務所に出勤し、業務を行っていた事実が認められることから、労務提供の事実が認定され、本件各金員が給与の性質を有すると解している。また、原処分庁が主張した本件運営図の記載やタイムカードの不存在等については、そのことをもって直ちに勤務実態がないとまでいうことはできないと判断されている。

　②については、仮に請求人からHに対して交際費等として支出されたとしても、請求人の業務のために使用されたかどうかが明らかでないとして、交際費等該当性が否定されている。交際費等の要件については、いわゆる三要件説が有力な見解とされているが（参照、東京高判平成15年9月9日・税資253号順号9426、東京地判平成21年7月31日・税資259号順号11256等）、本件ではそのうち、支出の目的が事業関係者等との間の親睦の度を密にして取引関係の円滑な進行を図るためであることという要件を満たさないと判断されたことになる。

　交際費等と隣接費用との区別が問題となる事案は相当数あるが、給与との区別が問題となる本件のような場合、労務の対価か否かが判断基準となる。すなわち勤務実態の有無が判断の決め手となるのである。

第 4 章

相続税

38 遺言作成時に相続人名義であった預貯金の帰属

《具体例：平成23年3月7日裁決・裁決事例集82集》

こんな場合どうする‼

　被相続人が遺した自筆証書遺言は、その作成に弁護士等が関与していないケースが多く、その内容が不明確なために、遺言の有効性をめぐって争いになることがある。また、**遺言書自体は裁判所の検認を得て有効とされても、その内容の不明確さゆえに、相続財産の帰属に関して争われるような場合、遺言の内容をどのように解釈すればよいのだろうか。**

　本件被相続人は、平成9年10月2日付で自筆証書遺言（以下「本件遺言書」という。）により遺言をし、さらに平成11年2月7日付の自筆証書遺言（以下「追加遺言書」という。）により追加の遺言をした。

　本件被相続人は平成18年1月○日に死亡し、その共同相続人は、請求人である長男、二男であるE、長女であるF、三女であるG（以下、E、F、Gらを併せて「Eら」という。）の4人である。本件被相続人の死亡後、本件遺言書及び追加遺言書は、遺言書の保管者である弁護士の請求により、平成18年2月○日、家庭裁判所において検認された。

　本件遺言書第4項には、概ね次のように記載されていた。

　"不動産以外の財産はすべて請求人に3分の2、Eに3分の1相続させます。

　ただし、預貯金、信託、有価証券等で私の名義になっていないものは、それぞれの名義人の所有であることを確認します。"

　また、追加遺言書には、概ね次のように記載されていた。

　"私が保管しているG名義の預金証書類は印鑑と共にすべて請求人に保管

してもらいます。

　Gがこのお金をおろす時は、請求人と協議の上おろすこと。請求人はこのお金をGが有効に使えるように配慮してください。"

　ところで、請求人は、平成12年春ころから、本件被相続人の委託を受けることなく、本件被相続人の名義以外の有価証券及び預貯金（以下「本件預貯金等」という。）を解約して現金に換価し、相続開始時まで現金のまま保管していた（以下「本件換価現金」という。なお、この金額は、２億5,019万9,207円であった）。しかし、請求人は、本件被相続人に対して換金の事実を報告しなかった。

　本件預貯金は、請求人及びEらの亡父であるII（以下「亡H」という。）の遺産であり、亡Hの相続の際に、本件被相続人が何らかの際に金銭が必要になるのではないかと考えた請求人及びEらが相続放棄をし、本件被相続人が単独でこれを相続したものである。

　請求人は、平成18年６月○日、Eらと遺言に係る土地について争い（以下「別件訴訟」という。）、地裁は当該土地の大部分について請求人が持分を有することを確認する判決を下した。この判決を不服としたEらが控訴したものの、高裁は、再度、当該土地の大部分について請求人の持分を認める判決を下し、確定した。その理由の中で、預貯金等を各名義人に遺贈した本件被相続人の意思は、自己の財産のうち親族名義のものは本件被相続人の死亡時にその名義に従って分配すべきこととすることにあったと考えられるから、解約、処分された後の現金が各名義人に対して遺贈されたものであると解するのが相当であると判示した。

　本件相続に関して請求人が行った相続税の申告について、原処分庁は、被相続人の遺言書は、不動産以外の財産については相続開始時点で明確にその帰属が特定できるもののみを例外的に各名義人に遺贈し、その他は相続人である請求人及びEに遺贈する意思であると解すべきであるから、相続人が相続開始前に親族名義の預貯金及び有価証券を解約又は処分して受領した現金は、預貯金の名義人ではなく請求人及びEに遺贈されたものであるとして、

相続税の更正処分及び過少申告加算税の賦課決定処分をした。これに対し、請求人がその取消しを求めて争った。

図説　本件の相続関係と本件遺言書の内容

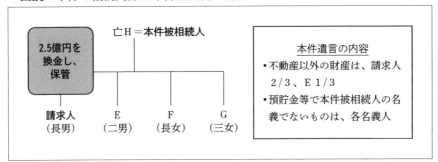

争　　点

　本件換価現金が、本件被相続人から本件預貯金等の各名義人に遺贈されたものであるかどうか。

◆請求人の主張

　以下の事実より、本件換価現金は、本件遺言書第4項ただし書により、各名義人に帰属すると解される。

① 　請求人が現金化した各人名義の預貯金等は、元々、本件被相続人が所有する現金を同人の意思で各人名義で預貯金等にしたものであり、各人名義の預貯金等について現金化することを予定していなかった。

② 　本件遺言書第4項ただし書は、本件被相続人の意思で各人名義にした預貯金等の存在を前提にした遺言であり、本件遺言書作成時に、本件被相続人が各人名義で預貯金等にしていたものは、そのまま各名義人に遺贈するというのが、本件被相続人の真意である。

③ 　経済状況の悪化を心配して請求人の判断により危険回避のために現金化した後も、当該現金が各名義人の預貯金等と実質的に同一性を保ったまま

保管されている本件については、各名義人の預貯金等の換金分を各人への遺贈と解釈すべきである。

◇**原処分庁の主張**

本件遺言書は、以下の各点を総合勘案すれば、相続開始時点で各名義人の所有にかかるものとして明確にその帰属が特定できるもののみを例外的に各名義人に遺贈するというのが、本件被相続人の真意であったと解するのが相当である。

そのため、本件換価現金についてまで、本件被相続人が、これを各名義人に対して遺贈することを予定していたと解することはできないから、本件換価現金は、本件遺言書第4項本文により、請求人に3分の2が帰属する。

① 本件遺言書第4項本文及びただし書の内容からすると、不動産以外の財産については、請求人及びEに相続させることを原則とする趣旨であると解されること。

② 本件遺言書第4項ただし書に「私の名義になっていないものはそれぞれその名義人」と、追加遺言書に「G名義の預金」と、それぞれ記載されていることからすれば、本件被相続人は、財産の名義に着目し、名義によりその帰属が特定されると認められるものを遺贈の目的としていると解されること。

③ 本件被相続人は相続開始前に預金を現金化することを予定していなかったと認められること。

審判所の判断

「遺言の解釈は、遺言書に記載された文言をどう解釈するかの問題であり、その意味で、遺言書を離れて遺言者の真意を探求することは許されない。

しかしながら、遺言の解釈に当たっては、遺言書の文言を形式的に判断するだけではなく、遺言者の真意を探求すべきものであり、遺言書が多数の条項から成る場合にそのうちの特定の条項を解釈するに当たっても、単に遺言書の中から当該条項のみ切り離して抽出しその文言を形式的に解釈するだけ

では十分ではなく、遺言書の全記載との関連、遺言書作成当時の事情及び遺言者の置かれていた状況などを考慮して遺言者の真意を探求し当該条項の趣旨を確定すべきである（最高裁昭和58年3月18日第二小法廷判決）。」

　本件遺言書第4項ただし書は、本件預貯金等で本件被相続人名義になっていないものは、それぞれの名義人の所有である旨記載されていること、追加遺言書に「Gがこのお金をおろす時は」と記載されていることから、本件被相続人は本件預貯金等については、各名義人以外の者が換金することは予定しておらず、本件相続の開始日まで本件預貯金等がそのまま維持されていることを想定していたものと認められる。

　また、本件預貯金等は、請求人及びEらの相続放棄により本件被相続人が単独で相続した亡Hの資産であり、本件被相続人の意思で各人名義の預貯金をしたこと及び本件被相続人は、請求人による本件預貯金等の換金の事実を知らなかったことを併せかんがみれば、本件遺言書第4項ただし書は、本件遺言書作成時に本件被相続人が各人名義で預貯金等としていたものは、換金のいかんにかかわらず、これを各名義人に遺贈するという趣旨であると認めるのが相当である。

　原処分庁は、本件相続の開始時点で各名義人の所有に係るものとして明確にその帰属が特定できるもののみを例外的に各名義人に遺贈するというのが、本件被相続人の真意であると主張するが、本件遺言書において、請求人及びEを優遇しておらず、そのような動機もないことからすれば、本件遺言書第4項本文が不動産以外の財産については、請求人及びEに相続させることを原則とする趣旨であると解することはできない。

⚖️ 逆転のポイント

　請求人が、本件被相続人の預貯金等を本件被相続人の承諾なしに解約・処分したが、換金された現金をそのまま保管していたことにより、被相続人が各名義人に遺贈するという意思の立証に結び付いた点が、逆転のポイントである。

　なお原処分庁は、本件相続人の意思に関し、別件訴訟における高裁の判決を考慮せず独自の解釈を行ったが、審判所はこの高裁の解釈を前提にしたものと考えられる。

実務へのヒント

　相続人が被相続人の預貯金等を承諾なしに処分すれば、贈与等が認定されるのが通常であるが、本件事例の場合、解約をした請求人が換金した現金をそのまま保管していたことで、遺贈と認定された。もし請求人が、換金した現金の一部を費消していたならば遺贈ではなく請求人に対する贈与等の認定がされた可能性がある。被相続人の財産の処分は本人の意思に従って行い、その証拠を残すなど、財産の帰属を明確にしておく必要がある。

〔林　　隆一〕

コメント

　遺言が有効に作成されたとしても、その内容を確定・補充するために、その遺言を解釈する必要がある。遺言は相手方がいない単独行為であるため、表示に対する相手方の信頼を保護する必要がなく、遺言の解釈では、もっぱら遺言書に記された遺言者の真意（主観的意思）を探求して解釈すべきとされる（最判昭和58年3月18日・判時1075号115頁等。なお、前田陽一ほか『民法Ⅳ　親族・相続』356頁（有斐閣、2010年）参照）。

　本件では、換金された預貯金等の帰属について、本件遺言書第4項の解釈をめぐって争いとなったが、本件預貯金等が各名義人のままで維持されていることが本件被相続人の意思であると認められ、現に本件預貯金等が請求人によって換金された事実を本件被相続人が知らなかったことにかんがみて、遺言者の真意は各名義人への遺贈であると判断された。

　原処分庁は、請求人が本件被相続人の承諾なしに本件預貯金等を換金したことにより、その帰属が不明確であるとして、そのような財産は本件遺言書第4項本文から請求人とEに帰属すると解釈したが、本件裁決は本件被相続人の真意を合理的に解釈したものといえる。

39　　　　　　　　　　　　　　　　　　　　　　　　　相続税

名義預金の存在と
隠ぺい・仮装の事実の有無

《具体例：平成23年11月25日裁決・裁決事例集85集》

こんな場合どうする‼

　被相続人の遺産に相続人の名義預金があったとして、相続税法19条の2
第5項に基づいて配偶者の税額軽減措置の適用が否定された上に、重加算
税が課された場合、どのように対応すればよいのだろうか。

　平成20年1月〇日（以下「本件相続開始日」という。）に本件被相続人J
が死亡し、本件相続が開始した。Jの相続人は、Jの妻である請求人F、両
者の間の子であるH及びKの3人である（以下、これら3人を併せて「本件
相続人ら」という。）。

　Jは建築業を営み、青色以外の申告書により毎年所得税の確定申告をして
いた。また、請求人は、Jの事業専従者としてJの事業に専ら従事していた。

　本件相続人らは、本件相続に係る相続税（以下「本件相続税」という。）に
ついて、法定申告期限までに申告書を原処分庁に提出した（以下、この申告書
を「本件当初申告書」といい、これに係る申告を「本件各当初申告」という。）。

　本件当初申告書には、①本件相続に係る相続財産及びみなし相続財産並び
にその取得者について、②請求人及びHが取得する生命保険金及び生命共済
金について、それぞれ記載されている。

　その後、本件相続人らは、本件相続税の調査（以下「本件調査」という。）
を担当した本件調査担当者から、土地の評価誤りと一定の相続財産が申告さ
れていない旨の指摘を受け、これらを是正し、平成22年1月22日に本件修正
申告書を原処分庁に提出した。

　本件修正申告書には、本件当初申告書の記載内容に加えて、土地の評価の一部に誤りがあった旨及び相続財産として預貯金等（以下「本件各金融資産」という。）が新たに記載されている。

　本件各金融資産の原資はＪが事業で蓄えた資金であり、Ｊの指示により、請求人が本件各金融資産に係る口座の開設手続を行ったものである。また、本件各金融資産の口座の預金通帳及び登録印鑑の印章はＪが管理し、Ｊの指示により、請求人が本件各金融資産の入出金手続を行っていた。

　なお、本件相続人らは、Ｊから本件各金融資産を贈与されたとする贈与税の申告は行っていない。

　また、Ｍ税理士は、本件当初申告書の作成に当たり、請求人に対して、本件相続人ら名義の資産の有無についての質問をせず、金融資産については、本件第一遺産分割協議書を基礎に、本件当初申告書を作成した。また、請求人においても、本件相続人らの名義の本件各金融資産の存在について、Ｍ税理士に話をすることはなかった。

　なお、本件調査において、請求人は、Ｊから本件相続人らへの贈与及びＪの財産から形成された本件相続人らの名義の財産の有無についての本件調査担当者の質問に対して、いずれもそのようなものはない旨申し述べた。その後、本件調査担当者が、預貯金通帳などの本件相続に係る関係書類の提示を求めたところ、請求人は一瞬立ち上がりかけたが、Ｍ税理士が請求人に対し「全て税務署が調べているのであるから無理に出す必要はない」と話したことから、請求人は「税

図説　本件相続関係図と本件各金融資産の概要

```
            本件被相続人Ｊ ━━┳━━ 請求人Ｆ（配偶者）
                            ┃
                    ┏━━━━━┻━━━━━┓
                    Ｈ          Ｋ
●本件各金融資産
 ・原資：Ｊが事業で蓄えた資金
 ・口座の名義人：本件相続人ら
 ・口座開設：Ｊの指示により、請求人が実施
 ・口座の預金通帳・登録印鑑の管理：Ｊ
 ・入出金手続：Ｊの指示により、請求人が実施
```

務署でわかっているのであれば出さない」として同関係書類の提示をしなかった。

　原処分庁は、本件相続税について、請求人が本件各金融資産を相続財産と認識しながら当初申告に含めなかったことは、相続税法19条の2第5項に規定する隠ぺい仮装行為及び国税通則法68条1項に規定する隠ぺい又は仮装に該当するとして、更正処分及び重加算税の賦課決定処分をした。本件相続人らはこれらを不服として争った。

争　　点

請求人には、相続税法19条の2第5項に規定する隠ぺい仮装行為があったか。

◆請求人の主張

　次のとおり、請求人には、相続税法19条の2第5項に規定する隠ぺい仮装行為がなかった。

　請求人はJと共に仕事を一生懸命行い、Jの収入から積み立てた預金等は共有財産だと思っていた。本件調査の際、請求人の財産がゼロということをQ統括官から聞いて初めて知ったので、請求人は「私はゼロなのですか」と本件調査担当者に何度も質問した。このことが請求人が共有財産と思っていたことの証明である。

◇原処分庁の主張

　次のとおり、請求人には相続税法19条の2第5項に規定する隠ぺい仮装行為があった。

　本件各金融資産の名義書換の手続を行っていた請求人は、本件各金融資産はJの収入を原資として蓄えられた預金でそれがJの財産と知りながら、本件相続開始日において本件相続人ら名義である状態を利用して申告しなかった。このことは、本件調査において、請求人が、Jの収入で作った本件相続人らの預貯金等はほとんどない旨虚偽答弁を行い、本件相続人ら名義の預貯金等の通帳等を提示しなかったことからも明らかであり、隠ぺい仮装行為があった。

　また、請求人はＪ及び本件相続人ら名義で貯蓄した預貯金等は夫婦共有財産である旨申し述べているが、夫婦共有財産であるならば本件相続人ら名義預貯金等はＪの財産でもあるところ、本件当初申告書にはＪ名義の財産のみが記載されており、本件相続人ら名義の預貯金は一切申告されていないことから、請求人の申述には齟齬がある。

審判所の判断

① 法令解釈

　「相続税法第19条の２第５項は、相続税の納税義務者のいずれかが、相続財産につき隠ぺい仮装行為に基づいて、相続税の申告書を提出していた場合において、被相続人の配偶者が、調査があったことにより更正を予知して修正申告書を提出する場合には、当該配偶者がその隠ぺい仮装に基づく相続財産を取得した場合はもとより配偶者がその隠ぺい仮装に基づく財産を取得しない場合であっても、その隠ぺい仮装行為を配偶者が行っている場合には、その相続財産に係る相続税については、配偶者の税額軽減措置の適用除外とするというものであるところ、この規定は、相続税の申告に当たり、相続財産につき隠ぺい仮装という不正手段を用いていた場合には、その相続財産に係る相続税については、配偶者といえども他の相続人と同様に相続税を負担することとなることによって、悪質な納税義務違反の発生を防止し、もって申告納税制度による適正な課税の実現を確保しようとするものと解される。」

　この規定の趣旨に鑑みれば、「配偶者の税額軽減措置の適用除外に該当するといえるためには、相続財産につき、隠ぺい仮装と評価すべき行為が存在し、これに合わせた過少申告がされたことを要するものと解されるが、他方、相続財産につき架空名義の利用や資料の隠匿等の積極的な行為が存在したことまで必要であると解するのは相当でなく、配偶者が、当初から相続財産を過少に申告することを意図し、その意図を外部からもうかがい得る特段の行動をした上、その意図に基づく過少申告をしたような場合には、同項に規定する要件が満たされるものと解すべきである。」

② 当てはめ

　本件認定事実によれば、①本件各金融資産の原資は本件被相続人であるJ
が事業で蓄えた資金であり、②Jの指示により、請求人が本件各金融資産に
係る口座の開設手続をした後、③Jが当該口座に係る通帳及び登録印鑑の印
章を管理しており、④Jの指示により、請求人が本件各金融資産の口座の入
出金を行っていたと認められることからすると、請求人は、本件各金融資産
が少なくともその名義人、すなわち本件相続人らに直ちに帰属する財産であ
ると認識していたとは認められない。

　他方で、請求人はJの事業専従者であること及び請求人が本件調査担当者
に対して、「私も一緒に働いてきたのに私の財産はゼロなのか」と質問をし
ていることからすれば、請求人においては、本件金融資産の一部は同人に帰
属するものであると認識していたものと認められる。

　さらに、本件当初申告書の作成前に、M税理士が請求人に対して本件相続
人ら名義の預金等の存在について質問をしておらず、請求人がM税理士から
本件相続人ら名義の預金等が相続財産になる場合があることについて説明を
受けた事実も認められないことからすれば、請求人が本件相続税の申告期限
までに、本件各金融資産の全部が本件被相続人であるJに帰属するものであ
ることを、明確に認識していたとまでは認められない。

　そうすると、請求人が本件各金融資産について当初から過少に申告するこ
とを意図していたとまでは認められないから、請求人においては、本件相続
税について、当初から過少に申告することを意図し、その意図を外部からも
うかがい得る特段の行動をした上、その意図に基づく過少申告をしたような
場合に該当しないといわざるを得ない。

　したがって、請求人に対する重加算税の賦課決定処分については、その全
部を取り消すのが相当である。

逆転のポイント

　本件各金融資産に関する状況及び請求人がJとともに本件各金融資産を形

成してきたとの認識を持っていることから、本件各金融資産の全部がJに帰属しているものであることを明確に認識していたとは認められず、むしろその一部は請求人にも帰属するものと認識していたと判断された点が、逆転のポイントである。

実務へのヒント

　本件では、M税理士が請求人に対して名義預金の存在について質問すらしていなかったことが、結果的に請求人の隠ぺい仮装行為が存在しないことの理由とされている。しかし、本来、多額の相続財産がある場合には、税務調査を想定して、名義預金の存在について質問し、相続財産に該当する可能性があることを注意しておく必要がある。

　また、隠ぺい仮装行為が存在しないことについては、名義預金が形成された経緯や相続人の認識など、証拠に基づき丁寧に主張することが必要といえよう。

［籠橋　隆明］

コメント

　本件での原処分庁による処分は、本件相続人らの名義による預金等がJの相続財産であるにもかかわらず、当初申告においてそれを申告せず、修正申告において追加したことは請求人による隠ぺい仮装行為であるとの判断に基づいている。しかし本件裁決は、請求人は名義預金をJの財産であるとは認識していなかったと判断することにより、原処分庁の処分を取り消した。

　本件審判所は、相続税法19条の2第5項における隠ぺい仮装行為と国税通則法68条1項における隠ぺい仮装行為とを同義に解しており、前者の事実が認められない限り、後者の事実も存在しないとして、重加算税の賦課決定処分も取り消している。

　本件裁決は、前者における隠ぺい仮装行為の意義について、「当初から相続財産を過少に申告することを意図し、その意図を外部からもうかがい得る特段の行動をした上、その意図に基づく過少申告をしたような場合」と述べており、この解釈は重加算税の賦課要件に関する先例（最判平成7年4月28日・民集49巻4号1193頁）と同様であることからも、両者の同一性が認められる。

40 相続税

相続人名義財産等を申告しなかったことによる
隠ぺい・仮装行為の有無

《具体例：平成24年4月24日裁決・裁決事例集87集》

こんな場合どうする‼

　相続税に係る税務調査があった場合に、相続人名義財産のうち被相続人に帰属する財産と認定され、修正申告を行うことがある。このような相続財産があった場合、当初申告に含まれていなかったことをもって、相続税法19条の2第5項の「隠蔽仮装行為」ないし国税通則法68条1項に規定する「隠ぺい又は仮装」行為に該当するのだろうか。

　本件相続に係る共同相続人は、本件被相続人の配偶者である請求人および子Fの2名である。本件被相続人は、本件相続の開始時において弁護士業を営んでおり、請求人を扶養していた。

　請求人は、被相続人の相続税の申告書を平成21年6月11日に提出した。その後、税務調査（以下「本件調査」という。）があり、請求人名義のうち本件被相続人に帰属する財産と認められる財産（以下「請求人名義財産」という。）と被相続人が営んでいた弁護士事務所に係る財産（以下「事務所名義財産」という。また、請求人名義財産と事務所名義財産を併せて、以下「請求人等名義財産」という。）を相続財産として平成22年11月25日に修正申告した。その際に、相続税法19条の2第1項所定の配偶者に対する相続税額の軽減の適用を受けて申告した。その後、平成23年2月28日に、相続税法19条の2第5項に規定する隠ぺい仮装行為があったとして、配偶者に対する相続税額の軽減の適用がない旨の更正処分および重加算税の賦課決定処分を受けた。

図説　本件の相続関係と相続財産の内容

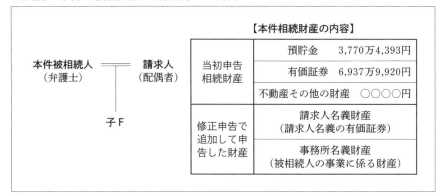

争　　点

1　相続税法19条の2第5項に規定する隠ぺい仮装行為があったか否か。

2　国税通則法68条1項に規定する隠ぺいまたは仮装の行為があったか否か。

◆請求人の主張

　請求人が請求人等名義財産を相続財産として申告しなかったのは、次のとおり、隠ぺい仮装の意図に基づくものではなく、原処分庁が隠ぺい仮装行為と認定する事実は軽微な誤り程度であって、請求人が当初から過少に申告することを意図していたことを立証していない。

①　本件関与税理士から、請求人名義財産が本件被相続人に帰属する財産と認められる場合には相続財産に含めて申告する必要がある旨の説明がなかった。また、請求人名義財産に係る残高証明書等の資料の請求もなく、これら財産が相続財産に該当すると認識をすることができなかった。

②　仮に、本件調査担当者の質問に対する請求人の回答が正確性を欠いていたとしても、請求人が高齢であること、夫の突然の死亡による精神的なショックによる記憶の混乱や認知能力の減退があったためである。

③　事務所名義財産が本件申告において相続財産に含まれていなかったの

は、本件関与税理士に全面的に任せており、同税理士が事務所名義財産を把握して申告しているものと思っていたため、および本件申告の資料として取り寄せた銀行の残高証明書に事務所名義財産が記載されていなかったことに気付かなかったためである。

◇**原処分庁の主張**

次の事実を総合的に判断すると、請求人は、本件相続人の財産を原資とする多額の請求人等名義財産が存在することおよび当該財産が本件被相続人の相続財産であることを熟知していながら、本件関与税理士にそれを伝えず、同税理士に過少な申告書を作成させ、原処分庁に提出したと認められる。

① 請求人には収入がないこと、請求人は本件被相続人から贈与を受けたことがないこと、請求人の父親から相続されたのは土地のみであることから、請求人名義財産が存在し、それが本件被相続人の収入等を原資として形成されたものであることを本件相続以前から熟知していたことが合理的に推認される。

② 請求人は、本件調査において、本件調査担当職員に対し、不自然な言動を行ったほか、上記①のとおり請求人名義財産の存在を熟知していたにも関わらず、請求人名義財産の存在についてあたかも不知であるかのような申述をするなどして、請求人名義財産の管理等に関する自らの関与を否定する申述を繰り返し、それに係る資料や証明書の一部を提示しなかった。

③ 事務所名義財産については、当初から事務所名義財産の存在を知っており、それが本件申告書に含まれていない事実を認識していながら、本件調査担当職員に対し、申告内容に誤りがあることについて自らの責任を逃れるかのような申述をした。

審判所の判断

① 相続税法19条の2第5項の趣旨と適用要件

相続税法19条の2第5項は、「適正な申告を確保し、課税の公平を図るため、納税義務者が過少申告をするについて隠ぺい仮装行為による事実に基づ

く金額までもが配偶者の税額軽減措置の適用を受けるのは不合理であるとの趣旨から設けられたものと解される。

　そして、上記規定の趣旨からすると、架空名義の利用や資料の隠匿等の積極的な行為が存在したことまで必要であると解するのは相当ではなく、相続又は遺贈により財産を取得した者が、当初から相続財産を過少に申告することを意図し、その意図を外部からもうかがい得る特段の行動をした上、その意図に基づく過少申告をしたような場合には、相続税法第19条の２第５項の適用要件が満たされるものと解される。」

② 請求人名義財産について

　請求人は、請求人名義財産の管理運用を自ら行っていたと認められ、請求人名義財産の存在を十分認識していたとともに、請求人名義財産が本件被相続人の財産を原資とするものであることを認識していたと認められる。

　他方で、請求人は、相続財産である請求人名義財産と請求人固有の財産とを一括して管理運用しており、これらの財産の明確な区分ができていなかった可能性を否定できない。また、本件被相続人から請求人への明確な贈与の意思表示はなかったとしても、請求人および本件被相続人には、これらの財産が長年の夫婦の共同生活によって蓄えられたものとして、互いの貢献度に応じて財産名義を請求人と本件被相続人とに区分したものという認識を持っていた可能性も否定できない。

　そうすると、請求人が請求人名義財産を明らかに相続財産と認識していたとは認められない上、請求人は、本件関与税理士から相続人名義に係る残高証明書等の資料の提出依頼を受けてなかったのであるから、相続財産を過少に申告するという確定的な意図を持って請求人名義財産を本件関与税理士に秘匿したということまではできない。

　また、請求人が、調査時において調査担当職員に対し、請求人名義の有価証券等に関する資料の一部を自主的に提出していることからすれば、相続財産を過少に申告するという確定的な意図を有していたと認めることはできない。

　「したがって、請求人が当初から相続財産を過少に申告することを意図し、

その意図を外部からもうかがい得る特段の行動をした上、その意図に基づく過少申告をしたということはできず、相続税法第19条の2第5項に規定する隠ぺい仮装行為があったとは認められない。」

③　事務所名義財産について

請求人は、本件被相続人の相続財産として事務所名義財産が存在していることを認識していたものと認められる。

しかしながら、請求人は、本件関与税理士が事務所名義財産を把握しており、事務所名義財産が当然に本件申告書に相続財産として記載されていると考えた可能性を否定できず、請求人が事務所名義財産を相続財産であると認識していたことのみをもって、事務所名義財産が本件申告書に記載されていない事実を認識していながら、相続財産を過少に申告することを意図して当該事実を本件関与税理士に知らせなかったということまではできない。

「したがって、請求人が当初から相続財産を過少に申告することを意図し、その意図を外部からもうかがい得る特段の行動をした上、その意図に基づく過少申告をしたということはできないから、事務所名義財産の申告漏れについて、相税法第19条の2第5項に規定する隠ぺい仮装行為があったとは認められない。」

逆転のポイント

相続税法19条の2第5項に規定する隠ぺい仮装行為に当たるためには、次の3つの要件を全て満たす必要がある。

① 当初から相続財産を過少に申告することを意図したこと
② その意図を外部からもうかがい得る特段の行動をしたこと
③ その意図に基づく過少申告をしたこと

そのため、これらの要件と事実関係を照らし合わせ、事実関係を丁寧に整理したことが逆転のポイントとなった。

実務へのヒント

　相続税の税務調査では、いわゆる名義預金に代表される被相続人の収入を原資にした相続人名義財産の有無の確認が必ず行われる。そのため、相続が発生した場合に、相続人と密接にコミュニケーションをとり、被相続人の収入を原資にした相続人名義財産については相続税の課税対象となることを説明し、確認する必要がある。

　その上で、税務調査で課税対象となる相続人名義財産と認定された場合には、隠ぺい仮装行為の要件に当てはめて、隠ぺい仮装行為があったのか否かを判断することが必要であるといえよう。

［河合　基裕］

コメント

　本件では、請求人は請求人等名義財産が存在し、それが本件被相続人の（相続）財産であることを認識していたこと自体は認められているが、請求人が本件相続税の申告において、意図的にそれらの財産を隠ぺい仮装したとまではいえないと判断された。

　本件審判所は、相続税法19条の2第5項における「隠蔽仮装行為」と、国税通則法68条1項に定める「仮装又は隠ぺい」行為を同一の要件としてとらえ、前者の事実が認められないとして後者の点は検討するまでもないとして判断を示している。

　後者、すなわち重加算税制度の趣旨は、「過少申告加算税よりも重い行政上の制裁を科することによって、悪質な納税義務違反の発生を防止し、もって申告納税制度による適正な徴税の実現を確保しようとすること」である（最判平成7年4月28日・民集49巻4号1193頁）。一方、相続税法は、相続税における配偶者の保護を目的として税額軽減措置を講じていると解され、隠ぺい仮装行為に基づく申告を行う者についてその適用を認めないとする19条の2第5項の趣旨について、重加算税制度の趣旨と同一に理解することは適切であるといえよう。また、本件審判所が示した隠ぺい仮装行為の認定に対する慎重な態度も参考とすべきである。

配偶者のために負担した老人ホームの入居金に係る贈与税の非課税

《具体例：平成22年11月19日裁決・裁決事例集81集》

こんな場合どうする‼

　夫が要介護状態の妻のために、介護付有料老人ホームに終身にわたって入居するための入居金を支払った。一定期間内に入居が終了すれば入居金の一部が返還される場合に、夫がその期間内に死亡したときは、この返還金相当額は相続財産となるか、又は入居金の支払いそのものが贈与税の非課税に該当するだろうか。

　本件配偶者Lは、本件被相続人Kと自宅で二人暮らしをしており、Lは介護が必要な状態となりKが介護していたが、次第にKによる介護が困難になった。その後、Lは平成19年12月26日、要介護4と判定された。

　Lは、長男である請求人Gを代理人として、平成19年12月27日にM社との間で、入居者をL、入居施設を本件老人ホームとする本件入居契約を締結し、同29日に本件老人ホームに入居した。

　本件老人ホームは介護付有料老人ホームであり、本件入居契約に基づいて支払うべき金員及びその概要は、以下のとおりである。

①　Lは、入居金945万円（入会金105万円、施設協力金105万円及び一時入居金735万円の総額であり、以下「本件入居金」といい、一時入居金を「本件一時入居金」という。）を入居日までに、また各種サービスの提供に係る費用として月額利用料23万8,500円を毎月M社に対して支払う。

②　本件入居金のうち、入会金105万円及び施設協力金105万円は、M社が初期投資した建物等の設備費に充てるものであり、在ホーム日数にかかわら

ず返還されない。

③　本件一時入居金は、その20％が契約締結日に遡って即時償却され、残額
　　が入居年齢に応じた償却期間（60か月）で毎月均等に定額償却される（以
　　下、この部分を「定額償却部分」という。）。

　　定額償却期間内に本件入居契約が終了した場合には、次の算式により算出
　　された返還金（小数点以下切捨て）が、返還金受取人に返還される。

（一時入居金－一時入居金×20％）×（60か月－入居月数）／60か月

　本件入居金と月額利用料の前払分52万4,673円の合計997万4,673円は、平成
19年12月27日にＫ名義の銀行普通預金口座から、Ｍ社に振り込まれた。

　その後、平成20年１月26日にＫも本件老人ホームに入居したが、同年５
月、Ｋは同老人ホームにて死亡した。

　Ｋの相続人は、配偶者であるＬ、長男である請求人Ｇ、長女である請求人
Ｊの３名である（以下、ＧとＪを併せて「請求人ら」という。）。

　請求人らは、Ｌが本件老人ホームへ入居する際にＫが支払った本件入居金
は、ＫからＬへの相続開始前３年以内の贈与財産として、相続税の課税価格
に加算して申告した。その後、請求人らは、本件入居金の支払いはＫのＬに
対する生活保持義務の履行であるから贈与に当たらないとして更正の請求を
した。

図説１　本件の事実関係と本件入居金の内訳

本件被相続人 Ｋ ——————— 本件配偶者 Ｌ

本件入居金の支払い　　　　　　入　居

Ｍ社＝本件老人ホーム

本件入居金（945万円）の内訳
- 入会金105万円・施設協力金105万円…返還されない
- 本件一時入居金735万円…定額償却期間内に本件入居契約が終了した場合に返還

　これに対して原処分庁は、本件入居金は贈与に当たらないが、本件入居契約に係る返還金相当額529万2,000円はＬに対する金銭債権であり、相続財産に当たるとして、相続税の課税価格に算入して減額更正処分をした。

　請求人らは、上記更正処分の取消しを求めて争った。

争　点

1　ＫがＬに対して本件返還金相当額の金銭債権を有していたか否か。

2　Ｋによる入居金の負担はＬにとって非課税か否か。

◆請求人の主張

1　ＫがＬの本件入居契約に係る本件入居金を負担したのは、Ｌに対する生活保持義務を履行したものであり、贈与ではなく、Ｌは生活保持義務の履行の効果として、生涯にわたり本件老人ホームの入居を継続し、かつ、介護等のサービスを受けることができることになったにすぎない。

2　ＫのＬに対する生活保持義務の履行は、民法752条に基づく法律上の義務の履行であり、Ｋには本件入居契約に関する何らの権利義務も帰属していないから、本件返還金相当額が金銭債権という相続財産にはならない。

◇原処分庁の主張

1　本件一時入居金のうち定額償却部分は、Ｌの家賃等に充当されるものであり、本件入居金支払時には、ＬはＫから生活保持義務の履行に係る役務提供は受けていないことから、定額償却部分は生活保持義務の履行のための前払金的性格を有し、Ｌはその役務提供を受けていない部分について返還義務がある。そのためＫは、本件相続開始日において、Ｌに対する本件返還金相当額の金銭債権を有していることとなる。

2　ＫとＬはともに、本件入居契約時において、Ｋ死亡後もＬが本件老人ホームの入居を継続していくことを認識していたものと認められるから、上記の金銭債権については、本件入居契約日において、ＫとＬとの間で、Ｋの死亡を原因とする贈与があったとみるべきである。

III 裁判所の判断

1　KがLに対して本件返還金相当額の金銭債権を有していたか否か

　Lは、Kが本件入居金を支払ったことにより本件老人ホームに入居し、介護等を受けることができるようになったところ、Lには本件入居金を一時に支払うに足る資産がないこと等に鑑みれば、Lに係る本件入居金は、Kがこれを支払いLに返済を求めないというのが、本件入居契約時におけるKとLの合理的意思であると認められる。したがって、本件入居金支払時に、KとLとの間で本件入居金相当額の贈与があったと認めるのが相当である。

　また、本件一時入居金を含む本件入居金は、一定の役務の提供を終身にわたって受けうる地位に対応する対価の支払であり、Lは定額償却部分の償却期間が経過しても居住を続けられることからすれば、定額償却部分を純粋な家賃等の前払分と判断することは相当とはいえない。そのため、KがLに対して本件返還金相当額の金銭債権を有しているとする原処分庁の主張には理由がない。

2　Kによる入居金の負担はLにとって非課税か否か

　「相続税法第1条の2第1号は、相続税法における扶養義務者の範囲は、配偶者及び民法第877条に規定する親族である旨、同法第21条の3第1項第2号は、扶養義務者相互間において生活費又は教育費に充てるためにした贈与により取得した財産のうち通常必要と認められるものの価額は贈与税の課税価格に算入しない旨規定している。

　そして、扶養義務者相互間における生活費、教育費は、日常生活に必要な費用であり、それらの費用に充てるための財産を贈与により取得してもそれにより担税力が生じないことはもちろん、これを課税の対象とすることは適当でないという相続税法第21条の3第1項第2号の趣旨にかんがみれば、同号の『通常必要と認められるもの』とは、被扶養者の需要と扶養者の資力その他一切の事情を勘案して社会通念上適当と認められる範囲の財産をいうものと解するのが相当である。」

　以下の事実から、Kによる本件入居金の負担、すなわちKからの贈与と認

められる本件入居金に相当する金銭は、本件においては、介護を必要とするLの生活費に充てるために通常必要と認められるものであり、相続税法21条の3第1項2号により贈与税の非課税財産になると解するのが相当である。

① 　Lは、高齢かつ要介護状態にあり、Kによる自宅での介護が困難になったため、介護施設に入居する必要に迫られ本件老人ホームに入居したこと

② 　本件老人ホームに入居するためには、本件入居金を一時に支払う必要があったこと

③ 　Lは本件入居金を支払うに足るだけの金銭を有していなかったため、本件入居金を支払うに足る金銭を有するKが、本件入居金をLに代わって支払ったこと

④ 　Kにとって、同人が本件入居金を負担して本件老人ホームにLを入居させたことは、自宅における介護を伴う生活費の負担に代えるものとして相当であると認められること

⑤ 　本件老人ホームは、介護の目的を超えた華美な施設とはいえず、むしろLの介護生活を行うための必要最小限度のものであったと認められること

逆転のポイント

　KとLの生活や介護の実態、財産状況等、さらには本件老人ホームが必要最低限な設備であった事実から「通常必要と認められるもの」と認定されたことが、逆転のポイントである。

実務へのヒント☞

　贈与税の非課税財産該当性は、相続税法21条の3第1項2号所定の「通常必要と認められるもの」であるかどうかについて、周辺事情を多方面から検証する必要がある（相基通21の3－6参照）。

　扶養義務者相互間のやり取りは、まず、①贈与に当たるか否か検討し、②贈与であれば贈与税の非課税、贈与でなければ所得税の非課税に該当するか否かを検討することになる。どちらも扶養義務に関する非課税である

が、所得税法の非課税所得と、贈与税の非課税財産の区別を正確に認識して適正に処理する必要があるだろう。

図説2　本件裁決の理論構造（争点②）

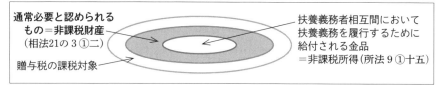

通常必要と認められる
　もの＝非課税財産
　（相法21の３①二）

扶養義務者相互間において
扶養義務を履行するために
給付される金品
＝非課税所得（所法９①十五）

贈与税の課税対象

［妹尾　明宏］

　本件裁決は、Ｋが支払ったＬの本件老人ホーム入居金について、その相当額の贈与があったと認め、その贈与が「扶養義務者相互間において生活費又は教育費に充てるためにした贈与により取得した財産のうち通常必要と認められるもの」（相法21の３①二）に当たるとして、贈与税の非課税財産該当性を肯定している。その結果、その贈与が本件相続の開始前３年以内に行われているとしても相続税の課税価格に加算されないと結論づけている（相法19）。

　一方、所得税法９条１項15号は、「扶養義務者相互間において扶養義務を履行するために給付される金品」を非課税所得と扱っており、請求人らは、Ｋによる本件負担行為がＬにとっての非課税所得となると主張している。しかし審判所は、この非課税所得の要件に当たるかどうかは、民法の定める扶養料と同様に考えられるとし、入居時に一括に支払われる本件入居金を、通常の住宅の賃借料等の支払いと同視することはできないとして、この点を否定している。

　本件裁決の特徴は、扶養義務の履行のために供された金品は贈与とはいえないため、所得税法９条１項15号によって非課税所得となるが、その範囲を超えて贈与と認められるものは贈与税の課税対象となり、そのうち「通常必要と認められるもの」については、贈与税の非課税財産になると解釈した点である。その区別は、金額や支出内容を基準とすることになるが、実際の判定が困難になるおそれがある。

　なお、争点１に関する原処分庁の主張は、本件事実に整合しないばかりではなく、技巧的すぎるため、本件審判所がこの点を退けたのは妥当である。

財産評価基本通達6における「特別の事情」

《具体例：平成20年3月28日裁決・裁決事例集75集》

┌─ **こんな場合どうする‼** ─────────────

　正式な遺産分割協議を行なわないまま、相続開始から約40年が経過してしまったが、財産を取得していなかった。ようやく調停によって相続財産のうち土地を取得し、相続を原因とする所有権移転登記も行なった。

　この土地は、調停成立の直前に公共事業用地として買収予定価額が示されていたが、財産評価基本通達が定める評価方式で評価してよいだろうか。

└─────────────────────────

(1)　本件被相続人は、昭和38年9月○日に死亡し、その共同相続人は、妻G、長男H（以下「兄H」という。）、長女J（以下、「姉J」という。）、二女である請求人、三女K（以下「妹K」という。）の5人であった（以下、この相続を「本件相続」という。）。

　妻Gは、昭和46年に死亡し、以後、本件相続に係る共同相続人は、兄H、姉J、請求人及び妹K（以下、これら4名を「兄Hら4名」という。）となった。

(2)　本件相続の対象となる不動産（以下「本件相続不動産」という。）のうち、本件土地を含む土地については、昭和41年10月○日及び昭和44年10月○日に、本件相続を原因として、本件被相続人から兄Hへ所有権移転登記がなされていた（以下、これらの所有権移転登記を「本件旧相続登記」という。）

(3)　本件相続不動産のうち、別件土地は、昭和44年7月○日に、本件相続を原因として、本件被相続人から兄H及び妹Kへの各持分2分の1の共有とする所有権移転登記がされていた。同土地は、平成17年3月○日に、平成6年4月○日の時効取得を原因として、兄H及び妹Kから所有者を姉Jの夫と

する所有権移転登記がなされた。

⑷　請求人及び妹Kは連名で、兄H及び姉Jを相手方として、平成17年○月○日付で、L家庭裁判所に、本件相続に係る遺産分割の調停を求める旨の申立てをした（以下、この調停の申立てを「本件申立て」という。）。

同事件は、平成17年８月○日に、L家庭裁判所において、①本件土地に係る本件旧相続登記の原因たる遺産分割協議は無効であること、②兄Hは、本件土地につき、本件旧相続登記の抹消登記手続をすること、③請求人及び妹Kは、本件土地を各２分の１の割合で本件相続を原因として共有取得することなどを内容とする調停が成立した（以下、この成立した調停を「本件調停」という。）。

本件調停を受けて、本件土地の登記については、平成17年８月○日、本件旧相続登記が錯誤を原因として抹消登記されるとともに、同日、本件相続を原因として本件被相続人から請求人及び妹Kへ各持分２分の１の共有とする所有権移転登記がなされた（以下、これらの抹消登記及び所有権移転登記を「本件新相続登記」という。）。

⑸　P市は、平成15年９月３日、兄Hに対して、本件土地を都市計画街路事業の道路用地として買収予定価額6,667万9,200円（以下「本件買収予定価額」という。）で買い取りたい旨の申出を行った。この売買交渉は契約に至らなかったが、本件新相続登記後である平成17年８月19日に、P市は請求人及び妹Kに対し、本件土地の各共有持分２分の１について道路用地として買い取りたい旨の申出を行った。

請求人及び妹Kは、平成17年９月２日付で本件土地の各共有持分２分の１を道路用地としてP市へそれぞれ3,333万9,600円で売り渡す旨の土地売買契約（以下「本件売買契約」という。）を連名で締結した。

⑹　以上の経緯に照らし、請求人は、本件土地を本件相続によって取得したとして贈与税の確定申告を行わなかったところ、原処分庁は、請求人は平成17年８月10日に兄Hから贈与によって財産を取得したとし、直前の買収予定価額を本件土地の評価として、平成17年分の贈与税決定処分等を行った。これに対して、請求人が争った。

図説　本件事実関係

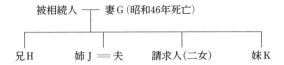

〈**本件相続＝昭和38年9月**〉

被相続人 ── 妻G（昭和46年死亡）

兄H　　　姉J＝夫　　　請求人(二女)　　　妹K

〈**本件土地を含む各土地の所有権移転**〉

●昭和41年10月・昭和44年10月（本件旧相続登記）

　　　被相続人→兄H：登記原因＝本件相続

●平成17年8月（本件新相続登記）

　　・本件旧相続登記の抹消

　　・被相続人→請求人・妹K（各持分2分の1）：登記原因＝本件相続

●平成17年9月2日（本件売買契約）

　　　請求人・妹K→P市（売却価格：各3,333万9,600円）

〈**別件土地の所有権移転**〉

●昭和44年7月

　　　被相続人→兄H・妹K（各持分2分の1）：登記原因＝本件相続

●平成17年3月

　　　兄H・妹K→姉Jの夫：登記原因＝時効取得（平成6年4月完成）

争　　点

1　請求人は本件土地を贈与により取得したものであるか（本文では省略。コメント参照）。

2　請求人が贈与により取得したものとした場合における本件土地の価額は、市による買収予定価額によることが相当であるか否か。

◆請求人の主張

　本件における遺産分割協議は、兄Hが独断で行ったものであるため不成立であるが、仮に、本件土地が贈与により取得されたものであるとしても、財産評価基本通達（以下「評価基本通達」という。）6は、本来、評価基本通達を機械的に適用した場合に、その価額が時価よりも高くなるなど不合理な結果が生じることがある場合に、主として納税者を救済するための定めであると解されている。

　原処分庁は、単に本件買収予定価額を時価として計算した場合に比べて、評価基本通達で定められた評価方法を適用した場合の贈与税額の方が著しく低額になるということだけをもって、課税の公平を著しく害すると判断しているが、このことは評価基本通達6の趣旨に反し、請求人が公平な課税を受ける権利の侵害にもつながる不当なものである。

　したがって、本件土地の評価は、評価基本通達に定められた評価方式により評価すべきである。

◇原処分庁の主張

　本件土地については、①贈与時点において道路用地になることが明らかな事実があること、②P市が、本件土地についての平成17年7月5日の売買交渉において、兄Hに対し本件買収予定価額と同額を示しており、本件買収予定価額が維持される状況にあったこと、③請求人は、本件土地が買収されることを兄Hから聞いていることからすると、本件土地の取得の時における時価として客観的な交換価値を示す価額である本件買収予定価額が現に存在していたと認められる。

　また、本件土地について評価基本通達に定められた評価方式で評価した場合の価額は、本件買収予定価額を時価とした場合に比べ著しく低額となり、評価基本通達に定められた評価方式により評価することがかえって実質的な租税負担の公平を著しく害すると認められる。

　したがって、本件土地の評価は、評価基本通達6に定める特別の事情がある場合に当たり、本件買収予定価額とするのが相当である。

⚖ 審判所の判断

「相続税法第22条には、贈与により取得した財産の価額はその取得の時における時価による旨規定されており、贈与税の課税実務上、特別な事情がない場合には、評価基本通達により定められた評価方法によって画一的に財産の評価を行うのが相当である」。

本件買収予定価額は、あくまでも売買契約前の時点における予定価額であって、その後の交渉や事情の変化により変動する可能性がある価額にすぎない。

また、本件土地については、P市が道路用地として買収する予定であったとはいえ、本件新相続登記がなされる以前に売買契約は締結されていなかったことから、本件買収予定価額は、贈与税の課税時期における時価としての客観的な交換価値が顕在化したものとまでは認め難い。

「本件買収予定価額は、贈与税の課税時期における時価としての客観的な交換価値が顕在化したものとまでは認め難いこと、また、評価基本通達により定められた評価方式で評価した場合の価額が本件買収予定価額に比べ著しく低額となることをもって特別の事情が存するとはいえないことに加え、当審判所の調査によっても、本件土地の評価に当たり、評価基本通達に定める評価方法を適用することが著しく不合理であるとする特別な事情があるとは認められないことからすれば、原処分庁の主張には理由がない。

したがって、本件土地の価額は、評価基本通達に定める方式で評価するのが相当である。」

⚖ 逆転のポイント

本件土地の評価について、本件審判所が、本件買収予定価額はあくまでも予定価額にすぎず、贈与時点での客観的な交換価値が顕在化したものと認めることができないため、評価基本通達に定める評価方法を適用することが著しく不適当と認められるとする特別な事情があるとは認められないと判断した点が、逆転のポイントである。

実務へのヒント

　評価基本通達に定める方式による評価に基づく価額（路線価）が、売買予定価額よりも低額というだけでは、評価基本通達6の「特別な事情」には該当せず、評価額の妥当性について争う余地があることを認識しておくべきである。

〔伊川　正樹〕

コメント

　争点1については、本件相続開始当時、農業を引き継ぐ長男が農地を含めた遺産を単独で相続するのが通例であり、兄Hら4名もそのような認識で本件旧相続登記をしたこと、本件相続開始後、本件新相続登記までの経過年数が41年11か月であるが、その間に一度も遺産の分割請求がなされないことは極めて不自然であることなどを理由として、「遅くとも別件土地についての所有権移転の要求が姉Jから兄Hに対してなされた時までには、本件相続不動産のすべては、共同相続人全員の黙示の合意の下で、兄Hが単独で相続したものと認めるのが相当であるから、本件土地は、本件新相続登記がなされているものの、請求人が兄Hから贈与により取得したものと認めるのが相当」と解されている。

　こうした事態を避けるために、遺産分割協議においては、十分な財産を取得できていない場合には、他の共同相続人に対して分割請求を行うなどして異議を申し立てておかなければ、分割についての黙示の合意があったと判断されてしまうことがあるため、対策を取っておくことが必要である。

　争点2で問題となった評価基本通達6は、評価基本通達が定める評価方法を画一的に適用することによって、かえって実質的な租税負担の公平を著しく害することが明らかな場合には、別の評価方式によることが許され、評価基本通達によらないことが相当と認められるような「特別の事情」のある場合には、他の合理的な時価の評価方式によることが許されるものと解されている（最判平成5年10月28日・税資199号670頁など）。

　本件裁決は、評価基本通達により定められた評価方式で評価した場合の価額が、本件買収予定価額に比べ著しく低額となることをもって特別の事情が存するとはいえないとしており、上記通達の解釈に適合するものとして意義が認められる。

家賃が未払の貸家の相続税評価

《具体例：平成21年10月23日裁決・裁決事例集78集》

こんな場合どうする‼

　相続により取得した家屋には一人暮らしの老人が入居していたが、その老人は病気で施設に入所し、家賃が長期間、未払の状態であった。このような家屋は、相続税の財産評価の計算上、貸家として評価できるだろうか。

　請求人Ｇ及びＨ（以下２人をまとめていう場合、「請求人ら」という。）及びＪは、平成17年８月○日（以下「本件相続開始日」という。）に死亡したＫ（以下「被相続人」といい、被相続人の死亡により開始した相続を「本件相続」という。）の共同相続人である。請求人Ｇは被相続人の配偶者、請求人Ｈは長女、Ｊは長男である。

　請求人Ｇは、本件相続により家屋①ないし④（以下、まとめていう場合、「本件各家屋」という。）及び本件各家屋に係る借地権並びにその他の財産を取得した。

　このうち、家屋①の価額は４万61円であり、その他の財産の価額は○○○○円である。

　本件各家屋は、Ｌから賃借しているＰ市ｐ町Ｑ１番及びＱ２番の土地（以下「本件各土地」という。）上に所在している。

　家屋①は、本件相続開始日において、Ｍが賃借していた。

　また、以前から、家屋②③④には、Ｔとその妻及び息子のＳが居住していた。Ｔは被相続人に支払う毎月の家賃３万円をＭに渡し、Ｍが家賃を支払う際、Ｍが一緒に被相続人名義の銀行口座に振り込んでいた。

　Tは平成7年9月○日、妻は同年4月○日に死亡したが、本件相続開始日以後も、家屋④の玄関には、Tほかの氏名が記載されていた表札がかかっている。

　なお、Sは、平成9年7月2日に緊急入院した後、平成10年5月28日から社会福祉法人W会に入所し、本件相続開始日においても同施設に入所したままであり、家屋②③④には戻っていなかった。Sは、平成9年7月4日から生活保護を受け、現在に至っている。

　Mは、Sが生活保護を受けていること、Sが病気で倒れて治る見込みがなく、家屋②③④に帰ってくることができないこと、P市が保護費として家賃を支払うことができるのは平成9年12月までであることをP市役所関係者から聞き、その旨を被相続人に知らせた。

　家屋②③④には、平成21年4月頃まで、Sの仏壇、家財道具などの荷物が放置されたままになっていた。Sは、上記荷物の処分に同意する旨が記載された、平成21年4月30日付の「同意承諾書」と題する書面（以下「本件承諾書」という。）を作成して、その頃、福祉事務所を通じて請求人Gに送付した。

　R国税局長は、R国税局管内全域の平成17年分の借家権割合を30%とし、また、本件各土地が所在する地域について、借地権の取引慣行がある地域であるとして借地権割合を50%と定めている。

図説　本件事実関係

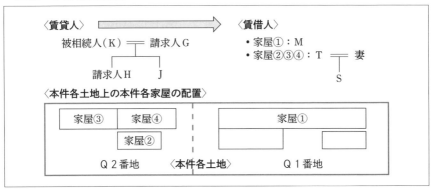

　本件相続に関して請求人らが行った相続税の申告に対し、原処分庁は、借地権が申告漏れであり、また、当該借地権に係る家屋の一部は貸家には該当しないとして、更正処分等を行った。

　これに対し、請求人らは、当該借地権については、家屋が老朽化し借地権を無償で返還することが決まっているから正常な状態の家屋が存する借地権と同じ評価をすべきではないなどとして、原処分の全部又は一部の取消しを求めた。

争　点

　1　当該借地権に係る家屋の一部は、貸家か否か。

　2　当該借地権の価額は、家屋の老朽化等を考慮して評価すべきか否か（省略）。

◆請求人の主張

　家屋②③④は、Ｓに賃貸していたのであり、被相続人は、家屋②③④を自由に使用できる状態でなかったのであるから、貸家として評価すべきである。

◇原処分庁の主張

　家屋②③④には、過去にＳが居住していた形跡はあるが、(a)少なくとも平成17年１月以降公共料金の使用実績がないこと、(b)被相続人の取引金融機関への賃料の入金等が確認できないこと、(c)請求人Ｇが調査担当者に対して、被相続人の母親が生きていた頃は貸していたが、それ以降は貸しておらず空家となっている旨申述したことからすると、本件相続開始日において、賃貸されていたとは認められず、貸家の用に供されていたとは認められない。したがって、貸家として評価することはできない。

審判所の判断

① 法令解釈等

　「家屋②③④が貸家に該当するかどうかは、相続により財産を取得した日すなわち本件相続開始日において、家屋②③④が賃貸借契約の目的となって

いたかどうかにより判断すべきである。」

「貸家の評価に関する評価通達93は、家屋の価額からこれに国税局長が定めた借家権割合（Ｒ国税局管内においては30％。）を乗じた価額を控除する方法で算出するとしているが、このような画一的な評価方法を定めているのは、個別に評価する方法を採るとその評価方法、基礎資料の選択の仕方等により評価額に格差が生じることを避け難いこと、また、課税庁の課税事務の迅速な処理が困難となるおそれがあることなどから、あらかじめ定められた評価法により画一的に評価するほうが納税者間の公平、納税者の便宜及び徴税費用の削減という見地から合理性があるという理由に基づくものと解され、当審判所においても相当と認める。」

② 認定事実と判断

家屋②③④には、平成21年４月頃までは、Ｓの家具等があったことが認められ、かつ、その処分について請求人ＧがＳから本件承諾書を得ていることからすると、本件相続開始日（平成17年８月○日）以後もＳの家屋②③④に係る占有が継続していたものと見るのが相当である。

そして、Ｓの家屋②③④に係る占有は、同人の父Ｔの占有を承継したものと推認できるところ、Ｔ及びＳから被相続人に対し賃料の支払があったことからすると、Ｔ及びＳの各占有はいずれも賃貸借契約に基づくものであったと認められる。

また、Ｓは平成９年以降入院又は施設に入所しているが、そうであったとしても、入所しているＷ会は更生援護施設であって、しかも、その入所はそもそも病気を起因とするものであるから転居ではないというべきである。

さらに、平成21年５月１日時点においても、家屋②③④の所在地に住民登録をしていたことからすると、家屋②③④における居住又は占有を放棄して、病院又は施設に居住することとなったとまではいえない。

③ 原処分庁の主張について

1　主張(a)について

原処分庁は、電気、ガス、水道について、Ｔ名義の供給契約の該当がない

旨の回答を得たにすぎず、Ｓとの供給契約の有無及び使用実績は明らかではない。また、仮に、Ｓが、電気、ガス、水道を使用していなかったとしても、不在であることにより使用がなかったにすぎず、必ずしも家屋②③④が賃貸借の目的となっていない理由とはならない。

2　主張(b)について

確かに、賃料が平成10年以降支払われていないことが認められるが、請求人Ｇの答述その他原処分関係書類を調査したところによっても、被相続人がＳに対し借地借家法26条１項及び27条１項に規定する解約の申入れをした事実は認められず、借地借家法には、賃料が未払である事実があれば解約されたものとみなす規定もないから、家賃が未払になった後も賃貸借契約は継続していたというべきである。

3　主張(c)について

Ｓが、不在となった平成９年７月以降平成21年４月頃までの間も家屋②③④に荷物を置いて同所を占有していたこと、Ｓが、父であるＴの死亡後、被相続人から家屋②③④を賃借したものであり、請求人Ｇも平成21年４月頃、Ｓから本件承諾書の送付を受けるなど同人の占有の継続を前提とする行為をしていることと整合せず、家屋②③④が本件相続開始日において賃貸の用に供されていないことを裏付けるに足りるものとはいえない。

④　結　　論

家屋②③④は本件相続開始日現在において賃貸借の目的となっている貸家であるから、その評価額は評価通達93の定めにより計算することとなる。

⚖逆転のポイント

家屋②③④について、(1)家賃が過去に支払われていたこと、(2)契約書はないものの、賃貸借契約の存在が推認されたこと、(3)本件相続開始日において、Ｓの家財等が当該家屋を占有していたこと、(4)本件相続開始後に当該家財等の処分に関する書面が相続人との間で交わされていることから、貸家契約が継続していると推認されたことが、逆転のポイントである。

実務へのヒント☞

　入居者が高齢になり突然入院し、その後、施設等に移り、以後退院することがない場合においても、入居者の家財等が当該家屋を占有しているなど、入院前の状態が継続しているような場合には、賃貸契約が継続されていると扱われる。ただし、契約の存在を示す事実とそれが解約されていないことを証明しなければならない。

［加藤　義幸］

コメント

　財産評価基本通達93は、貸家の評価について、国税局長が定めた借家権割合を乗じた価額を控除する方法により算出する旨を定めている。そのため、家屋が貸家であるか否かによって評価額が異なることになる。

　本件では、本件相続開始日において、家屋②③④がSに賃貸している事実があるといえるかどうかが争われた。本件では、本件相続開始日においてSが実際には当該家屋を使用しておらず、また家賃も長期間滞納しているという事実の下でも、法的には賃貸借契約が継続していたといえると判断した。

　これに類似するケースとして、租税特別措置法35条における相続・遺贈に係る居住用資産の譲渡特例をめぐり、「相続開始の直前において被相続人の居住の用に供されていた」か否かの判定が想起される（たとえば、大阪地判平成21年4月16日・税資259号順号11181）。その該当性は、当該家屋の所有者等の日常生活等の事情を総合勘案して判断するものと解されており、「居住の用」という事実状態が要件となっている（措置法通達35－5、同31の3－2参照）。

　これに対して本件のケースでは、「貸家であるかどうか」とは賃貸借契約の有無であり、法的な評価の問題であるため、上記のケースとは異なる。本件事実及び借地借家法の解釈として、本件裁決の判断は妥当である。

　なお、本件における争点2である当該借地権の価額は家屋の老朽化等を考慮し、借地権割合を減価して評価すべきか否かについては、本件相続開始日において本件各家屋にはそれぞれ家屋賃借人がおり、近い将来において朽廃が見込まれる状態に立ち至ってはいなかったとして、請求人の主張が退けられている。

第 5 章

消費税

資産の取得目的と課税仕入れの用途区分

《具体例：平成23年3月23日裁決・裁決事例集82集》

こんな場合どうする‼

　消費税法30条2項1号は、課税期間中に国内において行った課税仕入れにつき、その用途区分が明らかにされている場合に、個別対応方式により控除対象仕入税額の計算をする旨規定している。

　個別対応方式による控除対象仕入税額の計算をするにあたり、売却する目的で購入した資産は課税資産の譲渡等のみに要するものと判断されるのが一般的だが、後にその目的が変わったような場合には、課税資産の譲渡等とその他の資産の譲渡等に共通して要するものに当たるかどうか判断に迷う場合がある。このような場合、どのように区分すればよいのだろうか。

　D社は、本件で争いとなった消費税の課税期間である平成20年7月1日から平成21年5月30日までの期間（以下「本件課税期間」という。）において、消費税法9条1項本文が定める免税事業者ではなかった。

　D社は、平成19年11月○日に、E社との間で、居住用ワンルームマンションの建物（以下「本件建物」という。）等を建築し、平成20年8月11日に引渡しを受ける旨の工事請負契約を締結した。

　平成19年12月○日、D社はF社との間で、本件建物及び機械式駐車場（その敷地を含む。以下「本件マンション」という。）を信託財産とする信託受益権（以下「本件信託受益権」という。）を譲り渡す旨の信託受益権売買契約（以下「本件受益権売買契約」という。）を締結した。

　また、D社は、平成20年8月11日に、f県水道局に対し、本件マンション

に水道を引くための建築物負担金及び給水申込納付金（以下、これらを併せて「本件負担金等」という。）を支払い、本件マンションに係る水道施設利用権（以下「本件水道施設利用権」という。）を取得した。

　一方、Ｆ社は、平成20年９月○日に、Ｇ地方裁判所に破産手続開始の申立てをしたところ、同裁判所は、同日、破産手続開始の決定をした。

　その後、平成20年９月30日に、Ｄ社はＥ社から本件建物の引渡しを受けた。また、Ｄ社は、同日、Ｈ社との間で、本件マンションの賃貸借業務管理委託契約（以下「本件管理委託契約」という。）を締結した。

　平成20年10月３日、Ｄ社はＦ社に対し、確答期限を同月31日として、破産法53条２項に規定する催告を行った。

　平成20年10月20日、Ｄ社はＨ社の仲介を受けて、Ｓ及びＴとの間で、本件マンションの貸室賃貸借契約をそれぞれ締結し、同日から本件マンションの賃貸を開始した。

　その後、Ｄ社は、上記の催告に対するＦ社からの確答がなかったことから、本件受益権売買契約が解除されたものとみなし、その後、平成21年６月○日に、Ｊに本件マンションを譲渡した。

　平成21年５月○日、請求人はＤ社を吸収合併した。請求人は、本件課税期間の課税売上割合が100分の95に満たないことから、消費税法30条２項に規定する課税標準額に対する消費税額から控除される課税仕入れに係る消費税額（以下「控除対象仕入税額」という。）を同項第１号に規定する方法（以下「個別対応方式」という。）により計算し、本件確定申告をした。

　また請求人は、本件建物及び本件水道施設利用権の取得に係る課税仕入れが、消費税法30条２項１号に規定する課税資産の譲渡等にのみ要するものに当たるとして控除対象仕入税額の計算をした（以下、同号に規定する課税仕入れの区分を「用途区分」という。）。

　原処分庁は、これに対し、本件建物及び本件水道施設利用権の取得に係る課税仕入れが、消費税法第30条２項１号に規定する課税資産の譲渡等とその他の資産の譲渡等に共通して要するものに当たるとして、本件更正処分等を

した。請求人はその取消しを求めて争った。

争　点

　　本件建物及び本件水道施設利用権の取得に係る課税仕入れは、課税資産の
譲渡等にのみ要するもの又は課税資産の譲渡等とその他の資産の譲渡等に共
通して要するもののいずれに当たるか。

図説　本件事実関係（日付はすべて平成）

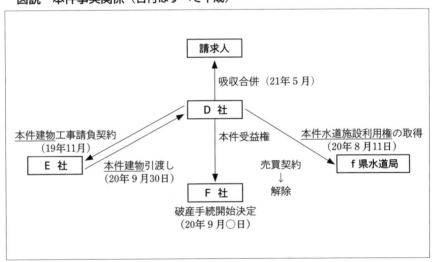

◆請求人の主張

　課税仕入れについての用途区分の判定は、課税仕入れを行った日の状況に
より行うこととされているところ、本件受益権売買契約書等から、本件建物
及び本件水道施設利用権の取得に係る課税仕入れは、課税資産の譲渡等にの
み要するものに当たる。

◇原処分庁の主張

　D社は、本件建物の引渡日において、本件マンションを販売する目的だけ

ではなく、住宅として貸し付けることも併せてその目的として仕入れたものと認められるから、本件建物の取得に係る課税仕入れは、課税資産の譲渡等とその他の資産の譲渡等に共通して要するものに当たる。

　また、本件水道施設利用権の取得に係る課税仕入れについても、本件建物の取得に係る課税仕入れと同様に、課税資産の譲渡等とその他の資産の譲渡等に共通して要するものに当たる。

Ⅲ　審判所の判断

① 法令解釈

　「消費税法第30条第1項第1号は、課税仕入れに係る消費税額の控除をする課税期間を課税仕入れを行った日を基準に規定しており、これを前提に同条第2項第1号は、その課税期間中に国内において行った課税仕入れにつき、その用途区分が明らかにされている場合に、個別対応方式により控除対象仕入税額の計算をする旨規定している。この課税仕入れについての用途区分について、同号は、いずれの用途区分も『要するもの』という文言を用い、実際にどのような用途に用いたかを要求していないのであり、また、消費税法第34条……及び第35条……が、課税仕入れを行った課税期間において用途を変更した場合にも、これらの規定による調整計算の対象としていることからすると、課税仕入れについての用途区分の判定は、原則として、その課税仕入れを行った日の状況によって行うものと解するのが相当であり、その判定に合理性が存すれば、結果的に用途区分が異なったとしても、遡って修正計算をする必要はないと解するのが相当である。」

② 本件建物の取得に係る課税仕入れについて

　本件建物の取得に係る課税仕入れのあった平成20年9月30日頃の状況として、次の各点が認められる。

(1)　F社の破産手続が開始されていたことから、請求人は、本件信託受益権の売買残代金の支払が事実上不可能で、F社との本件受益権売買契約を解消することとなり、同契約において予定されていた日に本件信託受益権の

譲渡が行われないとの認識を有していた。

(2)　本件マンションの売却先及び売却時期が未定の状況下で、Ｄ社自らが平成20年９月30日にＨ社と本件管理委託契約を締結し、入居者の募集を開始したという賃料収入を得ることを前提とした行為をしていることから、本件建物の取得に係る課税仕入れのあった同日時点において、Ｄ社は、本件マンションの新たな売却先が見つかるまでの間、本件マンションを住宅として貸し付け、これによる賃料収入を得ることを予定していた。

以上の事実から、Ｄ社の本件建物の取得目的が本件信託受益権を売買することにあり、また、本件受益権売買契約の法的な解除やテナントとの間の賃貸借契約の締結がされていなかったとしても、本件建物の取得に係る課税仕入れを本件信託受益権の売買にのみ要する課税仕入れとして、課税資産の譲渡等にのみ要するものとして区分したことには合理性がないというべきであり、本件建物の取得に係る課税仕入れは、課税資産の譲渡等とその他の資産の譲渡等に共通して要するものに当たると認めるのが相当である。

③　**本件水道施設利用権の取得に係る課税仕入れについて**

本件水道施設利用権の取得に係る課税仕入れのあった平成20年８月11日の状況についてみると、Ｄ社とＦ社との契約に関しては、本件受益権売買契約が締結された状態であり、この時点ではＤ社が同契約による本件信託受益権の譲渡が事実上不可能となるとの認識は有していなかったことが認められる。

そして同日時点において、Ｄ社に帰属すべき賃料収入が生ずる可能性は具体的なものではなかったというべきであり、Ｄ社に賃料収入が帰属することが予定されていたということはできず、本件水道施設利用権の取得に係る課税仕入れを本件信託受益権の売買にのみ要する課税仕入れとして、課税資産の譲渡等にのみ要するものとして区分したことが不合理な区分とまではいうことはできないから、本件水道施設利用権の取得に係る課税仕入れは、課税資産の譲渡等にのみ要するものと認めるのが相当である。

逆転のポイント

　本件では、本件水道施設利用権の取得時点での状況から、Ｄ社が本件マンションから賃料収入を得ることを予定したものとはいい難いと判断された点が、逆転のポイントである。

実務へのヒント

> 　個別対応方式による控除対象仕入税額の計算において、課税資産の譲渡等にのみ要するものを把握するにあたり、自身あるいは取引先の状況によって仕入れの目的物の用途区分が影響を受ける場合がある。このことを念頭に置いて、申告時に用途区分を再確認する必要があろう。

〔米川　雅人〕

コメント

　消費税法30条２項は、課税売上割合が95％未満の場合の仕入税額控除について、その課税期間中の課税仕入れ等に係る消費税額のすべてを次の３つに区分して計算することを定めている（個別対応方式）。
① 　課税売上げにのみ要する課税仕入れ等に係るもの……全額控除
② 　非課税売上げにのみ要する課税仕入れ等に係るもの……控除せず
③ 　課税売上げと非課税売上げに共通して要する課税仕入れ等に係るもの……課税売上割合を乗じて計算した金額を控除
　本件では、本件建物及び本件水道施設利用権の取得に係る税額が、上記の①と③のいずれに該当するかが争われ、前者については③と判断されたものの、後者について①と判断され、逆転裁決となった。
　本件裁決はその判断にあたり、取得時点の取得目的とその後の目的とが異なったとしても、消費税法の規定を根拠に、課税仕入れを行った時点での目的を基準として判断すべきことを明らかにした。仕入れに係る税額を控除するという制度趣旨に照らせば、仕入れ時点を基準とする判断は適切というべきだろう。

仕入税額控除を認めるための
「帳簿」の意義

《具体例：平成23年3月30日裁決・裁決事例集82集》

こんな場合どうする‼

　事業者が仕入税額控除の適用を受けるためには、課税仕入れ等の税額の控除に係る帳簿及び請求書等を保存しなければならない。しかし、その帳簿及び請求書等において一部の記載事項を欠くものは、法定帳簿及び法定請求書として認められず、仕入税額控除を受けることはできないのだろうか。

　型枠工事業を営む請求人は、得意先である建築業者（以下「得意先」という。）より、一人ないし複数人による工事現場における型枠工事業への従事依頼を受けて職人を手配し、請求人ないし職人において工事現場での作業を行っていた。請求人は、当該業務につき、得意先から報酬を受領し、他方で、職人に対してその対価（以下「本件職人対価」という。）を支払っていた。

　請求人は、平成20年1月1日から12月31日までの課税期間（以下「平成20年課税期間」という。）において、得意先に対して作業に従事する職人を明らかにするため、各職人の氏名、生年月日、住所及び電話番号等が記載された名簿等（以下「本件名簿等」という。）を備え付けていた。

　請求人が日々記載するノート（以下「本件出面帳」という。）には、平成20年課税期間における請求人と各職人との日々の取引が継続的に記載されており、その記載内容として、作業日付、工事現場の名称、具体的作業内容、作業をした者の名称（請求人及び職人）等が記載されているが、月末に記載される本件職人対価の額等について、金額ではなく各職人のその月の作業量（人工量）が記載されている場合がある。

288

　なお、本件出面帳には、上記作業量から本件職人対価を算出する計算方法等の記載はなく、本件の全証拠によっても、各職人のその月の作業量から本件職人対価を算定すべき方法が記載された文書等の存在を認めるに足りない。

　原処分庁による請求人に対する消費税等を含む国税の調査における指導内容等に基づき、平成17年1月1日から平成20年12月31日までの各課税期間の消費税等の期限後申告を行った後に、請求人は、請求人の事業に従事した職人に支払った対価等は、消費税法に規定する課税仕入れに係る支払対価に該当し、仕入税額控除が認められるべきである等として更正の請求をしたところ、原処分庁が更正すべき理由がない旨の各通知処分を行ったため、請求人が同処分の取消しを求めた。

 争　　点

　請求人が職人に支払った対価が課税仕入れに係る支払対価に該当し、課税仕入れに係る消費税額の控除が認められるか。

◆**請求人の主張**

　請求人は、本件出面帳を平成18年6月以降作成、保存しており、本件出面帳は、消費税法30条7項に基づき保存が要求される、同条8項1号所定の記載事項（以下「法定記載事項」という。）が記載された法定帳簿に該当する。

　そのため、本件職人対価は、そのすべてが課税仕入れに係る支払対価に該当し、課税仕入れに係る消費税額の控除が認められるべきである。

◇**原処分庁の主張**

　本件出面帳は、請求人が職人の従事状況を管理するための手控えにすぎず、申告の基礎資料ではないから、その大半につき、法定記載事項のうち、課税仕入れに係る支払対価の額の記載がなく、本件出面帳から課税仕入れの額を算定することは到底不可能である。したがって、法定帳簿の保存を定めた消費税法30条7項の趣旨に照らしても、本件出面帳を法定帳簿と認める余地はない。

　そのため、法定帳簿の保存がないので、課税仕入れに係る消費税額の控除を認めることはできない。

審判所の判断

　「事業者が、国内において行う課税仕入れに係る消費税額の控除を行うためには、消費税法第30条第7項により、……法定帳簿及び法定請求書等を保存することが要件とされているところ、当該保存が要件とされた趣旨は、資産の譲渡等が連鎖的に行われる中で、広く、かつ、薄く資産の譲渡等に課税するという消費税により適正な税収を確保するには、法定帳簿及び法定請求書という確実な資料を保存させ、権限ある課税庁職員の必要あるときは法定帳簿及び法定請求書を検査することが可能であるときに限り、課税仕入れに係る消費税額の控除の適用ができることを明らかにしたものであると解される。

　このうち、法定帳簿については、その対象物が帳簿であること、すなわち、継続的に記帳され、日々の取引を証ひょう書類等の原始記録を基に記録されるものであることはもとより、同条第8項により、課税仕入れに係る①相手方氏名等、②課税仕入れの年月日、③その役務等の内容及び④対価の額の法定記載事項の各記載が必要である。」

　「課税仕入れに係る消費税額の控除の適用要件として『帳簿及び請求書等』の保存が求められていることからすれば、法定帳簿及び法定請求書はそれぞれ独立して……消費税法上の要件を満たし、その保存がなされている必要があると解するべきであり、したがって、例えば、ある課税仕入れについて、法定請求書等の保存があったとしても、法定記載事項を満たさない帳簿の保存しかない場合には、課税仕入れに係る消費税額の控除の適用は認められないと解するのが相当である。」

　本件出面帳には、平成20年課税期間における請求人と各職人との取引が日々継続的に記載され、さらに、平成20年課税期間に係る本件職人対価に関し、その職人の名称、工事現場の名称、作業日を含む具体的作業内容等が記載されており、さらに、本件名簿等により本件出面帳記載の職人の氏名が確

認できることも考慮すると、本件出面帳の記載内容からは、法定記載事項のうち④支払対価の額を除く①ないし③の各事項の記載がされていることは明らかに認めることができる。

　一方で、本件職人対価の額は定額ではなく、また、本件出面帳にはこれを算出できる単価その他の計算方法が記載されておらず、本件の全証拠によっても、各職人のその月の作業量から本件職人対価を算定すべき方法が記載された文書等の存在を認めるに足りないから、本件出面帳に職人のその月の作業量のみが記載されている場合は、④課税仕入れに係る支払対価の額の記載があるものと認めることはできない。

　以上のことを踏まえ、平成20年課税期間に係る本件職人対価について、請求人が課税仕入れに係る法定帳簿及び法定請求書等の保存をしているか否かについて検討したところ、請求人の平成20年課税期間の各職人に対する支払対価のうち、請求人が法定帳簿及び法定請求書等の保存をしていると認められる月の取引については、課税仕入れに係る消費税額の控除が認められる。

図説　仕入税額控除を認めるために法定帳簿に要求される法定記載事項と本件出面帳の記載内容

仕入税額控除を認めるために法定帳簿に要求される法定記載事項（消法30⑧）		本件出面帳の記載内容
①	課税仕入れに係る相手方氏名等	○
②	課税仕入れの年月日	○
③	課税仕入れの役務等の内容	○
④	支払対価の額	△ （記載されている月と 記載されてない月あり） →　個別判断

逆転のポイント

　審判所が本件出面帳の記載内容を詳細に検討し、法定記載事項を満たすものかどうかを個別かつ実質的に認定して、それが認められる部分については、法定帳簿及び法定請求書等を保存しているものと認めると判断した点が、逆転のポイントである。

実務へのヒント

　仕入税額控除を受けるためには、課税仕入れ等の事実を記載した帳簿及び請求書等の両方を保存する必要がある。

　仮に、法定記載事項④の課税仕入れに係る支払対価の額の記載が全ての取引についてなされていない場合でも、その帳簿すべてが否定されるものではなく、記載されている月の取引については、課税仕入れに係る消費税額の控除が認められることに留意すべきである。

［青山　みゆき］

コメント

　仕入税額控除は、多段階付加価値税の性質をもつわが国の消費税にとって税の累積を排除するために不可欠の制度である。それを認めるための要件は「帳簿及び請求書等の保存」（消法30⑦）であり、従来は主に帳簿等の「保存」の意義をめぐって争われてきた（例えば、最判平成16年12月16日・民集58巻9号2458頁など）。

　本件は、「帳簿」の意義について争われたものであり、過去の裁判例では、帳簿及び請求書等に記載されている相手方及び文書作成者の氏名・名称等が架空のものである場合（いわゆる仮名取引）には、仕入税額控除は認められないと判断したものがある（東京地判平成9年8月28日・行集48巻7＝8号600頁）。この判決は、消費税法30条7項が仕入税額控除を認めるために「帳簿及び請求書等の保存」を要求する趣旨を基礎として、帳簿の意義を判断している。

　また、神戸地裁平成26年7月29日判決（税資264号−130順号12511）は、「『帳簿』該当性の判断は、個別具体的な書面について、法58条が帳簿の備付け等を定め、法30条7項が帳簿及び請求書等の保存を求めた上記趣旨を踏まえて行う必要がある」と述べている。

　本件においても、この趣旨をより詳細に述べたうえで、その適用要件である法定帳簿の意義について、⑴継続的に記帳され、日々の取引を証票書類等の原始記録を基に記録されていること、⑵消費税法30条8項所定の法定記載事項がすべて記載されていることと解している。

　本件の中心的な争点は、本件出面帳が法定帳簿に当たるかどうか、という点であるが、とりわけ法定記載事項④の課税仕入れに係る支払対価の額の記載の有無が争われている。原処分庁は本件出面帳の記載内容について、④の記載が十分ではないことを論拠としてこの点を否定する主張を行っている。すなわち、原処分庁も本件審判所が示した法定帳簿の意義を前提としつつ、記載内容を実質的に検討して主張しているのである。

　本件裁決の特徴は、本件職人対価について、本件出面帳の記載内容を月毎に精査し、とりわけ上記④の記載事項の記載が認められる部分について個別に仕入税額控除を認めたという点である。法定帳簿の意義を仕入税額控除の趣旨から導き出し、記載内容を実質的かつ個別に判断して仕入税額控除を認める本件裁決の判断は、消費税法の規定及び趣旨に照らして妥当であり、実務上の参考となるといえよう。

46 　　　　　　　　　　　　　　　　　　　　　　　　**消費税**

消費税法における課税仕入れの時期の判定

《具体例：平成24年7月24日裁決・裁決事例集88集》

こんな場合どうする‼

　消費税の仕入税額控除が認められる時期の判定基準は、消費税法上、明記されていない。

　事業者が工事請負契約により建物を取得する場合、建物の大部分の工事が完成し、一部が未了である時点で、仕入税額控除を受けることはできるだろうか。

　請求人は、平成19年3月○日に設立され、アパート、店舗等の賃貸業務などを目的とする合同会社である。

　請求人は、賃貸に供するアパートを建築するため、平成19年5月10日、K社との間で、注文者を請求人、請負者をK社とする同日付の工事請負契約書を取り交わして、以下の内容のアパートの新築工事の請負契約（以下、この新築工事を「本件工事」、本件工事に係る請負契約を「本件請負契約」という。）を締結した。

工事着工日	平成19年6月15日
完成予定日	平成20年3月10日
請負代金	9,550万2,681円 （工事費：9,095万4,935円、消費税等相当額：454万7,746円）
検　　査	K社は、工事が完了したときは、K社の管理技師Lが検査を行うものとし、検査に合格しないときは、K社は、補修又は改造してLの検査を受ける。
引渡時期	検査合格後7日以内

　なお、上記の請負代金は、その後、平成20年3月20日までの間に、9,500万

1,841円に変更された（以下、変更後の請負代金を「本件請負代金」という。）。

　請求人は、本件請負契約に係る建物（以下「本件建物」という。）について、平成20年3月4日、原因を同月3日新築とする表示登記を経由した。また、請求人は、本件建物について、平成20年3月11日、所有権保存登記を経由した上、同月21日、原因を同日金銭消費貸借同日抵当権設定、債権額を6,000万円、債務者を請求人、抵当権者をM銀行とする抵当権設定登記を経由した。

　なお、本件課税期間の末日である平成20年3月21日の時点では、本件建物のエアコン工事等が完了しておらず、それらがすべて完了し、本件建物の完了検査が行われたのは、同年7月2日であった。

　請求人は、本件請負代金を、平成19年10月5日から平成20年3月21日までの間、6回に分けて支払った。

　請求人は、平成19年4月27日、原処分庁に対し、事業を開始した日の属する本件課税期間について、消費税法9条4項（平成23年法律第82号による改正前のもの）の規定に基づき、同条1項本文に規定する納税義務の免除の規定の適用を受けない旨記載した「消費税課税事業者選択届出書」を提出した。

　そして、請求人は、平成20年5月20日、原処分庁に対して、平成19年3月○日から平成20年3月21日までの課税期間（以下「本件課税期間」という。）の消費税等について、本件建物の取得費用に係る消費税額を本件課税期間の消費税の計算において課税仕入れに係る消費税額として控除し、消費税等の還付税額を○○○○円とする還付を受けるための申告書を提出した。

　これに対して、原処分庁が同控除額の控除は認められないとして更正処分等を行ったところ、請求人が同処分等の取消しを求めて争った。

図説1　本件事実関係

本件請負契約	（代金支払い）	表示登記	保存登記	課税期間末日	完了検査
H19.5.10	（H19.10.5～ H20.3.21）	H20.3.3付	H20.3.11	H20.3.21	H20.7.2

争　　点

請求人が本件建物を譲り受けた日の属する課税期間は、本件課税期間か否か。

◆請求人の主張

　以下の理由から、請求人が本件建物を譲り受けた日の属する課税期間は、本件課税期間である。

1　請求人及びK社は、本件建物の引渡時期を「検査合格後7日以内」と定めた本件請負契約を締結した。

　　請求人は、工事完了時の管理技師による検査後、平成20年3月11日に本件建物の引渡しを受けるとともに、本件建物の所有者として所有権保存登記を経由し、同月21日に本件建物に抵当権を設定し、金融機関からの融資を受けて本件請負代金を完済し、また、同月12日には、建設仮勘定として経理処理していた本件建物の取得に係る金額を建物勘定に計上した。

　　このように、請求人は、本件課税期間内である平成20年3月11日にK社から本件建物の引渡しを受けた。

2　消費税法基本通達11-3-1、9-1-13及び9-1-2の定めに基づき、本件建物の課税仕入れを行った日は、本件建物の引渡しのあった日で判定すべきところ、引渡しのあった日がいつであるか明らかでないときは、代金の相当部分（おおむね50%）を収受するに至った日又は所有権移転登記の申請をした日のうちいずれか早い日にその引渡しがあったものとされている。

　　そうすると、請求人が所有権保存登記の申請を行ったのは平成20年3月11日で、本件請負代金を完済したのは同月21日であるから、請求人が本件建物の引渡しを受けた日は同月11日である。

◇原処分庁の主張

　消費税法30条1項1号に規定する課税仕入れを行った日については、消費税法基本通達11-3-1及び9-1-5の定めに基づき、物の引渡しを要す

る請負契約にあっては、その目的物の全部が完成し引渡しがなされた日となる。

　これを本件についてみると、請求人は本件請負契約に基づき本件建物を取得しているところ、本件建物に係るエアコン工事が未了であったこと、実際に本件建物の完了検査が行われたのは同年7月2日であったことからすれば、同日まで、本件建物は共同住宅として使用できる状態にはなく、本件工事は完了していなかったものと認められる。

　そうすると、本件建物の全部が完成して請求人に引き渡された日は平成20年7月2日以降であると認められるから、請求人が本件建物を譲り受けた日の属する課税期間は、本件課税期間ではない。

Ⅲ　審判所の判断

　消費税法30条1項及び同法2条1項12号によれば、資産を譲り受けた日がいつであるかは、課税資産の譲受けと譲渡が表裏の関係にあることから、資産の譲渡の時期に準じて判断するのが相当である。

　そして、資産の譲渡の時期は、建物の建築請負工事に関していえば、原則として、請負契約の目的物の全部を完成して引渡した日と解するのが相当であり、これと同旨の消費税法基本通達11－3－1及び同通達9－1－5は、当審判所においても相当と認められる。

　「この場合、引渡しの日がいつであるかについては、建設工事等の契約の内容、作業の終了状況、工事代金の精算状況、登記の状況などの諸事情を総合考慮し、合理的と認められる日に引渡しがあったと認めるのが相当であり、若干の工事が残存して未完成であったとしても、工事が当該課税期間内に完成し引渡しがあったものと同視できる場合には、特段の事情のない限り、当該課税期間内に課税資産の譲渡（課税資産の譲受け）があったとみるのが相当である。」

　本件では、平成20年3月3日の時点で、本件建物は外壁及び屋根により外気と分断され、コンクリート基礎により土地に定着し、共同住宅用建物の用途に供し得るだけの構造を備えていたことからすれば、同日時点で、本件建

物の大部分は完成していたこと、また、請求人とK社は、本件建物が完成したとして本件建物の引渡しを合意し、K社は、同日付で本件建物を請求人に引渡したことが認められる。

なお、本件課税期間の末日である平成20年3月21日の時点で本件工事の一部は未了であったと認められるが、いずれも軽微な補修工事又は附属設備の工事にすぎないから、同月3日時点で本件建物の大部分が完成していたとの上記認定を妨げるものではない。

そして、以下の事実から、請求人において本件課税期間内に本件建物の権利保全、処分、本件請負代金の支払及び経理処理が全て行われたことが認められる。

① 平成20年3月3日、本件建物が完成したとしてK社と引渡しを合意して本件建物の引渡しを受けた。

② 同月11日、権利保全のため、本件建物の所有権保存登記を経由した。

③ 同月21日、M銀行との間で、本件建物に抵当権を設定して自己の所有物として処分した。

④ 同日、請負業者であるK社に対し、本件請負代金全部の支払を終えた。

⑤ 同月12日、本件建物に係る建設仮勘定を全額、建物勘定に振り替えた。

また、K社においても、本件請負代金の全部を受領した平成19年4月1日から平成20年3月31日までの事業年度において、本件請負代金全額を益金の額に算入し、平成19年4月1日から平成20年3月31日までの課税期間において、本件請負代金を消費税の課税売上高に含めて課税標準額に対する消費税額を計算している。

これらのことから、本件工事に若干の工事が残存して未完成であったとしても、本件課税期間内に本件建物が完成し引渡しがあったものと同視できる。

したがって、本件においては、本件課税期間内に本件建物の譲渡があったと認めるのが相当であり、請求人が本件建物を譲り受けた日の属する課税期間は本件課税期間となる。

図説2　課税仕入れの時期に関する法解釈

- ● 仕入税額控除 の対象（消法301）：課税期間中に行った 課税仕入れ に係る消費税額

- ● 課税仕入れ （消法2①十二）：事業者が事業として他の者から 資産を譲り受けること など

- ● 資産の譲り受け の時期＝ 資産の譲渡 の時期

- ● 資産の譲渡 の時期（消基通11－3－1、9－1－5）：目的物を完成して 引き渡した 日

逆転のポイント

　本件建物の大部分は本件課税期間内に完成しており、請求人は、本件課税期間内に、①所有権保存登記をしていること、②金融機関との間で本件建物に抵当権を設定していること、③本件建物の工事請負業者に対し請負代金の全部の支払いを終えたなどの事実が認められ、本件建物の引渡しが本件課税期間内に行われたと判断された点が、逆転のポイントである。

実務へのヒント☞

　消費税の税率改定などがあると建物などの駆け込み受注が見込まれるが、契約ありきで工事が後追いになるケースも多く見受けられることから、引渡し時期が問題となることがある。
　このような場合には、権利保全の所有権登記を行うことを励行し、融資条件なら金融機関の抵当権を設定し、請負代金を期間内に完済しておくなどが望ましい。さらに、工事の工程表などにも十分注意を払うことが必要である。

［浅野　洋］

仕入税額控除が認められる時期について、本件審判所は消費税法には直接の根拠規定がないことを前提に、30条1項及び2条1項12号を解釈し、「課税資産の譲受けと譲渡が表裏の関係にあることから、資産の譲渡の時期に準じて判断するのが相当」として、引渡し基準が妥当すると述べている。

　本件では、仕入税額控除が認められるための「引渡し」とは、本件建物の大部分が完成した時点なのか、エアコン工事等も含めた工事の全部が完了した時点なのか、という解釈が問題となった。本件建物の登記の完了、抵当権の設定、代金の完済、相手方も売上げに計上しているなどといった諸事情を総合勘案し、若干未完成の部分があったとしても、工事が完成し引渡しされたのと同視できる状態であれば、合理的な時期において引渡しがあったとみることができるとする本件審判所の判断は、常識的にも法解釈としても適切である。

　なお、本件当時、請求人は当該課税期間は基準期間内であり消費税の納税義務がないため、課税事業者の選択をして消費税の還付を受けることを企図したものと推察される。

第 6 章

国税徴収法

47　　　　　　　　　　　　　　　　　　　　　　　徴収法

酒類を目的物とする譲渡担保契約と
滞納処分の有効性

《具体例：平成21年1月16日裁決・裁決事例集77集》

こんな場合どうする‼

　金銭を貸し付けるに当たり、その債務を担保する目的で譲渡担保設定契約を結んだ際、目的担保動産として、債務者が製造・販売する酒類を対象とし、その引渡しを受けた。その場合、債権者側が酒類販売免許を有していなくても問題はないのだろうか。

　また、その後、債務者の滞納国税を徴収するため、譲渡担保の設定登記がされた酒類が滞納処分の対象とされた場合、譲渡担保権によって担保された債権が滞納国税に優先することを主張できるだろうか。

　請求人は、平成18年9月5日、滞納法人であるC社及びその代表取締役であるGとの間で、C社が請求人から貸付極度額○○○○円の金銭の貸付けを受ける旨の金銭消費貸借契約を締結し、その契約に係る契約書を取り交わした。

　同日、請求人は、C社及びGとの間で、上記の金銭消費貸借契約に基づくC社の請求人に対する債務を担保するための譲渡担保設定契約（以下「本件譲渡担保設定契約」といい、この契約による譲渡担保権を「本件譲渡担保権」という。）を締結し、「担保設定契約書」を取り交わした。

　本件譲渡担保設定契約は、概ね次のような内容である。

①　本契約において、「担保目的動産」とは、C社が現在又は将来において所有する材料、仕掛品並びに倉庫、営業所又は店頭における在庫等の動産をいう。

②　C社は、請求人に対し、被担保債務を担保するため、本契約締結日に

C社が所有する担保目的動産について、占有改定（又は指図による引渡し）の方法により引き渡すことにより、その所有権を移転した。

③　C社及び請求人は、本契約締結日以降にC社が所有権を取得することになる担保目的動産について、所定の保管場所に搬入された時点で、占有改定（又は指図による引渡し）の方法により請求人に引き渡すことにより、所有権を移転する。

また、本件酒類に係る動産譲渡登記ファイルの登記事項証明書（一括）には、要旨次の内容が記載されている。

平成18年9月○日、譲渡人をC社とし、譲受人をE銀行及び請求人として、C社の本社工場に保管されている蒸留酒、合成酒、清酒の在庫商品、在庫原材料及び在庫製品を同月5日に譲渡担保とした旨登記し、その登記の存続期間の満了年月日は平成23年9月5日である。

なお、上記の担保目的動産と本件酒類は同一物である。

C社には、平成19年10月1日及び同月31日を法定納期限とする酒税及び消費税等の租税債務があったが、各日までに納付しなかった（以下、これらの滞納国税を「本件滞納国税」という。）。

そこで、原処分庁は、平成19年12月17日に、C社の本件滞納国税を徴収するため、C社の本社工場内にある蒸留酒、合成酒、清酒の在庫商品、在庫原材料及び在庫製品（以下、これらを併せて「本件酒類」という。）をC社の財産として差し押さえた（以下、この差押えを「本件差押処分」という。）。

その後、原処分庁は、平成20年2月12日以降、本件差押処分に係る本件酒類を4回にわたり順次公売した。原処分庁は、これらの各公売に係る換価代金等を4回にわたって配当した（以下、これらの配当を「本件各配当処分」という。）。

本件各配当処分のうち、D税務署長への配当は、国税通則法及び酒税法の規定によって徴収されることになった本件酒類の公売に伴う移出に係る酒税（以下「移出酒税」という。）に対するものであり、国税徴収法（以下「徴収法」という。）11条の規定により、第1順位とされたものである。

請求人は、本件各配当処分を不服として争った。

図説　本件事実関係

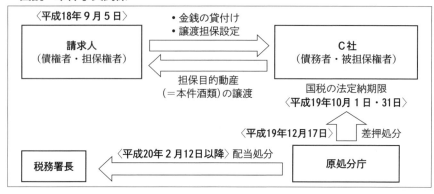

争　　点

酒類を担保の目的財産とする本件譲渡担保設定契約は有効か。

◆請求人の主張

本件譲渡担保設定契約は、次の理由から有効なものである。

1　酒類について設定された本件譲渡担保設定契約が税務当局との関係で相対的に無効であるとの原処分庁の主張は、次の理由から、担保に関する実務を無視した明らかに誤った解釈というべきである。

製造・処分等につき免許等の要件のある譲渡担保財産については、免許のある事業者（譲渡担保権設定者を含む。）に処分業務を委託して行うので、譲渡担保財産の処分が違法に行われることは実務上あり得ない。

なお、酒類の移出によって発生した酒税は、処分を委託した免許事業者等に納税を委託するので、税法上の遺漏を生じることはない。

2　譲渡担保物件の処分に当たって移出に伴う課税が発生することと、本件譲渡担保権の有効性あるいは相当性とは全く無関係な議論である。担保となった酒類の処分価額が移出酒税に及ばないこともあり得るが、そのような場合は担保権者が担保権を放棄する可能性があるにすぎない。

◇原処分庁の主張

　本件差押処分は、次の理由から、請求人を権利者とする本件譲渡担保設定契約を無効と判断して行ったものである。

1　酒税法は、酒類の製造、卸売及び小売販売に至るまで、すべて免許制度を採用していることから、酒類販売業免許を有していない請求人は、譲渡担保の目的とした酒類の私的実行が行い得ないので、譲渡担保権者とはなり得ず、本件譲渡担保設定契約は、請求人と滞納法人との間において有効であるとしても、国税当局との間においては、相対的に無効というべきである。

2　請求人は、本件各配当処分のうち、移出酒税への配当については、異議を申し立てていないが、譲渡担保財産の価額の一部分を対象に譲渡担保が成立することはあり得ないところ、仮に、本件譲渡担保設定契約が有効であるとするならば、酒類の売買価額の一部（場合によっては全部）を構成している移出酒税そのものを譲渡担保の目的にしていることになるから、公序良俗に反する無効な契約というべきである。

審判所の判断

　「酒税法が酒類の製造及び販売業について免許制度を採用したのは、酒類の消費に担税力を認め、その製造場から酒類が移出された場合に、その製造者に酒税の納税義務を課すこととし、酒類販売業者を介しての代金回収を通じてその税負担を最終的な担税者である消費者に転嫁するという仕組みを採用したことから、遵法精神に欠ける者や経営基盤が薄弱な者が行う酒類製造及び業として行う酒類販売を禁止することにより、酒税の適正かつ確実な賦課徴収を図ろうとしたものであると解される。すなわち、酒税法は、酒税の適正かつ確実な賦課徴収を図る観点から、酒類の製造と業として行う酒類の販売について免許を必要とする旨を定めたものであって、酒類の製造免許又は販売業免許を有していない者が行う酒類の譲渡そのものを禁止したものではない。そして、酒税法及び他の法令においても、酒類を譲渡担保の対象にすることを禁止した規定はないことから、譲渡担保権者が酒類の製造免許又

は販売業免許を有していないという理由のみで、酒類の譲渡担保設定契約が無効又は課税庁に対して相対的に無効であるということはできない。」

　酒税は、その製造場から酒類が移出された場合にその製造者に課されるものであり、譲渡担保権の実行によってその製造場から酒類が移出された場合もその製造者に酒税が課されることになるが、そのことから直ちに、酒類を譲渡担保の目的とすることが移出酒税そのものを譲渡担保の目的にしているとは解し難い。

　そして、徴収法24条に規定する譲渡担保財産とは、納税者が自己又は第三者の債務の担保とする目的で債権者又は第三者に譲渡した財産をいい、動産、有価証券、債権、不動産、無体財産権等一定の財産的価値を有し、譲渡できるものはすべて譲渡担保財産とすることができると解されるし、酒類を譲渡担保財産とすることは法令上禁止されていない。

　確かに、譲渡担保権の実行による酒類の売却代金がすべて譲渡担保の被担保債権の弁済に充てられた場合には、移出酒税の納付・徴収が困難になることが考えられるが、製造者が酒税を滞納した場合、製造者の総財産が滞納処分の対象になることを考えれば、酒類を譲渡担保の目的としたことによって酒税の徴収が全く不可能になるとは考えられない。

　以上のことからすれば、本件譲渡担保設定契約が詐害性や反社会性を有するとも認められず、たとえ移出酒税が酒類の販売価額の一部を構成しているとしても、本件酒類を譲渡担保の目的としたことが公序良俗に反するとはいえない。

　以上のとおり、原処分庁の主張はいずれも理由がなく、当審判所の調査によっても、本件譲渡担保設定契約を無効とする事実は認められないので、本件譲渡担保設定契約は有効である。したがって、本件各配当処分は、その全部を取り消すべきである。

⚖ 逆転のポイント

　徴収法24条における譲渡担保財産は、「譲渡できるものすべて」と解され

ること、及び酒類を譲渡担保の対象とすることを禁止した規定は、酒税法及びその他の法令にはないことを根拠として、私人間において締結された有効な譲渡担保設定契約は、原処分庁に対しても有効であると判断した点が、逆転のポイントである。

実務へのヒント ☞

　私人間の取引、とりわけそれが複雑な内容である場合、課税庁に対して有効な契約であるかどうかについては、個別法の規定やその趣旨等を踏まえて判断する必要がある。

　また、動産の差押えには登記を要しないため、譲渡担保の登記が見落とされる場合がある。この点は、譲渡担保設定契約時に注意が必要である。

[川崎　賢二]

　徴収法24条1項及び8項は、法定納期限以前に設定された譲渡担保は優先抵当権とし、法定納期限後に設定された譲渡担保を劣後抵当権として扱うことを定めている。本件では、C社の滞納国税の法定納期限よりも前に本件譲渡担保が設定されているため、原処分庁は、譲渡担保権利者である請求人に優先して差押処分をすることはできない。そのため、原処分庁は本件譲渡担保設定契約が無効であると主張しているものと考えられる。

　本件裁決は、酒税法及び徴収法上、酒類を譲渡担保の対象にすることを禁止した規定はなく、また酒類に対する譲渡担保の設定は、酒類に関する免許制度とも抵触しないとの解釈から、本件譲渡担保設定契約を無効と判断することはできないと解している。

　この判断は、租税法律主義の観点及び免許制度に関する先例の解釈（酒造免許制度について、最判平成元年12月14日・刑集43巻13号841頁、酒販免許制度について、最判平成4年12月15日・民集46巻9号2829頁）に照らして、妥当であるといえる。

代物弁済と第二次納税義務の有無

《具体例：平成23年2月18日裁決・裁決事例集82集》

こんな場合どうする‼

　国税徴収法39条は、滞納者が「無償又は著しく低い額の対価による譲渡、債務の免除その他第三者に利益を与える処分」を行った場合に、利益を受けた者が第二次納税義務を負う旨規定している。

　株主・役員などがその法人に対して代物弁済を行った場合、当該株主・役員などは上記の規定による第二次納税義務を負うことになるのだろうか。

　請求人は、本件滞納法人の発行済株式200株のすべてを所有し、設立時から本件滞納法人が解散した平成22年7月○日まで代表取締役であった。

　本件滞納法人及び請求人は、Y国税局調査査察部の国税犯則取締法に基づく犯則調査（以下「本件査察調査」という。）を受け、平成16年4月1日から平成17年3月31日までの事業年度の法人税の修正申告書を平成20年3月24日にf税務署長に提出した。

　本件滞納法人は、平成19年4月1日から平成20年3月31日までの事業年度（以下「平成20年3月期」という。）の総勘定元帳において、平成19年4月1日付及び同月30日付で上記の修正申告に係る損益修正項目として、請求人に対する短期貸付金合計1億9,779万8,299円を計上した。

　一方、請求人は、平成19年9月10日現在、g、h、G及びH等の各債権者に対して、貸付金の返還請求権（以下、これらを併せて「本件各貸金債権」という。）を有していた。

　本件滞納法人は、請求人から本件各貸金債権を上記の短期貸付金の一部

1億8,277万1,392円（以下「本件短期貸付金」という。）の支払に代えて譲り受けたとして、平成20年3月期の総勘定元帳において、平成20年1月31日付で、本件短期貸付金を本件各貸金債権の合計1億8,277万1,392円に振り替える経理処理をした。

　これに対して、原処分庁は、本件滞納法人が請求人と合意の上、本件短期貸付金の支払に代えて請求人から譲り受けた本件各貸金債権のうち、債務者g、h、G及びHに係る各貸金債権（以下「本件各譲受債権」という。）については、返済資力がないことから回収不能な無価値な債権であると認定し、その合計額○○○○円に相当する本件短期貸付金を実質的に免除した行為は、国税徴収法（以下「徴収法」という。）39条にいう無償又は著しく低い額の対価による譲渡、債務の免除その他第三者に利益を与える処分（以下「無償譲渡等の処分」という。）に該当するとして、請求人に対して同金額を限度とする本件納付告知処分等を行った。請求人はこれらの処分が違法であるとして、その取消しを求めた。

争　点

本件滞納法人と請求人との間で行われた本件各貸金債権の譲渡は、無償譲

図説　本件事実関係

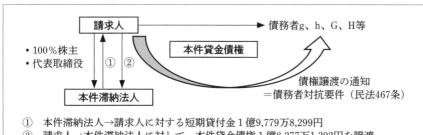

① 本件滞納法人→請求人に対する短期貸付金1億9,779万8,299円
② 請求人→本件滞納法人に対して、本件貸金債権1億8,277万1,392円を譲渡
⇒ ①の代物弁済として②を譲渡
※ ②の債権の一部が無価値であれば、①の短期貸付金の一部が消滅
＝ 本件滞納法人→請求人に対する債務免除……「無償譲渡等の処分」？

渡等の処分に該当するか。

◆**請求人の主張**

　請求人に対する短期貸付金は税務調査により認定された貸付金であり、第三者に対する「普遍的な」譲渡性が認められず、請求人からの任意弁済が望めない現状では、その回収には債務名義を取得して強制執行が必要になるところ、到底、取立訴訟の維持に耐えられないものであり、取立て・換価になじまない実効性のない債権である。したがって、取立可能性のない本件短期貸付金は無価値であり、これを代物弁済により減額したとしても請求人は何の利益も受けておらず、無償譲渡等の処分は認められない。

◇**原処分庁の主張**

　本件滞納法人と請求人との間で行った代物弁済のうち、無価値な本件譲受債権を譲り受けることにより消滅させた本件短期貸付金の一部○○○○円部分（以下、この短期貸付金○○○○円を消滅させた代物弁済を「本件代物弁済」という。）については、実質的に債務免除をしたということができ、徴収法39条が規定する第三者に利益を与える処分に該当する。

審判所の判断

　「徴収法第39条の第二次納税義務の制度は、租税負担の公平及び租税徴収確保の観点から、納税者の国税につき滞納処分を執行してもなおその徴収すべき額に不足すると認められる場合において、その不足すると認められることが、当該国税の法定納期限の1年前の日以後に、納税者がその財産につき行った無償譲渡等の処分に基因すると認められるときに、当該無償譲渡等の処分により権利を取得し、又は義務を免れた者に対し、その無償譲渡等の処分により受けた利益の限度で補充的に当該国税について履行責任を負わせる制度である。

　そして、このような第二次納税義務の制度の趣旨にかんがみれば、無償譲渡等の処分とは、広く第三者に利益を与える処分をいい、第三者に利益を与える処分である限り、その態様に制限はないと解するのが相当である。」

　「無価値物による代物弁済であるとして本件代物弁済が無償譲渡等の処分に当たるというためには、当該代物弁済時点において、①本件短期貸付金が価値のある債権として存在すること、②本件代物弁済によって債務消滅の効果が発生していること、及び、③本件各譲受債権が無価値又は本件短期貸付金の価値と比較して著しくその価値が低いということが必要となる。」

①　本件短期貸付金の存在

　請求人は、知人に依頼して架空の造成工事費用を作り出し、その受領した金額のうち2億2,000万円を個人的に費消した資金の穴埋めに使用したことが認められるから、少なくとも当該金額について、請求人は本件滞納法人に対し、不法行為による損害賠償債務ないし不当利得返還債務を負っていたということができる。

　その後、査察調査の結果、本件滞納法人は当該2億2,000万円より少ない1億9,779万8,299円を請求人に対する短期貸付金として経理したが、請求人が当時本件滞納法人の代表者であったことからすれば、請求人に対する短期貸付金の成立に当たり、請求人と本件滞納法人との間で、上記損害賠償債務ないし不当利得返還債務を旧債務とする準消費貸借契約が成立したものと推認することができる。

　以上のとおり、客観的に認定できる事実から請求人に対する短期貸付金の存在を推認でき、請求人がその存在を争っていないことからすると、本件短期貸付金の存在を民事訴訟において立証することが格別困難ではなく、請求人の主張するような回収困難な債権であるということはできないから、本件短期貸付金の価値を否定することはできない。

②　本件代物弁済による債務消滅の効果発生の有無

　本件各譲受債権のうちg及びhに対する各貸金債権については、債権譲渡通知書の到達により、債権譲渡の債務者対抗要件とともに第三者対抗要件を具備しており、債務者だけでなく第三者に対しても同債権の帰属者であることを主張できる状態、すなわち同債権が本件滞納法人に確定的に移転し、債務者から回収可能な状態にあるといえ、代わりの給付が現実になされたとい

えるから、債務消滅の効果が発生したということができる。

　他方、G及びHに対する各貸金債権の一部については、債権譲渡通知書の発送そのものが認められず、また、他の貸金債権については、債権譲渡通知書の発送はされたものの、各債権譲渡通知書がG及びHに到達していないから債権譲渡の通知がされなかったのであり、結局、G及びHに対する各貸金債権の譲渡については、債務者対抗要件である債務者への通知すら欠いており、G及びHに対して本件滞納法人が債権者であることを対抗できない状況であって、代わりの給付が現実になされたといえないから、代物弁済による債務消滅の効果は発生していないというべきである。

　よって、本件短期貸付金のうちG及びHに対する各貸金債権の代物弁済によって消滅したとされていた部分については、いまだ消滅せず、本件滞納法人に帰属しているとみることができるから、無償譲渡等の処分があったとは認められない。

③　g及びhに対する各貸金債権の価値

　本件代物弁済時まで、両名及び各保証人の生活状況や資産の保有状況等からすれば債務の履行について資力を有しているとは認められないことから、これらの貸金債権は無価値であるということができる。

　以上から、本件滞納法人は、本件代物弁済のうち有効な代物弁済により消滅した○○○○円の価値のある本件短期貸付金に対し、代わりの給付としてg及びhに対する無価値な各貸金債権を受けたといえるから、本件滞納法人は請求人に対して無償譲渡等の処分を行ったということができる。

逆転のポイント

　G及びHに対する各貸金債権の一部については、債務者対抗要件である債務者の通知（民法467条）を欠いている等の事情から、本件短期貸付金のうち、本件代物弁済によって消滅したとされる部分がいまだ消滅せず、本件滞納法人に帰属していると判断された点が、逆転のポイントである。

実務へのヒント

　会社からの不正ないし不当な財産の流出が発覚した場合、役員等に対する貸付金として処理されることが往々にしてあるものと思われる。普段はこれらの負債について返済義務のあるものとの認識が薄いと思われるが、税金その他の債務の支払いが滞った場合は差押え等により返済が強制されることや第二次納税義務の存在に留意すべきである。

〔大友　啓次〕

コメント

　本件は、代表取締役である請求人が個人的に費消した金銭を本件滞納法人の資金を用いて穴埋めたことが発覚したことにより、当該資金を本件滞納法人から請求人に対する短期貸付金として処理したことに端を発する。その後、請求人が有する債権を本件滞納法人に対して当該貸付金の代物弁済として譲渡したが、その債権の一部が無価値であったため、当該行為が実質的に徴収法39条所定の無償譲渡等の処分に当たるとして処分が行われた。

　本件では、債務者対抗要件が具備されていない貸付債権について代物弁済の効果そのものが否定されたため（民法467条）、同処分が取り消された。このような判断は裁判例等でも見当たらず、参考になる。もっとも、当該代物弁済によって消滅したとされていた本件短期貸付金の相当金額は消滅せずに存続していることになるので、本件短期貸付金の差押え等により請求人の資産から滞納税額の回収が行われることになるものと思われる。そのため、請求人にとってこの逆転裁決は何ら実益はない。

当事者以外の名義口座を利用した場合の金銭の帰属と第二次納税義務

《具体例：平成23年3月23日裁決・裁決事例集82集》

┌─ **こんな場合どうする‼** ─────────────────

　借金の返済をするのに法人の前代表者と法人が持分を共有している不動産を売却することとしたが、代金はまとめて法人の口座に入金され、その後、当事者以外の者の名義人の預金口座に入金することとなった。このような場合に、当該名義人は、国税徴収法39条の第二次納税義務が課されてしまうのだろうか。

└───────────────────────────────────

　本件滞納者は、昭和56年6月5日から平成18年3月31日までの間、D社（以下「本件法人」という。）の代表取締役に就いていた。

　Eは、本件滞納者の子であり、平成4年3月から本件法人の従業員となった。

　請求人は、Eの配偶者であり、平成18年3月31日に本件法人の代表取締役に就任した。

　本件滞納者及び本件法人は、土地及び建物（以下、これらを併せて「本件不動産」という。）を一定の各持分で共有していた。

　本件滞納者及び本件法人は、平成17年5月31日に、F銀行との間で、委託者及び受益者をそれぞれ本件滞納者及び本件法人とし、受託者をF銀行として、本件不動産を受益者のために管理、運用及び処分することを内容とする不動産管理処分信託契約を締結するとともに、G社（以下「本件譲受人」という。）との間で、上記不動産管理処分信託契約によって本件滞納者及び本件法人が取得する本件不動産に係る信託受益権を本件譲受人に譲渡する旨の

契約を締結した（以下、この契約による本件不動産に係る信託受益権の譲渡を「本件譲渡」という。）。

　なお、本件譲渡により本件滞納者及び本件法人が支払を受ける譲渡代金の総額（以下「本件譲渡代金」という。）は、23億円であり、本件譲渡に係る契約において、本件譲受人は、本件譲渡代金のうち各持分に応じた金額を、Ｈ銀行Ｊ支店の本件滞納者名義の普通預金口座及び同支店の本件法人名義の普通預金口座（以下「本件法人口座」という。）にそれぞれ振り込むことになっていた。

　本件譲受人は、平成17年４月12日に、本件法人に対し、手付金として2,000万円を支払い、また、本件譲渡代金から、当該手付金、本件不動産に設定されていた根抵当権の被担保債権の弁済に充てられた17億9,997万7,337円、本件譲受人が本件滞納者及び本件法人から承継する敷金返還債務引継額4,956万9,200円、並びに、本件滞納者及び本件法人の未払家賃及び管理費826万6,654円を控除し、これに信託受益権の移転日をもって区分して計算した固定資産税等精算金600万9,810円を加算した４億2,819万6,619円（以下「本件残余金」という。）を平成17年５月31日に本件法人口座に振り込んだ。

　本件法人口座からは、平成17年５月31日から同年９月30日までの間に、①Ｈ銀行Ｊ支店の請求人名義の普通預金口座（以下「本件請求人口座」という。）へ、６回にわたり合計○○○○円（以下「本件振替金」という。）が、②同支店のＥ名義の普通預金口座へ合計○○○○円が、並びに、③同支店の本件滞納者名義の２つの普通預金口座へ合計4,200万円が、それぞれ振り替えられた。

　原処分庁は、本件滞納者が納付すべき滞納国税を徴収するため、請求人に対し、国税徴収法（以下「徴収法」という。）39条の規定に該当するとして、同法32条１項の規定に基づき、平成20年11月５日付の納付通知書により、納付すべき金額の限度額を○○○○円とする第二次納税義務の納付告知処分をした。これに対して、請求人は、本件滞納者から無償で金銭を譲り受けた事実はないとして、同処分の全部の取消しを求めた。

図説　本件事実関係

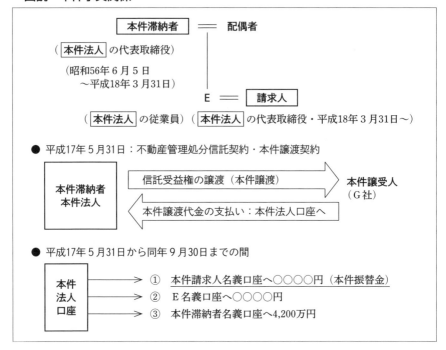

本件滞納者から請求人に対する財産の無償譲渡はあったか否か。

◆請求人の主張

　本件振替金が、一時的とはいえ、本件請求人口座を経由して出金されたのは事実である。しかしながら、本件残余金の全額が本件法人の総勘定元帳の現金勘定に計上され、本件滞納者及び本件法人の諸経費の支払等に充てられているから、本件滞納者から請求人に無償譲渡された金銭はない。

　なお、本件請求人口座は、配偶者であるEが管理していたもので、資金の移動及びその使途については、請求人は、一切関与しておらず、請求人の手

もとに残った資金はない。

◇原処分庁の主張

　本件譲受人から支払われた本件残預金のうち、本件滞納者及び本件法人の それぞれが受け取るべき金額は、本件滞納者が２億7,954万3,363円、本件法人 が１億4,865万3,256円となる。しかし、本件滞納者が受け取るべき金額２億 7,954万3,363円は、本件滞納者が受領した事実が認められないことから、本件 振替金の原資は、本件残余金のうち本件滞納者の持分相当額と認められる。

　本件請求人口座は、平成８年１月５日に請求人が開設した口座であること から、本件振替金は、同口座に振り替えられることにより本件滞納者から請 求人の処分権限内へ移ったといわざるを得ない。

　本件振替金は本件滞納者に還流した事実が認められない以上、その金銭は 請求人に帰属したものと認められ、これにつき請求人から本件滞納者に対し て対価又は取得費用を支払った事実も認められないから、請求人が本件滞納 者から無償で譲渡されたものというべきである。

審判所の判断

　本件請求人口座は、平成８年１月５日に開設され、主にクレジットカード の決済用に使われていたが、平成16年７月16日から平成17年５月30日までの 約10か月の間、異動がなかった。本件振替金が入金された後、本件請求人口 座からは、平成17年５月31日以降８回にわたってそれぞれATMを利用して ○○○○円ずつ合計○○○○円の現金出金があり、また、平成17年６月21日 にH銀行J支店のE名義の普通預金口座に5,958円が振り替えられ、同年９ 月30日以降、本件請求人口座は、残高が零円のまま異動がなくなり、平成20 年６月11日にEにより解約された。

　平成17年５月31日から同年９月30日までの間、本件請求人口座の預金通 帳、銀行印及びキャッシュカードは、暗証番号を知るEが管理しており、本 件請求人口座への入金及び同口座からの現金出金はEによって行われた。

　請求人は、上記の口座解約及び入出金について、把握していなかった。

　本件振替金が現金出金された日に、それに相応する現金がK銀行L支店のE名義の普通預金口座又はその他の銀行のE名義口座に入金されている。

　本件振替金の出金先について、請求人からEへの貸付けや、請求人自身の債務の弁済などに費消されたなど、請求人の資産の形成や請求人の債務を減少させるために使われた事実は認められない。

　以上の各認定事実によれば、本件請求人口座については、本件振替金の入金当時、Eが自由に出金できる状態にあり、入出金すべてをEが行っているだけでなく、その口座の動向について請求人が何ら把握していないのであって、引き出された金員が請求人個人の用途に使用されたことを認めるに足りる証拠がない。かえって出金のあった日にE名義の銀行口座に相応額の入金があるという同人のために費消されたことをうかがわせる事実が認められる。Eが請求人の配偶者であることを併せて考えると、本件請求人口座が請求人に帰属すると認定することはできず、同口座はEの管理下にあったいわゆる借名口座であるとみるのが相当である。

　そうすると、本件請求人口座に本件振替金が入金されたことをもって、請求人の処分権限内へ本件振替金が移転したとはいえないから、上記認定事実から本件滞納者から請求人への財産の無償譲渡があったということはできず、他にこれを認めるに足りる証拠もない。

　「したがって、原処分庁が、本件請求人口座に本件振替金が入金されたことをもって、本件滞納者から請求人への財産の無償譲渡があったとして、本件滞納者の滞納国税の徴収のために、請求人に対して、徴収法第39条の規定に基づく原処分を行ったのは違法となるから、その全部を取り消すべきである。」

⚖ 逆転のポイント

　本件請求人口座の実質的な管理者がEであることが認められ、請求人に無償譲渡が行われたということはできないと判断された点が、逆転のポイントである。

実務へのヒント☞

　第二次納税義務の判断における金銭の移動について、預金口座の具体的な管理支配状況に基づき、その金銭の帰属を判断したという点は、実務上参考となる。

　もっとも、安易な親族名義の借名口座や休眠口座の利用は避けた方がよいということは言うまでもないだろう。

〔浅野　洋〕

　本件で適用が問題となった徴収法39条は、滞納者の国税につき滞納処分を執行してもなおその徴収すべき額に不足すると認められる場合において、その不足すると認められることが、当該国税の法定納期限の1年前の日以後に、滞納者がその財産につき行った政令で定める無償又は著しく低い額の対価による譲渡（担保の目的でする譲渡を除く。）、債務の免除その他第三者に利益を与える処分に基因すると認められるときは、これらの処分により権利を取得し、又は義務を免れた者は、これらの処分により受けた利益が現に存する限度（これらの者がその処分の時にその滞納者の親族その他の特殊関係者であるときは、これらの処分により受けた利益の限度）において、その滞納に係る国税の第二次納税義務を負う旨規定している。

　本件の争点は、本件滞納者が持分として受け取るべき金額が、本件法人から本件請求人口座に振り込まれた（本件振替金）という事実が、本件滞納者から請求人に対する財産の無償譲渡といえるかということである。本件審判所は、認定事実からこの口座が請求人の処分権限内に移転したと認めることはできないとしてこの点を否定している。

　原処分庁は、請求人が本件法人の代表取締役であることを理由に原処分を行ったものと考えられ、これを否定した本件裁決の判断自体は適切だといえるが、Eについて別途、第二次納税義務の適用が問われることになるのではないかと推測される。

役員報酬の差押禁止財産該当性

《具体例：平成20年12月3日裁決・裁決事例集76集》

こんな場合どうする‼

　国税徴収法76条1項は、「給料等」の一定金額については差し押さえることができない旨を規定しているが、「役員報酬」は明記されていない。滞納国税を徴収するために役員報酬が差し押さえられた場合、同項所定の差押禁止財産に当たるとする主張は認められるのだろうか。

　請求人は、B社の代表取締役として同社から役員報酬を得ている。

　原処分庁は、平成20年3月25日付で、請求人の滞納国税（以下「本件滞納国税」という。）を徴収するため、請求人がB社に対して有する平成20年4月分以降本件滞納国税に満つるまでの間における役員報酬の支払請求権について、役員報酬の金額から所得税に係る源泉徴収税額、特別徴収の方法によって徴収される県民税及び市民税に相当する金額並びに社会保険料に相当する金額の合計額を控除した金額を差し押さえ、同日、第三債務者であるB社に債権差押通知書を送達した（以下「本件差押処分」という。）。

　請求人は、役員報酬は国税徴収法（以下「徴収法」という。）76条1項に規定する「給料等」に該当するから、同項4号及び5号に掲げる生活扶助の給付相当額及び役員報酬の金額から同項1号ないし4号に掲げる金額の合計額を控除した金額の20パーセント相当額も差押禁止であるとして、原処分のうち、当該金額に相当する部分の取消しを求めた。

争　点

　役員報酬が、徴収法76条１項に規定する「給料等」に該当し、差押禁止の対象となるか。

◆請求人の主張

　役員報酬は、徴収法76条１項に規定する給料等に該当するので、同項４号及び５号に掲げる金額は差し押さえることができないのであるから、役員報酬から当該金額を控除していない本件差押処分は違法である。

◇原処分庁の主張

　役員報酬は、取締役と会社との委任契約に基づき、取締役の行う経営活動の対価として支払われるものであって、徴収法76条１項に規定する給料等には該当しないから、同項の規定は適用されず、役員報酬から同４号及び５号に掲げる金額を控除すべきことにはならないので、本件差押処分は適法である。

審判所の判断

１　徴収法76条１項の趣旨

　「徴収法第76条第１項が規定する給料等の差押禁止規定は、給料等がその受給者とその家族が生計を維持するための唯一ないし最重要な収入であり、その全額が差し押さえられた場合には、直ちにその受給者とその家族の生計の維持が困難になることを考慮し、健康で文化的な最低限度の生活を保障するという社会政策的な観点から、一定の範囲で差押えを禁止したものと解される。」

２　徴収法76条１項に規定する「給料等」の意義

　「徴収法第76条第１項は、……『給料、賃金、俸給、歳費、退職年金及びこれらの性質を有する給与に係る債権』を給料等と規定しているが、徴収法は、『給料』、『賃金』、『俸給』、『歳費』、『退職年金』及び『給与』について、それがいかなるものをいうかについての定義的な規定を設けていない。

　したがって、これらの用語の意味は、一般的な用語法を基礎として、徴収

法第76条第1項の趣旨・目的に従って理解すべきものであるところ、一般的に『給料・賃金・俸給・給与』とは、その名称のいかんを問わず、広く雇用契約に基づいて提供される労務の対価としての給付をいい、『退職年金』とは、雇用契約の終了後に使用者から支払われる年金をいい、『歳費』とは、国会議員が受ける手当をいうものと解されている。このうち、『歳費』は、国会議員としての職務遂行の対価として支払われるものであるが、雇用契約に基づくものではなく、使用者の指揮命令に服して提供した労務の対価ではない。そうすると、徴収法第76条第1項に規定する『給料等』は、労務又は職務遂行の対価として受ける給付であるとしても、雇用契約に基づくものには限られないということになる。

　そして、生活保障のために、生計を維持するための重要な収入のうち一定の範囲で差押えを禁止することとした徴収法第76条第1項の趣旨からしても、同項に規定する給料等を雇用契約に基づいて給付を受けるものに限定する理由はないから、徴収法第76条第1項に規定する給料等とは、雇用契約又はこれに類する関係その他一定の勤務関係に基づき、使用者の指揮命令又は所属する組織の規律に服してその使用者又は組織に対して提供した労務又は職務遂行の対価として、その使用者又は組織から継続的に受ける又は受けることが予定されている給付をいうものと解するのが相当である。」

　会社法上の規定によれば、「取締役の役員報酬は、取締役の任期中、任用契約による勤務関係に基づき、その会社の機関又は機関の構成員として会社の規律に服し、その職務を行った対価として、その会社から継続的に報酬を受けるものであるから、役員報酬も徴収法第76条第1項に規定する給料等に含まれると解するのが相当である。」

　原処分庁は、役員報酬は取締役と会社との委任契約に基づいて支払われるものであるから、徴収法76条1項に規定する給料等には該当しない旨主張する。

　「しかし、徴収法第76条第1項は、生計を維持するための重要な収入のうち一定の範囲を差押え禁止としたものであり、同項に規定する給料等は、

……雇用契約に基づかない歳費まで例示しているから、雇用契約に基づいて支給されるものに限定されず、一定の勤務関係に基づき、組織の規律に服して行う職務遂行の対価まで含むものである。そして、取締役は、任用契約に基づき、会社の機関又は機関の構成員として組織の規律に服して職務を遂行するのであるから、その対価である報酬は、徴収法第76条第1項に規定する給料等に該当するものである。

　したがって、役員報酬は徴収法第76条第1項に規定する給料等に該当しないという原処分庁の主張には理由がない。」

逆転のポイント

　徴収法76条1項所定の差押禁止財産の列挙事由について、健康で文化的な最低限度の生活を保障するという社会政策的な観点によるものであるという趣旨解釈に基づいて、「給料等」の性質を判断した点が、逆転のポイントである。

実務へのヒント☞

　平成18年度税制改正により、法人税法上、役員報酬が役員給与と呼ばれることとなったが、従来から所得税法上、役員報酬は給与所得として扱われ、上記の法改正後もその取扱いに変化はない。多くの税理士の認識としては、役員報酬（給与）が給与所得に当たるため、徴収法上も差押禁止財産に当たるのは当然だと考えているだろう。

　だが、民事執行の差押実務では、差押禁止債権としての給料等には役員報酬は含まれないという取扱いが行われている。本件における原処分庁の判断もこうした実務に基づくものといえようが、それを否定した本件裁決の判断は国税徴収の実務に参考になるといえるだろう。

図説　国税徴収法と民事執行法の差押禁止規定

国税徴収法76条1項　給料、賃金、俸給、歳費、退職年金及びこれらの性質を有する給与に係る債権（以下「給料等」という。）については、次に掲げる金額の合計額に達するまでの部分の金額は、差し押えることができない。（以下、略）

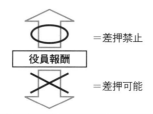

＝差押禁止

役員報酬

＝差押可能

民事執行法152条　次に掲げる債権については、その支払期に受けるべき給付の四分の三に相当する部分……は、差し押さえてはならない。

1号　（略）

2号　給料、賃金、俸給、退職年金及び賞与並びにこれらの性質を有する給与に係る債権

2項　退職手当及びその性質を有する給与に係る債権については、その給付の四分の三に相当する部分は、差し押さえてはならない。

［鈴木　洋司］

　本件の争点は、役員報酬が徴収法76条1項の差押禁止財産に当たるかどうかである。同項所定の差押禁止財産は「給料、賃金、俸給、歳費、退職年金及びこれらの性質を有する給与に係る債権」と定められており、これを文言どおりに解釈すれば、役員報酬は含まれないことになる。

　役員報酬については、平成18年度税制改正により、法人税法上の取扱いが変更され、役員給与とされることとなっているが、所得税法上、給与所得に該当するということについて変更はない。

　所得税法28条における給与所得は、「雇傭契約又はこれに類する原因に基づき使用者の指揮命令に服して提供した労務の対価として使用者から受ける給

付」と定義されている（最判昭和56年4月24日・民集35巻3号672頁）。判例は、この定義を前提として、従属的・非独立的な労務の対価を給与所得の性質として扱ってきた（たとえば、福岡高判昭和63年11月22日・税資166号505頁など）。

また、最近の裁判例では、従属性と（非）独立性とを別個の要件として明確に区別し、（非）独立性の要件に重きを置いて給与所得該当性を判断するものもみられる（東京高判平成25年10月23日・税資263号順号12319など）。

なお、上記の給与所得に係る定義に関して、対価の支払者と受給者との間にどのような契約が結ばれているかという形式面に着目するのではなく、「当該労務の提供や支払の具体的態様等を考察して客観的、実質的に判断すべきもの」とする解釈態度が示されている（最判平成13年7月13日・判時1763号195頁）。

こうした判例の動向に鑑みれば、給与所得の中心をなす「給与等」に該当するかどうかの判断は、雇用契約に基づくかどうかという形式基準によるべきではないと解される。本件裁決はこのような所得税法上の解釈と軌を一にするものであるが、徴収法76条1項の最低生活費の保障という趣旨とも合致する。

一方、民事上は、雇用契約に基づいて使用人が受ける対価は給与であり（民法623条、624条）、委任契約に基づき役員が受ける報酬（民法648条）と区別している。それに基づき、民事執行法152条1項2号における「給料、賃金、俸給、退職年金及び賞与並びにこれらの性質を有する給与に係る債権」には役員報酬は含まれず、差押禁止財産には当たらないと解釈され、執行実務でもそのような取扱いが一般的である。

この相違は、民事執行法においては執行過程においては裁量判断をできる限り排除し、形式的な判断を行うべきとするのが基本原則であることによるものであると考えられる。民事執行法上の常識と国税徴収法の解釈とが異なる事例として、実務上、参考になる裁決である。

■監修・編著者プロフィール

伊川　正樹（いがわ　まさき）

名城大学法学部教授

［主な著書］

三木義一編著『よくわかる税法入門』（有斐閣、共著）、三木義一監修、本山敦・伊川正樹編集『新実務家のための税務相談民法編』（有斐閣、共著）、増田英敏編著『基本原理から読み解く租税法入門』（成文堂、共著）などがある。

□著者プロフィール

〈編集委員〉

浅野　　洋（あさの　ひろし）税理士

　　しんせい綜合税理士法人（HP→http://www.shinseisogo.com/）

長谷川　敏也（はせがわ　としや）公認会計士・税理士

　　税理士法人アズール（HP→http://www.azuretax.jp/）

妹尾　明宏（せのお　あきひろ）税理士

　　しんせい綜合税理士法人（HP→http://www.shinseisogo.com/）

〈執筆者〉

青山　みゆき（あおやま　みゆき）税理士

　　税理士法人フィールド・ネクサス（HP→http://www.f-nexus.com/）

大友　啓次（おおとも　けいじ）弁護士

　　大友法律事務所

籠橋　隆明（かごはし　たかあき）弁護士・税理士

　　名古屋Ｅ＆Ｊ法律事務所（HP→http://www.green-justice.com/）

加藤　義幸（かとう　よしゆき）税理士
　　税理士加藤義幸事務所（HP→http://www.katokaikei.co.jp/）

神谷　紀子（かみや　のりこ）税理士
　　税理士法人フィールド・ネクサス（HP→http://www.f-nexus.com/）

河合　基裕（かわい　もとひろ）税理士
　　河合通雄税理士事務所（HP→http://www.kawaitax.jp/）

川崎　賢二（かわさき　けんじ）税理士
　　川崎賢二税理士事務所

鈴木　春美（すずき　はるみ）税理士
　　鈴木春美税理士事務所

鈴木　洋司（すずき　ようじ）税理士
　　鈴木洋司税理士事務所

長尾　幸展（ながお　ゆきのぶ）税理士
　　長尾幸展税理士事務所

丹羽　俊文（にわ　としふみ）税理士
　　丹羽俊文税理士事務所（HP→http://www.niwazeirishi.com/）

橋本　博孔（はしもと　ひろよし）税理士
　　橋本博孔税理士事務所（HP→http://www.aichi-iic.or.jp/co/hasimoto-tax/）

林　　隆一（はやし　りゅういち）公認会計士・税理士・中小企業診断士
　　林会計事務所（HP→http://www.hayashikaikei.jdlibex.jp/）

米川　雅人（よねかわ　まさと）公認会計士・税理士
　　しんせい綜合税理士法人（HP→http://www.shinseisogo.com/）

図説 逆転裁決例精選50 PartⅢ
～ 課税処分取消しのアプローチ

平成29年10月20日　第1刷発行

編　著
監　修　　伊川　正樹

編　著　　浅野　洋・長谷川敏也・妹尾明宏

発　行　　株式会社 ぎょうせい

〒136-8575　東京都江東区新木場1-18-11
電話　編集 03-6892-6508
営業 03-6892-6666
フリーコール 0120-953-431

〈検印省略〉

URL：https://gyosei.jp

印刷　ぎょうせいデジタル㈱　　　　　　　　　Ⓒ2017 Printed in Japan
※乱丁・落丁本はお取り替えいたします。

ISBN978-4-324-10398-2
(5108372-00-000)
〔略号：逆転裁決Ⅲ〕